21世纪大学生思想政治教育丛书

基金项目：2018年湖北省高校实践育人特色项目《传承红色文化基因 助力特色国防教育》（项目编号 2018SJJPC3006）

大学生红色文化精神教育

肖本新／著

吉林大学出版社

·长春·

图书在版编目（CIP）数据

大学生红色文化精神教育 / 肖本新著. -- 长春：
吉林大学出版社, 2021.8
（21世纪大学生思想政治教育丛书）
ISBN 978-7-5692-8582-6

Ⅰ.①大⋯ Ⅱ.①肖⋯ Ⅲ.①大学生—革命传统教育
—研究—中国 Ⅳ.①G641.2

中国版本图书馆CIP数据核字(2021)第145995号

书　　名：21世纪大学生思想政治教育丛书：大学生红色文化精神教育
　　　　　21 SHIJI DAXUESHENG SIXIANG ZHENGZHI JIAOYU CONGSHU:
　　　　　DAXUESHENG HONGSE WENHUA JINGSHEN JIAOYU

作　　者：肖本新　著
策划编辑：矫　正
责任编辑：矫　正
责任校对：殷丽爽
装帧设计：雅硕图文
出版发行：吉林大学出版社
社　　址：长春市人民大街4059号
邮政编码：130021
发行电话：0431-89580028/29/21
网　　址：http://www.jlup.com.cn
电子邮箱：jdcbs@jlu.edu.cn
印　　刷：天津和萱印刷有限公司
开　　本：787mm×1092mm　　1/16
印　　张：15.25
字　　数：200千字
版　　次：2021年8月　第1版
印　　次：2021年8月　第1次
书　　号：ISBN 978-7-5692-8582-6
定　　价：88.00元

总 序

FOREWORD

2004年中共中央、国务院印发了《关于进一步加强和改进大学生思想政治教育的意见》，明确指出了加强和改进大学生思想政治教育的主要任务。

2017年2月，中共中央、国务院印发了《关于加强和改进新形势下高校思想政治工作的意见》，明确指出加强和改进高校思想政治工作的指导思想是：……全面贯彻党的教育方针，坚持社会主义办学方向，扎根中国大地办大学，以立德树人为根本，以理想信念教育为核心，以社会主义核心价值观为引领，……要强化思想理论教育和价值引领。把理想信念教育放在首位，切实抓好马克思列宁主义、毛泽东思想学习教育，广泛开展中国特色社会主义理论体系学习教育，深入学习习近平同志系列重要讲话精神，引导师生深刻领会党中央治国理政新理念新思想新战略，坚定中国特色社会主义道路自信、理论自信、制度自信、文化自信。

2019年3月，习近平同志在学校思想政治理论课教师座谈会上强调，用中国特色社会主义思想铸魂育人，引导学生增强中国特色社会主义道路自信、理论自信、制度自信、文化自信；强调推动思想政治理论课改革创新要坚持"八个统一"。

按照党中央、国务院印发的文件精神，以及习近平同志关于高校思想政治工作的相关重要论断，我们邀请了全国部分高校的思想政治教育工作者和思想政治理论课教师编写了这套《21世纪大学生思想政治教育丛书》，旨在为高校思想政治教育工作以及思想政治理论课的开展"添砖加瓦"。这套丛书主要包括坚持"四个自信"、个人素养养成、组织形式探索和重要专项教育四个方面的内容，下面将一一列举。

第一，"四个自信"的专项教育包括《大学生社会主义核心价值观培养教育》《大学生社会主义核心价值观认同教育》《大学生理想信念教育》《大学生爱国主义教育》《大学生国情教育理论研究与实践》《大学生红色文化精神教育》《大学生校园文化精神教育》。

通过《大学生理想信念教育》《大学生爱国主义教育》引导学生增强中国特色社会主义道路自信。道路自信指明了中国梦的实现方向。正确的道路是实现美好梦想的前提，实现中国梦应坚持走中国特色社会主义道路，这不仅是历史的选择，也符合现实的需要。坚持走中国特色社会主义道路，是中国人民在长期的思考与探索中得到的，不仅符合中国国情，也符合社会主义基本原则。坚持走中国特色社会主义道路，让我们在新的发展时期获得了新的发展机遇，实现了跨越式进步，使我国的面貌与广大群众的生活发生了巨大变化，迎来了中国梦的光明前景。坚持走中国特色社会主义道路使我国各项事业获得巨大成功，但是面对社会主义现代化建设事业取得的伟大成就，我们必须保持清醒头脑。在改革发展以及实现中国梦的路上，难免会存在诸多矛盾与问题，这些会干扰中国梦实现的脚步，因此，必须坚定中国特色社会主义的道路自信，不忘初心，确保方向正确，实现"两个一百年"奋斗目标，实现中国梦。道路自信进一步明确了实现中国梦的方向，方向正确，才能确保寻梦路上稳步前进。以理想信念教育为核心，深入进行树立正确的世界观、人生观和价值观教育。要坚持不懈地用马克思列宁主义、毛泽东思想、邓小平理论、"三个代表"重要思想、科学发展观和习近平新时代中国特色社会主义思想武装大学生，深入开展党的基本理论、基本路线、基本纲领和基本经验教育，开展中国革命、建设和改革开放的历史教育，开展基本国情和形势政策教育，开展科学发展观教育，使大学生正确认识社会发展规律，认识国家的前途命运，认识自己的社会责任，确立在中国共产党领导下走中国特色社会主义道路、实现中华民族伟大复兴的共同理想和坚定信念。同时，要积极引导大学生不断追求更高的目标，使他们中的先进分子树立共产主义的远大理想，确立马克思主义的坚定信念。以爱国主义教育为重点，深入进行弘扬和培育民族精神教育。深入开展中华民族优良传统和中国革命传统教育，开展各民族平等团结教育，培养团结统一、爱好和平、勤劳勇敢、自强不息的精神，树立民族自尊心、自信心和自豪感。要把民族精神教育与以改革创新为核心的时代精神教育结合起来，引导大学生在中国特色社会主义事业的伟大实践中，在时代和社会的发展进步中汲取营养，培养爱国情怀、改革精神和创新能力，始终保持艰苦奋斗的作风和昂扬向上的精神状态。

通过《大学生社会主义核心价值观培养教育》《大学生社会主义核心价值观认同教育》引导学生增强中国特色社会主义理论自信。理论自信，源于中国特色社会主义理论体系的科学性、人民性和开放性。实践是检验真理的唯一标准，中国特色社会主义理论体系的科学性，不仅在于它和马克思列宁主义、毛泽东思想一脉相承，是当代中国的马克思主义，马克思主义的真理性决定了中国特色社会主义理论体系的科学性，更在于它作为改革开放以来中国社会主义建设实践的经验总结和理论指导，已经被中国改革开放和社会主义现代化建设的辉煌成就所证明。面对世界范围思想文化交流交融交锋形势下价值观较量的新态势，面对改革开放和发展社会主义市场经济条件下思想意识多元多样多变的新特点，抓好青少年价值观教育养成的任务十分艰巨而紧迫。培育和践行社会主义核心价值观，是推进中国特色社会主义伟大事业、实现中华民族伟大复兴中国梦的战略任务。党的十八大提出，倡导富强、民主、文明、和谐，倡导自由、平等、公正、法治，倡导爱国、敬业、诚信、友善，积极培育和践行社会主义核心价值观。富强、民主、文明、和谐是国家层面的价值目标，自由、平等、公正、法治是社会层面的价值取向，爱国、敬业、诚信、友善是公民个人层面的价值准则，这24个字是社会主义核心价值观的基本内容。"富强、民主、文明、和谐"是我国社会主义现代化国家的建设目标，也是从价值目标层面对社会主义核心价值观基本理念的凝练，在社会主义核心价值观中居于最高层次，对其他层次的价值理念具有统领作用。"自由、平等、公正、法治"是对美好社会的生动表述，也是从社会层面对社会主义核心价值观基本理念的凝练。它反映了中国特色社会主义的基本属性，是我们党矢志不渝、长期实践的核心价值理念。"爱国、敬业、诚信、友善"是公民基本道德规范，是从个人行为层面对社会主义核心价值观基本理念的凝练。它覆盖社会道德生活的各个领域，是公民必须恪守的基本道德准则，也是评价公民道德行为选择的基本价值标准。

　　通过《大学生国情教育理论研究与实践》引导学生增强中国特色社会主义制度自信。党的十九届四中全会指出："中国特色社会主义制度是党和人民在长期实践探索中形成的科学制度体系，我国国家治理一切工作和活动都依照中国特色社会主义制度展开，我国国家治理体系和治理能力是中国特色社会主义制度及其执行能力的集中体现。"制度自信为中国梦提供根本保障。制度是成就一番事业的根本保障，而我国实行社会主义制度不仅是由我国国情、性质决定的，也是经济社会发展进程决定的。中国特色社会主义制度体系是我国发展的制度保障，强调制度自信需要完善中国特色社会主义制度。制度自信不仅表现为政治定力，也需要改革创新、不断完善，这是制度自信的基本要求，是制度自信的重要保证。习近平同志曾明确指出，制度自信能激发全面深化改革的勇气，不断深化改革，制度自信才能更彻底、更久远。在新的时期，强调制度自信，需要在实现中华民族伟大复兴中国梦的实践中，继续坚持并完善中国特色社会主义制度体系，特别是围绕广大人民群众关注的热点问题完善这一制度体系，做到科学规范、系统完备、运转有效，确保每一个人都能展现聪明才智，调动一切积极因素，为实现中国梦增添力量。要明确中国特色社会主义制度是鲜明的、特色的、富有效率的，对其存在的问题，应有清醒的认识，要推动社会主义制度更为稳定、完备，才能为实现中国梦打好制度基础。

　　通过《大学生红色文化精神教育》《大学生校园文化精神教育》引导学生增强中国特色社会主义文化自信。要弘扬中华优秀传统文化和革命文化、社会主义先进文化，实施中华文化传承工程，推动中华优秀传统文化融入教育教学，加强革命文化和社会主义先进文化教育，深化中国共产党史、中华人民共和国史、改革开放史和社会主义发展史的学习教育，利用我国改革发展的伟大成就、重大历史事件纪念活动、爱国主义教育基地、国家公祭仪式等组织开展主题教育，弘扬以爱国主义为核心的民族精神和以改革创新为核心的时代精神。

　　第二，"个人素养养成"包括《大学生法律法规教育》《大学生"三观"教育》《大学生诚信为本教育》《大学生网络素养教育》《大学生优良学风教育》《大学生公民道德教育》《大学生集体主义教育》。

　　以基本道德规范为基础，深入进行公民道德教育。要认真贯彻《公民道德建设实施纲要》，以为人民服务为核心、以集体主义为原则、以诚实守信为重点，广泛开展社会公德、职业道德和家庭美德教育，引导大学生自觉遵守爱国守法、明礼诚信、团结友善、勤俭自强、敬业奉献的基本道德规范。坚持知行统一，积极开展道德实践活动，把道德实践活动融入大学生学习生活之中。修订完善大学生行为准则，引导大学生从身边的事情做起，从具体的事情做起，着力培养良好的道德品质和文明行为。

以大学生全面发展为目标，深入进行素质教育。加强民主法制教育，增强遵纪守法观念。法律素质是现代社会公民健康成长、参与社会、幸福生活的核心素质之一。高校要进一步培养学生法律意识，使学生了解现代法学的基本理论和中国特色社会主义法律体系中的基本法律原则、法律制度及民事、刑事、行政法律规范，提高运用法律知识、解决问题的意识和能力。加强人文素质和科学精神教育，加强集体主义和团结合作精神教育，促进大学生思想道德素质、科学文化素质和健康素质协调发展，引导大学生勤于学习、善于创造、甘于奉献，成为有理想、有道德、有文化、有纪律的社会主义新人。

第三，"组织形式探索"包括《大学生党团建设教育》和《大学生社团建设教育》。

高校党团组织是高校思想政治教育工作的重要资源，无时无刻不发挥着重要的作用，不仅发挥着导向和保证的作用，而且还充分发挥了其载体和渠道的作用。作为高校思想政治教育工作的载体，高校学生党团组织在新形势下也面临着新的挑战，研究高校党团组织建设具有重要意义。因此，引领高校党团组织朝着健康、正确的方向发展，就必须充分发挥高校党团组织在高校思想政治教育工作中的作用。

高校学生党员是学生中的骨干分子，学生党员建设是高校党的建设的基础工程。做好新形势下的学生党员发展和教育管理服务工作，对于提高学生党员队伍整体素质，培养造就中国特色社会主义事业合格建设者和可靠接班人，实现"两个一百年目标"，实现中国梦，具有重大而深远的意义。

高校社团组织是高校学生自我服务、自我管理、自我教育的主体组织，是高校党政联系广大同学的主要桥梁和纽带，是尊重学生主体地位、完善学校内部治理结构的重要方面。加强和改进高校社团组织建设，对于在新时期巩固和扩大党执政的青年群众基础、完善中国特色现代大学制度、促进大学生健康成长，具有现实意义和重要作用。

第四，重要专项教育包括《大学生创新创业教育》《大学生国家安全教育》《大学生志愿服务教育》《大学生英模事迹教育》。

创新从哲学上讲是人的实践行为，是对客观世界的变革和主体客体关系的再创造，是对人类实践范围的超越，是对既有思维模式和行为模式的一种辩证的否定和发展。创新精神是人类的精神状态，是实现创新能力和实践能力的前提，是一种典型的心理特征。创新精神是创新主体在从事改造客观世界和主观世界的过程中，受行为主体自身特定的心理状态，运用新思维、新知识、新手段进行探索和尝试，不断解决新问题，从而实现创新成果和创新知识的个性特征。在高校传统的创新能力和创新精神的培养中，往往只注重创新知识和创新理论的课堂传授，忽视创新实践环节的锻炼，从而导致大学生的创新欲望受到压抑，创新意识遭到扼杀。大学生根据自己以往的知识结构和认识水平，将自身的想法、思路和灵感等加以展现和实施，并能在创新实践中不断地得以检验和完善，实现理论与实践的统一，实现学习以往知识和探索未知真理的统一，从而达到激发大学生的创新欲望和创新潜力，调动大学生参与实践创新活动的积极性，提升大学生的创新能力，培养大学生创新精神的目的。创新更多体现在思维层面——推陈出新、锐意进取、勇于尝试、勇于开拓，创业则体现在行动层面——在社会经济、文化、政治等相关领域里开创新事业和新企业，并开展新业务，从而将开发新产品或新服务的机会被确认和挖掘出来，为社会缔造、产出新价值与新财富。创业是创新的重要载体和表现形式，创新是创业的支撑、核心和本质。创业不是停滞于思想、意识上的创新，是属于行动和行为上的创新活动，是创新行为的呈现。高校大学生创业从本质上来讲是一种实践活动，即大学生根据社会发展和个人就业的需要，运用自身所学的专业知识和技能，创新性、创造性地运用、整合各种生产要素和社会资源，通过为社会提供符合社会需求的产品和服务，获得报酬和社会认可，进而实现个人社会价值的实践行为。

加强大学生国家安全教育是促进大学生全面发展的必然要求。作为培养高素质人才的重要内容之一，大学生的国家安全教育已成为大学生思想政治教育的重要内容，是提高大学生综合素质的必然要求。大学生的成长成才是全面的，最重要的是除了扎实的专业知识外，还要有良好的道德素质和人文修养。大学生的国家安全意识是其良好思想道德素质的重要组成部分，也是大学生作为公民必须履行的义务。因此，衡量一个大学生的思想道德素质，除了对他人和社会的贡献和良好的社会责任感外，还要看他是否关心国家的发展与进步，是否维护国家的尊严和形象，是否有爱国主义情怀，是否与破坏国家的主权、独立、领土完整和社会和谐等违法犯罪活动作斗争。培养大学生的国家安全意识是大学生综合素质的重要内容，增强大学生的国家安全意识已成为提高大学生综合素质的重要任务。自觉维护国家安全既是大学生必须履行的公民义务，也是大学生良好思想道德素质的重要组成部分，是促进大学生全面发展的必然要求。大学生作为未来社会主义事业的合格建设者和可靠接班人，在国家发展中发挥着重要作用，因此，要增强大学生的国家安全意识，明确大学生的责任，增强大学生的责任感和使命感，自觉维护国家安全这也是实施素质教育、促进大学生全面发展的重要内容。大学生的成长成才应该是全面的，他们除了要学习必要的文化课知识，提高理论水平外，还要有良好的思想素质和道德修养，在当前复杂多变的国际形势下，大学生要具备更加全面的应对素质，这就要求大学生加强国家安全理论知识的学习，增强国家安全意识，从而担负起维护国家安全的责任和义务，这对促进大学生的全面发展也起着重要作用。当前，部分大学生国家安全意识淡薄，在一定程度上反映了当代青年大学生基本素质和能力的缺失。高校通过课堂教学和各种与国家安全相关的主题教育活动，可以帮助大学生将国家安全内化于心，外化于行，不仅掌握国家安全的相关知识，增强责任意识、忧患意识、法律意识等，同时也增强了他们应对和处理威胁国家安全事件的能力，特别是在当前国际国内背景下，增强大学生的国家安全意识已成为促进大学生全面发展的重要组成部分。

志愿服务活动是志愿者不以获得报酬为目的参加的、服务社会奉献他人或者为促进经济社会发展进步的社会公益实践活动。志愿服务活动具有社会性、公益性、自愿性和无偿性等特点。它是大学生思想政治教育、道德教育的有效途径，能增强大学生的社会责任感，提升大学生专业素质和实践能力。志愿服务活动是高校实践育人的重要载体，在高等学校育人工作中起着非常重要的作用。首先，志愿服务活动是大学生思想政治教育的有效途径。大学生参加丰富多样的志愿服务活动，深入基层了解社情民意，了解改革开放以来经济社会发展的突出成绩，能帮助大学生正确地看待当前经济社会发展中出现的问题，帮助大学生正确认识社会发展规律，明确自身肩负的社会责任和历史使命，进而坚定在中国共产党领导下全面建成小康社会、实现中华民族伟大复兴中国梦的理想信念。其次，志愿服务活动能加强对大学生的思想道德教育。通过志愿服务活动的生动实践，能培养大学生服务他人、奉献社会的精神，加强对大学生以爱国主义为核心的民族精神、以改革开放为核心的时代精神为主要内容的社会主义核心价值观教育。倡导学生践行"爱国、敬业、诚信、友善"的价值准则，并在大学生不断参与志愿服务实践的过程中得到强化，从而内化为大学生的内在品格，提升大学生的思想道德素质。再次，志愿服务活动能提升大学生专业素质和实践能力。大学生在参与志愿服务活动的过程中，将所学知识运用到广大人民群众的生产生活实际中，能进一步加深对专业知识的学习和掌握，锻炼大学生运用知识解决实际问题的动手能力，并激发大学生学习专业知识的主动性和自觉性，以更加饱满的热情和更加负责任的态度投入到今后的学习生活中，进一步提升自己服务他人、奉献社会的本领。最后，志愿服务活动能促进大学生的身心健康发展。大学生走出课堂、走进社会生活现实，接受一线生产劳动的锻炼，接受社会生活的磨炼，强健自身体魄，锻炼自身坚忍不拔的意志品质，不断提升大学生的身体素质和抗压抗挫折能力。同时，大学生在参加志愿服务的过程中，助人为乐、服务他人，能在服务他人的过程中不断实现自身的价值，能不断获得良好的情感体验和正面的心理暗示，培养大学生阳光、向上的心态，不断提升大学生的心理素质。此外，志愿服务活动对培养大学生解决问题的实践能力、勇于探索的创新精神，也具有十分重要的促进作用。

榜样教育是利用影视、文学和现实生活中的榜样形象，用正面人物的优秀品质和模范行为向学生施加德育影响的一种教育方法，其实质是用他人的模范事迹、高尚情操来影响学生的行为。榜样的力量是无穷的，人自呱呱坠地地开始就潜移默化地受到榜样的影响，比如父母、教师等都是个体成长中的榜样，对人的健康成长产生了重要的作用。以榜样这一特殊的人格形象为载体，再通过教师合理的引导就能够激发起学生的内在动力，将自己的认知调整到与榜样一样高度的认知上来，从而产生共鸣，进而不断提升自身的道德素养、品质德行，向榜样学习，甚至超越榜样。榜样教育具有示范性、激励性和生动性的特点。榜样教育的示范性是指榜样教育首先是以示范的形式出现在人们面前的，每个人在成长的道路上都会多多少少遇到些坎坷和磨难，尤其是大学生涉世不深，在面对学习和生活中的各种压力和困惑的时候，如果能有榜样的示范作用，那他们就能够在行为处事时找到一个参照物，找到学习和效仿的对象，指引他们走出困境，实现梦想。榜样教育的激励性是指利用榜样这一特殊的人格形象，以一种教学的方式将榜样的内在品质传达到受教育者的心上，使受教育者受到教育，从而引导他们积极向上。在榜样人物的感召下，受教育者能够产生源源不断的正能量，这样在克服困难和走出迷惘的路上，就能够不断发现自己的缺点并给予改正，最终走向成功的彼岸。榜样教育的生动性是指榜样教育是活生生的人物和鲜活的事例，尤其是生活中的英雄模范不是虚构的也不是抽象的。客观地讲，人们往往很难理解抽象的事物。但榜样形象不是抽象的，他是有血有肉的人，做出了真实具体的事，不仅是人们喜闻乐见的人物，也可能是老人、孩子这些本身就处于弱势的群体；不仅是拾金不昧、乐于助人这样的小事，更可能是见义勇为、不怕牺牲的大举。所以说感人的事迹就是一个个故事，能够深深扎入受教育者的心里。而现实生活中的英雄模范作为榜样就更加不是虚构的了，也许影视作品，文学作品中的榜样会使人觉得这都是虚构的是艺术的是假的，但就发生在实实在在的生活中，甚至是人们身边的英雄模范事迹，绝对是真实可信的，真实性同样能给人们带来共鸣和震撼，更加有利于受教育者的接受和学习。

改革开放以来，尤其是进入21世纪，我国高校思想政治教育领域的著作层出不穷，可谓浩如烟海、汗牛充栋，一方面体现了学界对高校思想政治教育的高度重视，另一方面则映射出该领域理论研究的不断深入和与时俱进。例如，随着时代的进步和社会的发展，大学生社会主义核心价值观的培养和认同教育这个主线不能动摇，大学生的国情民情教育这个根本不能丧失；大学生的网络素养教育逐渐显现出其重要性，大学生的国家安全教育更是"因势而新"的具体体现；大学生的集体主义教育亟须加强，大学生的英模事迹教育有待完善等等，因为高校思想政治教育工作"永远在路上"！

这套丛书的作者们并不是学界泰斗、知名专家，他们只是工作在高校思想政治战线上普普通通的教师，但是他们不忘初心、牢记使命，为培养中国特色社会主义合格建设者和接班人默默奉献自己的光和热，为实现中华民族伟大复兴中国梦无私付出自己的时间和精力。

千里之行，始于足下；九层之台，起于垒土。期望这套丛书能够为目前我国高校思想政治教育体系的构建做一个粗略的勾勒，期望这套丛书能够对我国高校思想政治教育工作者开卷有益，哪怕是其中一段论述、一句话，只要能够引起共鸣抑或开拓了思路，那么就已经实现了我们编写这套丛书的初衷。

是为序。

《21世纪大学生思想政治教育丛书》编委会

2019年岁末

序
FOREWORD

　　红色文化是指中国共产党领导中国各族人民在革命和建设实践中所形成的伟大革命精神及其载体，它具有丰富的内涵和独特的功能，是指导中国革命和建设取得成功的精神宝典。红色文化是物质文化与精神文化的统一，物质文化是指在革命建设过程中所形成的革命文献、文物、各种法规、政策和革命战争遗址，而精神文化是指在革命建设过程中所形成的各种精神和价值，它包括战争年代形成的井冈山精神、延安精神、长征精神和建设年代所形成的大庆精神、雷锋精神、两弹一星精神等。精神文化是红色文化的核心要素，它不仅体现社会发展进步的要求，同时又具有重大的政治价值、文化价值和教育价值，它激励了无数的中华儿女以大无畏的热情投身于革命何建设的历史征程中。红色文化的精神内涵和价值是中华民族宝贵的精神财富和前进的动力源泉，既是我们的政治优势，又是治党治国的传家宝。要大力弘扬红色文化的精神内涵，充分发掘和运用红色文化的内在价值，创造性的扩展红色文化的教育功能，为构建和谐社会和发展社会主义先进文化提供精神支持。

　　党的十九大报告提出："……继承革命文化，发展社会主义先进文化，不忘本来、吸收外来、面向未来，更好构筑中国精神、中国价值、中国力量，为人民提供精神指引。"[①]青年是社会发展的主力军。大学生是青年群体的重要组成部分，不仅是一个家庭的希望，更是一个国家和民族的希望，因为他们身上肩负着振兴中华的重大使命。在社会转型的关键时期，各类新思想、新观念充斥着大学生的精神世界。在全球化的背景下，一方面，大学生的思维更为活跃，另一方面，大学生群体也出现了政治信

---

① 习近平. 决胜全面建成小康社会　夺取新时代中国特色社会主义伟大胜利——在中国共产党第十九次全国代表大会上的报告 [M]. 北京: 人民出版社, 2017: 23.

仰迷失、诚信意识淡薄、理想信念不坚定等问题。为了防止西方国家利用经济、科技上的优势对我国进行文化渗透，以红色文化为引领，加强和改进高校思想政治教育工作迫在眉睫。因此，高校必须重视大学生红色文化精神教育工作，充分认识红色文化精神的重要育人价值，继续深入挖掘红色文化精神的育人时代价值和实现路径，创新红色文化精神育人的形式与方法，让学生从红色文化精神中得到滋养，增强底气，坚定文化自信，培育德才兼备、全面发展的人才，使之成为社会主义事业的合格建设者与可靠接班人。

目 录

CONTENTS

第一章

大学生红色文化精神教育的理论基础及相关内涵解读

　　开天辟地、敢为人先的首创精神，坚定理想、百折不挠的奋斗精神，立党为公、忠诚为民的奉献精神，是中国革命精神之源，也是"红船精神"的深刻内涵。

　　"红船精神"是激励我们把握发展这一时代主题和党执政兴国第一要务，大胆探索、创新创业的强大思想武器。

　　"红船精神"是鼓舞我们坚定共产主义理想和中国特色社会主义信念，不畏艰险、艰苦奋斗的强大精神支柱。

　　"红船精神"是鞭策我们牢记立党为公、执政为民本质要求和全心全意为人民服务的根本宗旨，求真务实、一心为民的强大道德力量。

　　"红船精神"是我们党创立时期坚持和实践自身先进性的一个历史明证。正如党的先进性不是与生俱来、一劳永逸的，"红船精神"也是具体的、历史的。我们要把"红船精神"贯穿于树立和落实科学发展观、构建社会主义和谐社会和加强党的先进性建设的实践上来。把握住这一点，就从根本上把握了"红船精神"的实质与核心，同时也就把握了党的先进性的真谛。

　　——节选自习近平.弘扬"红船精神"　走在时代前列［N］.光明日报，2005年6月21日。

在革命战争年代，中国共产党带领中国人民谱写了一篇篇可歌可泣的革命史诗，也铸就了伟大而历久弥新的红色文化精神。红色文化精神饱含独特魅力，至今仍具有强烈的历史穿透力和时代感染力。在新时代背景下，准确定位和把握红色文化精神的丰富内涵与精神特质，进一步弘扬和培育红色文化精神，尤其是使青年大学生"把红色资源利用好、把红色传统发扬好、把红色基因传承好"①是走好中国特色社会主义伟大事业"新长征"精神动力的重要来源。

怎么才能有效开展大学生红色文化精神教育工作，提高教育的实效性，是本书的研究重点，而对概念内涵及其理论基础的研究，是一项研究的逻辑起点。我们只有清楚研究对象"是什么"，才能知道"该怎么做"。本章从红色文化、红色精神、红色基因和大学生红色文化精神教育等概念的厘定和内涵的解读入手，综合有关学者的研究，结合现实考量，对它们进行了丰富和完善，并对红色文化精神给予创新性的定义；在此基础上对大学生红色文化精神教育的理论基础进行详细论述，为进一步探讨相关问题提供有力的理论依据。

一、相关内涵解读

（一）红色文化的内涵解读

1.红色文化定义

党的十八报告指出："文化是民族的血脉，是人民的精神家园。……要建设优秀传统文化传承体系，弘扬中华优秀传统文化。"②任何一种文化都是依附于一定的社会存在而产生，迎合了时代的主题，满足了人民的精神需求。红色文化是中华民族在争取民族独立、自由、解放和幸福的伟大实践中形成的宝贵的财富，深刻地对其研究和解读具有重要的现实意义。

红色文化这一名称的由来有着深远的历史渊源。"红色"与"文化"

---

① 习近平在视察南京军区机关时强调：贯彻全军政治工作会议精神　扎实推进依法治军从严治军 [N]．人民日报，2014-12-16．

② 胡锦涛．坚定不移沿着中国特色社会主义道路前进　为全面建成小康社会而奋斗[N]．人民日报，2012-11-18．

相连，是将蕴含在中国历史文化中独特的红色寓意与中国的社会历史实践相融合，形成一种具有中国特色的独特文化，即红色文化。因此，要真正准确地把握红色文化的内涵则要首先对"红色"及"文化"两个概念有一个全面的认识。

（1）对"红色"的理解

红色是自然界常见的色彩之一，但在不同的时代、领域、群体、国度，对红色的理解亦有不同。《辞海》对于红色的解释包括这些意思：本指浅红色，后泛指火、血等的颜色；象征无产阶级革命及政治觉悟高；表示胜利、成功等喜事等。[①]颜色词属于文化限定词，具有强大的民族文化特征。不同的民族文化中同一种颜色表达不同的文化心理，具有不同的文化内涵。中华民族对于红色的追崇由来已久，可以说，中华民族自古以来就是一个尚红的民族。为了求得吉祥，我们的祖先早在六七千年前就把麻布染成红色用来驱魔避邪。火是红色的代表，原始人崇拜和信仰火，因此我们的祖先被称为炎帝，或者叫作赤帝。随后，历朝历代都以代表权贵的红色为荣。例如，古代皇宫的宫门及墙壁必须涂成红色，以彰显皇家的风范。到了现当代，红色就成了喜庆、吉祥、顺利、成功的象征。例如，新娘都要用红盖头；表彰英雄模范要带上大红花；新春佳节要挂火红的灯笼和张贴红色对联等。

但在西方，红色却指鲜血的颜色，让人联想到暴力与危险，象征着残暴和伤亡。在近代，世界各地的革命运动汹涌澎湃，红色被赋予了浓厚的政治和革命色彩。红色被打上社会主义的标签，缘于苏联轰轰烈烈的共产主义运动。1917 年，列宁与托洛茨基合作成立赤卫军，这是苏联红军的雏形与前身。红色成为革命的标志，源于中国共产党。中国共产党将革命与红色联系在一起，赋予红色以新的含义。在血与火洗礼下的红色年代，中国共产党树起的旗帜被称为"红旗"，创建的革命队伍被称为"红军"，建立的代表无产阶级的政权被称为"红色政权"，建立的根据地被称为"红区"，与国民党的青天白日旗、白军、白色政权、白区形成鲜明对比。在中国共产党早期领导人的文稿中，出现过"红色割据""红色区

---

① 辞海[M].上海:上海辞书出版社,2010:739.

域""红色江山"的表述。如毛泽东曾撰文写道："……而且这些红色区域将继续发展,日渐接近于全国政权的取得。"①中国共产党早期所创办的报刊也以红色为主调,如早期创办的《热血日报》,其中由瞿秋白撰写的一些社论既蕴含先进思想又通俗易懂,极大唤醒和激发了当时民众的爱国热情。又如 1928 年,《红旗》创刊发行,其作用犹如挥舞红旗一样,旨在引导民众投身革命浪潮之中。由此可见,红色代表着爱国情怀和满腔的革命热血。1949 年新中国成立后,红色更是成为中华人民共和国鲜明的底色,是党旗、国旗和军旗一致的主色,已经深深融入人们的认识和灵魂中,成为人们工作、学习和生活不可或缺的色彩。2019 年 3 月 4 日,习近平在看望参加全国政协政协十三届二次的文化艺术界、社会科学界委员时强调:"共和国是红色的,不能淡化这个颜色。"②

(2)对"文化"的理解

就"文化"的准确定义而言,学术界至今为止仍存在着分歧,还没有达成一致的意见,"文化"的含义基本上可以分为两种。一种观点认为,文化有广义和狭义之分。从广义上来说,文化是人类在改造自然和社会的过程中创造的所有物质财富和精神财富的总和。从狭义上来说,文化是指作为观念形态的,与经济、政治并列的,有关人类社会生活的思想理论、道德风尚、文学艺术、教育和科学等精神方面的内容。③一种民族文化的形成经历了长期的演变过程,构成其主要内容的基本价值观具有相对稳定性,会对一代又一代人的生活方式、行为方式、思维方式产生潜移默化的影响。由此,我们可以从以下几个方面来认识文化。

第一,人类留在历史上的所有印记都可以称之为文化。

第二,每个民族都有属于自己民族的精神文化,其精神文化的核心是深藏在民族内部相对稳定的价值观念、思维方式和审美情趣。

第三,文化的外在表现形式是制度文化、物质文化和行为文化。它们是显而易见的。

---

① 毛泽东选集(第一卷)[M].北京:人民出版社,1991:50.

② 杜尚泽.习近平总书记看望文艺界社科界委员的微镜头:"共和国是红色的""心里要透亮透亮的"[N].人民日报,2019-03-05.

③ 参见孙红霞.全球化背景下中国的文化外交[D].山东师范大学,2007.

笔者通过以上分析，认为红色文化是指：在马克思主义指导下，在继承、发展中华优秀传统文化的基础上，中国共产党带领中国人民在社会主义革命、建设、改革的伟大实践过程中创建的具有中国特色的先进文化。

首先，红色文化的创造主体是中国共产党。中国共产党从成立之日起，既是中华优秀传统文化的忠实传承者和弘扬者，又是中国先进文化的积极倡导者和发展者。中国共产党不仅自觉担任起了寻求民族独立和国家富强的重担，并且从一开始就有高度的文化自觉，自觉担负起创造中华民族新文化的重大使命。

其次，实践基础是新民主主义革命、社会主义建设和改革。依据唯物辩证法中实践论的观点，一方面，新民主主义革命、社会主义革命和改革是孕育红色文化的沃土。在革命、建设、改革的道路上一个个问题和困难的出现不断激发我们的斗志，不断地去解决，因此伟大的实践就成为红色文化产生的摇篮。另一方面，红色文化是在马克思主义指导下和伟大的实践中产生的先进文化，其中的经济、政治、文化、军事等理论是被实践证明了的正确和科学的理论，指引我们不断走向胜利。

最后，文化基础是"古为今用"和"洋为中用"。"古为今用"指对中华优秀传统文化的继承和弘扬，"洋为中用"指始终坚持将科学的马克思主义同中国具体实际相结合。

中华优秀传统文化是红色文化的文化根基。红色文化一方面将各种优秀的传统艺术充分利用，传播以革命、自由、民主为核心的思想，另一方面对中华民族千百年以来形成的国家兴亡、匹夫有责的爱国热情，富贵不能淫、威武不能屈、贫贱不能移的崇高气节及艰苦奋斗、自强不息、勤劳勇敢等优秀品质加以大力传承，使红色文化成为中华儿女维护国家主权、实现国家独立富强的精神动力。

"中国近代历史的实践证明：中国革命要获得成功，没有马克思主义不行；有了马克思主义，没有中国的具体实践相结合也不行。"[①]马克思主义的输入和传播给当时深陷迷惘之中的广大中国人民带来了黎明的曙光和希望，它不仅为如何看待当时中国存在的问题提供了正确的世界

---

① 王以第. "红色文化"及发生机制[J]. 理论界，2007(10)：169.

观和方法论，还为正确解决中国发展过程中出现的种种问题提供了科学的思想武器。

2.红色文化的构成

红色文化是党和人民宝贵的精神财富，分析其构成有利于我们更深刻和全面地认识红色文化。红色文化又是一种独特的文化形式，我们可以借鉴文化学中文化结构的相关理论来深入地认识其构成。

对于文化的结构划分问题，学术界到目前为止还没有达成统一。通过整理和研究，目前对于文化的结构划分大概有以下两种意见：第一种认为应将文化的结构划分为三个层面，即物质文化、制度文化和精神文化，其代表是著名文化学者庞朴、田旭明、沈其新等。张锐对上述的划分方法提出不同的看法，认为"实践层—精神层—符号层"的划分更加科学。第二种认为应将文化的结构划分为四个层次，其代表是张岱年、方克认为的"物态文化、心态文化、制度文化和行为文化"四层次说和陈建宏主张的"物质文化、精神文化、制度文化和信息文化"四层次说。无论是"三层次说"还是"四层次说"都有其内在的道理。笔者在对以上理论整体和全面分析及借鉴的基础上，认为红色文化是由红色物态文化、红色精神文化、红色制度文化和红色行为文化等四部分构成。

（1）红色物态文化

红色物态文化，顾名思义，就是物质化了的红色文化，即以一种物质实体作为红色文化的外在载体和表现形式。它蕴含着红色文化的精髓，承载着大量优秀的革命传统。

红色物态文化主要包括三种类型。第一种：遗址遗迹和纪念场所类，包括展现我国人民浴血奋战的遗址和艰苦奋斗的革命老区、根据地，例如平型关大捷遗址；包括众多的名人故居，如毛泽东故居；还包括散布在全国各地的纪念馆、博物馆以及烈士陵园。第二种：优秀红色文学作品，包括小说，如《红岩》；戏曲，如《智取威虎山》；故事影片，如《红色娘子军》以及包括诗歌、歌曲、文章等在内的文学。第三种：红色文化影响下广大民众的衣食住行，如代表着积极上进的红五角星和军装；艰苦革命年代的菜粥和南瓜汤；踏遍祖国大地，带领我们走向胜利的草鞋等。

红色物态文化是红色文化的显性载体，是中华民族争取民族独立解放、实现国家富强的伟大历程最直接的见证。

（2）红色精神文化

红色精神文化是指中国共产党领导中国人民在社会主义革命、建设和改革的伟大实践过程中创造出来的道德规范体系和科学文化知识。

红色精神文化的内涵是随着时代的发展而不断丰富、发展。新民主主义革命时期，表现为井冈山精神、长征精神、延安精神、西柏坡精神等；社会主义建设初期，表现为大庆精神、焦裕禄精神、"两弹一星"精神等；改革开放时期，表现为创新精神、开放精神、抗震救灾精神等。不仅如此，红色精神文化还表现为个人利益服从集体和国家利益及批评和自我批评的思维方式，表现为大公无私、舍身忘己、自力更生的价值观念；表现为实现国家富强和人民幸福团结奋进的精神追求。

红色精神文化体现着红色文化的精髓，是当今社会发展进步的迫切需要，是保证中华民族繁荣富强，实现中国梦的强大精神动力。

（3）红色制度文化

红色制度文化是指我党带领人民在社会主义革命、建设和改革时期建立起来的，处理个人与个人、个人与群体、群体与群体之间关系的各类准则、规范和原则。红色制度文化与其他一般性的制度相比，最主要的区别在于指导思想的不同。红色制度文化是在科学的马克思主义理论指导下构建的，无处不体现马克思主义的原则、立场和观点。在新中国成立之初，国家"调剂国营经济、合作社经济、农业和手工业者的个体经济、私人资本主义经济和和国家资本主义经济，使各种社会经济成分在国营经济领导下分工合作，各得其所"①。同时，党和政府废除了包办和买卖婚姻的制度，建立了体现法律面前人人平等的法律体系，还建立了禁止人口买卖和坚持人身自由的人口制度。现如今，红色文化最明显地体现在中国特色社会主义的各类制度上。

红色制度文化是我党意志和智慧的集中体现，是国家繁荣、健康发展的重要保障，有助于整个中华民族的崛起。

---

① 中共中央文献研究室编.建国以来重要文献选编（第一册）[M].北京；中央文献出版社，1992：7.

（4）红色行为文化

行为文化是由人类在长久社会实践的基础上约定俗成的习惯性定势。行为文化鲜明地体现在民风和民俗中。红色行为文化是指广大人民群众在红色思想文化观念影响下表现出来的日常生活和行为习惯。其一，表现在红色节庆日之中，例如，七一建党节、八一建军节、国庆节等。这些节庆日使党的政治观念、文化理念在人民头脑中不断强化并走向常态，并在潜移默化中成为群众日常生活中的一部分。其二，表现在红色文化影响下的民风民俗，如拥军、爱军、参军的热情。

3. 红色文化的特征

红色文化是中国特有的文化形态。中国共产党将马克思主义与中华优秀传统文化相融合，形成了科学理论与民族文化融为一体的具有鲜明特征的红色文化。

（1）阶级性与革命性

中国的无产阶级诞生于半殖民地半封建社会的背景下。中国无产阶级是近代中国最进步的阶级，也是中国新民主主义革命的领导阶级。中国共产党作为中国无产阶级的代表带领人民取得新民主主义革命的胜利。毛泽东指出："中国无产阶级除了一般无产阶级的基本优点，……整个阶级都是革命的。……成为中国社会里比较最有觉悟的阶级。……和广大的农民有着天然的联系……"①

阶级社会的文化和思想必然体现出鲜明的阶级性。红色文化在中国共产党领导的新民主主义革命中逐步形成，自然反映着无产阶级的特殊利益和要求，具有与生俱来的革命性，体现着无产阶级意识形态的特征。

红色文化是无产阶级的文化，集中体现了广大人民在革命、建设和改革过程中所形成的政治理想和政治信念等。红色文化的产生和发展的目的就是为了消灭腐朽的封建文化，摧毁帝国主义侵略下的大地主、大资产阶级文化，推翻"三座大山"，实现民族独立、人民解放。在革命战争年代，红色文化的传播方式呈现出多样性，有红色歌曲、红色宣传画及红色标语等，由一些山歌改编的革命歌曲广泛传唱，极大地鼓舞了军民的士气

---

① 毛泽东选集(第二卷) [M]. 北京: 人民出版社, 1991: 644.

与斗志。革命文化和艺术作品与革命的内容密切相关，采用人民群众喜闻乐见的艺术形式，并在实践中形成了一个清晰的文化艺术定位，那就是要为革命胜利和革命建设服务。

（2）先进性与时代性

红色文化是时代的产物，是先进文化的阶段性成果，符合人类社会发展的规律。其正确把握时代主题，站在时代发展的前沿，冲击和动摇了封建专制制度根基，社会的思想文化面貌焕然一新，使人们摆脱旧思想的束缚，引领时代发展的潮流和方向，极大地振奋民族精神。

红色文化的产生和发展过程演绎了反帝反封建的英勇战斗、流血牺牲的时代强音，形成了推翻"三座大山"、人民解放、建立新中国的时代潮流。为了摆脱半殖民地半封建社会的剥削压迫，争取民族独立，无产阶级带领人民大众进行了艰苦卓绝的英勇斗争。十月革命给中国带来了马克思主义。在马克思主义指导下，中国革命实践轰轰烈烈地展开，人民群众渴望民族独立解放的愿望愈发强烈。中国共产党带领中国人民走上了波澜壮阔的无产阶级革命道路，红色文化也开始蓬勃发展。红色文化倡导的实事求是的工作作风体现了理论联系实际的精神；为人民服务的理念更是站在世界和时代的前沿，高瞻远瞩地推动了人类社会的不断发展和进步；无私奉献的高尚情操凸显了红色文化的吸引力；艰苦奋斗的优良品格更是彰显了红色文化的生命力和影响力。红色文化在产生和发展的过程中，同当时的时代特征结合起来，适应了时代需要、把握了时代脉搏，对马克思主义在中国的传播起到了举足轻重的作用。

（3）民族性与大众性

红色文化是历史发展的积淀，它不是无源之水、无本之木。红色文化扎根于中华民族优秀传统文化之中，既汲取和发扬，又批判和超越，从而成为当时一种新的先进文化形态。红色文化是中国共产党带领中国人民，根植于中华优秀传统文化，在长期艰苦卓绝的革命实践中，创造和总结出的具有显著民族性与大众性的先进文化。它来源于人民群众，服务于人民群众，代表广大人民群众的意志和愿望，是无产阶级大众的文化。红色文化蕴含的精神品质展现了民族精神，具有鲜明的民族特点，彰显了本民族的精神气质和意志品质。

中华民族自古以来就彰显出了不凡的气度与精神，在五千多年的文明发展历程中，逐步形成了以爱国主义为核心的团结统一、爱好和平、勤劳勇敢、自强不息的伟大民族精神，这种民族精神构成了红色文化的鲜明底蕴。红色文化在中国共产党进行的伟大革命实践中得到丰富和发展，在不同的发展阶段，红色文化有着不同的提炼和概括，如井冈山精神、长征精神、延安精神和西柏坡精神等。占近代中国三分之二人口的工农群众是红色文化的直接参与者、创造者。红色文化植根于人民群众，为工人和农民服务，并逐渐成为他们的文化，并且一直在人民群众中传播与发展。中国共产党始终坚持群众路线，使得中国革命事业拥有了广泛坚实的群众基础，在红色文化的创造与传播过程中，人民群众始终发挥着主体性作用。

4.红色文化的精神内核

红色文化将中华优秀传统文化、马克思主义和革命精神融为一体，展现出独特的具有时代特征的红色精神，"这种精神，就是把全国人民和中华民族的根本利益看得高于一切，坚定革命的理想和信念，坚信正义事业必然胜利的精神……"[1]井冈山精神、长征精神、西柏坡精神以及延安精神等革命精神是在新民主主义革命时期形成的，抗美援朝精神、雷锋精神、焦裕禄精神、大庆精神及"两弹一星"精神等是在社会主义革命及建设时期形成的，抗洪精神、载人航天精神、抗击"非典"精神等是在改革开放以来的中国特色社会主义建设时期形成的，井冈山精神源于建立井冈山革命根据地的伟大实践中，它是红色革命精神的首创精神，集中体现的是密切联系人民群众和一切从实际出发、实事求是的红色革命精神。长征精神则是无坚不摧的革命英雄主义精神和顾全大局的集体主义精神。延安精神是在延安贫穷、恶劣、艰苦的环境中，展现出来的革命者的坚定理想信念以及在艰苦的环境中自力更生的精神。西柏坡精神蕴含的是以"两个务必"为核心内容的艰苦奋斗的工作作风、吃苦在前享乐在后的奉献精神、戒骄戒躁的严谨态度、勇于开拓进取的奋斗意志。这些革命精神正是红色文化的精神内核，是社会主义文化建设的精神源泉，是社会主义核心价值观所倡导的。我们可以通过这些具体的革命精神，进一步剖析红色文化的精神内涵。

---

① 江泽民. 江泽民文选（第一卷）[M]. 北京: 人民出版社, 2006: 590.

（1）爱国主义和集体主义精神

爱国主义精神和集体主义精神体现在新民主主义革命和社会主义革命与建设的各个阶段。在新民主主义革命时期，面对帝国主义的压迫与凶残的侵略，中国共产党坚持团结一切可以团结的力量，联合农民、工人、小资产阶级等所有中间阶级，建立无产阶级领导、工农联合的革命统一战线，团结一致，共同反抗帝国主义和封建主义的剥削与压迫。当中华民族处于水深火热之中，当中华民族危在旦夕之时，无数革命先烈为了中华民族的独立与解放，浴血奋战，用生命和鲜血换来民族的觉醒和国家的安定。红色文化孕育在革命战争的土壤当中，以无数革命烈士的真实而生动的英雄事迹，呈现给后人敢于奉献、不畏艰辛、顽强不屈的爱国主义精神。在日本帝国主义侵略中国时，日本侵略者认为中国只是一个地理概念，认为中国人只具备乡土观念，没有统一的国家民族观念，不可能团结一致对外。然而当全面抗战爆发，中国出现了一种前所未有的民族觉醒和团结一致、抵抗外侮的社会进步现象，这种万众一心的集体主义精神正是抗战最终能够取得胜利的精神支撑和保障。在社会主义革命和建设时期，为实现对农业、手工业和资本主义工商业的社会主义改造，中国共产党领导广大人民群众，将分散的个体经济组织起来，相互团结协作，开展互助合作运动，走集体化社会主义农业建设道路；将以私有制为基础的个体手工业，通过合作小组、供销合作社再到生产合作社先后三条合作化的道路，改造为社会主义集体所有制手工业。伴随着资本主义工商业社会主义改造的完成，我国进入社会主义初级阶段。"三大改造"之所以顺利完成，离不开爱国主义精神和集体主义精神在其中的推动作用。

（2）坚定的理想信念。

崇高的理想信念是实现目标的精神支持，是激励人民勇往直前的不竭动力。共产党人的坚定理想信念是红色文化得以形成和不断发展的内在动力和精神支柱。新民主主义革命时期，无论是在大革命时期、土地革命时期还是在抗日战争时期和解放战争时期，中国共产党坚信"必须推翻那些使人成为被侮辱、被奴役、被遗弃和被蔑视的东西的一切关系"[①]，领导

---

① 中共中央马克思恩格斯列宁斯大林著作编译局编译. 马克思恩格斯选集（第一卷）[M]. 北京: 人民出版社, 1995: 10.

无产阶级，始终把实现共产主义作为一切革命和战争的最高理想和最终奋斗目标。革命者以不屈的精神和坚定的共产主义信念，经历了长期而艰苦的奋战，用生命和鲜血谱写了无数感人的历史篇章，最后取得了革命的胜利，迎来了新中国的诞生。在社会主义革命时期，中国共产党领导广大人民群众以社会主义必胜的信念，经历种种曲折和考验，克服了重重困难；在全面建设时期，中国共产党坚持为了共产主义理想而不断进行反思、批评和自我批评，克服各种困难和挫折，在政治、经济、文化、教育等方面取得了许多成就，为社会主义现代化的发展奠定了基础；在改革开放时期，中国共产党坚持共产主义信念，明确发展方向，与时俱进，解放思想，开辟了中国特色社会主义道路，建立了社会主义市场经济体制。

（3）艰苦奋斗精神。

艰苦奋斗是中华民族的传统美德之一，是中国共产党领导人民取得革命胜利的精神武器。新民主主义革命时期，面临着物质条件严重落后、斗争环境极其恶劣的严峻形势，革命先辈们秉承和发扬艰苦奋斗精神，不怕苦不怕累，为了革命克服千难万险，用踏踏实实、真真切切的行动谱写着艰苦奋斗的历史篇章，并将艰苦奋斗精神潜移默化地汇入红色文化的血液中。井冈山根据地是中国第一个红色根据地，是中国革命的摇篮，井冈山精神是革命先辈们艰苦奋斗的精神之源。"红米饭，南瓜汤，秋茄子，味道香，餐餐吃得精打光。干稻草，软又黄，金丝被儿盖身上，不怕北风和大雪，暖暖和和入梦乡。"这首歌谣便是革命先辈们在开辟农村包围城市、武装夺取政权的革命道路中，面对着白色恐怖和疯狂的围剿，在食物严重紧缺、冬日寒风中用草席取暖，为了革命事业，以积极向上的精神状态，顽强斗争，突破重重封锁，巩固了革命根据地。长征精神更是艰苦奋斗精神的典范与楷模，在长征途中由于带的干粮远远不够，树皮、草根甚至身上的皮带都成为战士们的食物。战士们不仅要忍受饥肠辘辘，而且要经得住暴雨、寒风、大雪。战士们冒着随时被淤泥吞噬的危险蹚过一片一片的沼泽地，忍受刺骨的寒冷翻过一座座积雪及腰的雪山，历经生死考验，克服常人无法忍受的艰辛，以顽强的斗志，艰苦奋斗的精神，走完两万五千里长征路，粉碎了敌人的"围剿"，开启了革命的新篇章。艰苦奋斗精神不仅仅体现在井冈山精神和长征精神，之后的延安精神、西柏坡精神、雷锋精神、"两弹一星"精神、焦裕禄精神等都是艰苦奋斗精神的真实写照和延续，是红色精神内核的重要组成部分。

（4）求真务实精神。

实践是检验真理的唯一标准，在红色文化形成的革命实践道路上，中国共产党带领广大革命者真抓实干，对于每一次会议、每一次方针政策的制定、每一次行动、每一次革命和改革都是认真对待、认真落实。求客观实际之真，务执政为民之实。首先，尊重和把握客观规律，从实际出发，坚持真理。无论是在新民主主义革命时期、社会主义革命和建设时期还是改革开放以来的中国特色社会主义建设时期，党中央都从不同时期的实际情况出发，遵循客观规律，以马克思主义为指导，制定切实可行的方针政策，在革命道路上不断探索前行。其次，坚持走群众路线，从群众中来到群众中去，从人民群众的切身利益出发，忧民之所想、解民之所忧，为人民群众谋实事。中国共产党从诞生之日起就坚持为人民而奋斗，群众路线最早是在土地革命时期提出的。在土地革命时期，为满足广大农民群众对土地的需求，中国共产党进行大刀阔斧的土地革命：广泛开展对土地和人口的调查，丈量土地，明确土地面积，进行合理分配；积极发动广大群众清理地主等剥削阶级的财产，消灭地主阶级，推翻封建半封建的土地所有制，从政治经济上切实为广大农民群众务实，实抓实干，帮助农民翻身做主人。群众路线就是在中国共产党领导的社会主义革命、改革及建设中不断践行和发展的。

（5）开拓创新精神。

红色文化的滋生和发展离不开中国共产党与时俱进的开拓创新精神。从新民主主义革命到改革开放，是中国共产党领导人民不断开拓创新的过程。中国共产党面对一次又一次在城市开展武装斗争和革命的失败，认识到失败之所在，于是根据敌我的实力分布以及客观的国情和革命发展趋势，果断放弃城市中心，独辟蹊径，开拓创新地走出一条"农村包围城市，武装夺取政权的道路"，在无声无息中发展力量，蓄势待发，给敌人致命的一击。社会主义制度在我国确立以后，中国共产党开始不断地在实践中探索一条适合中国的道路，在借鉴他国经验的基础上结合我国实际国情，克服重重曲折，在失误中吸取经验教训，突破计划经济的束缚，通过改革开放的创举，进行制度和理论的创新，形成了马克思主义中国化的第二次历史性飞跃，开辟了中国特色社会主义道路。革命者的创新精神是推动红色文化形成和发展的不竭动力，是创新精神使得红色文化在中华优秀传统文化的土壤中生根，是创新精神使得红色文化具有鲜明的文化特色，是创新精神使得红色文化在革命的脚步中发展成优秀的先进文化。

（二）红色精神的内涵解读

1.精神的概念

"精神"是一个十分重要但又内涵模糊、抽象的概念。这不仅由于"精神"本身包含有因角度和标准而导致的认知差异，同时还在于"精神"本身的复杂性。在中国人的认知世界中，"精神"主要是由"精"和"神"两者合成。在古代汉语中，"精神"一词可见于《庄子》《周易》《论语》，其基本的要义是指一种形而上学的东西，是一种事实上存在而又触摸不到的东西，有两层含义：一是个人的精神作用、精神状态，二是指存在于天地间的精妙变化、神异作用。我国著名的哲学家张岱年先生曾对"精神"一词作出如下的解释：从字源上来讲，"精"是"细微之义"，而"神"则是"能动作用之义"。①综合来看，中国人对"精神"这个词语的理解较为模糊，缺乏学理性的概括与界定。与中国相比，西方人对之的研究却很系统和精深。

在笔者看来，"精神"一词至少有三个层面的含义：首先，精神是一种生理上的精元、活力。生理意义上的"精神"是人类生命活动的重要基础，在很多情况下，它是人的最初意识，是自然状态下的思想活动，当这种状态被突破和超越后，便进入了另一层次——具有哲学意义的"精神"状态。在这种状态下，西方人通常将"精神"与灵魂、心灵、心智或心理方面的同义词互换使用。这种"精神"反映的是人体意识对外在肉体的一种突破和超越，是人类认识的升华。在某种意义上，这种"精神"反映的是一种自我意识，这种从哲学高度认识的"精神"，才具有学理性。西方对"精神"的哲理性研究最早可以追溯到古希腊。在古希腊，哲学家最早使用了"努斯"这一哲学上的概念。所谓"努斯"是一种形而上的存

---

① 张岱年全集(第5卷)[M].石家庄:河北人民出版社,1996:418.

在，能够支配人的活动、影响着事物的存在和变化。之后，西方著名哲学家柏拉图对此作了较为系统的阐释，在论述过程中所使用的"理念"这一概念，就是"精神"的另一种表达方式，以此来解释世界的本源。之后，"精神"这一概念逐渐成为近代西方哲学的核心词汇。

特别是在德国的哲学家黑格尔那里，"精神"这个词成为他的核心概念。在黑格尔看来，逻辑学、自然哲学、精神哲学是精神所必经的三个阶段。在这三个阶段里，逻辑学阶段主要是抽象的研究，包括了"存在论""本质论""概念论"等内容。逻辑学的这些内容均是无关人类社会与客观自然的存在的。在自然哲学阶段，精神开始从纯粹的形成逻辑进入到自然、物质等客观感性的事物阶段。而精神哲学阶段，则是研究精神发展的最高阶段。精神哲学阶段关注人的自身与人的意识的发展。在精神哲学阶段，精神分为"主观精神""客观精神""绝对精神"三个部分。黑格尔试图建立一个以绝对精神为尺度的思想体系，利用这个思想体系来阐释这个世界的存在与发展。然而，黑格尔只是构建了一个有形式而无内容的空洞的外壳。这种有形式无内容的思想体系注定将被扬弃和超越。

通过对黑格尔精神哲学的扬弃和超越，马克思运用其关于精神运动变化的辩证法，对黑格尔空洞的内容注入了实在的物质，并由此形成了马克思辩证唯物主义哲学。在马克思主义的哲学体系中，精神成为一种全新的、激励人奋发前进的阶级意识与认识世界、改造世界的伟大的力量。精神表现为一种自觉、自由的集体意识，其特征为：这种游离于人体的精神又以另一种形式积淀成为一种集体无意识或者一种文化传统，过渡为一种超越肉体的、超越个人的某个时代、某个族群的普遍特殊性，如"时代精神""抗战精神""民族精神"就属于此类。①

本书研究的红色精神，指的就是精神的第三层含义。在这个阶段里，"精神"已经升华为一种自觉的意识，并且能够内化为积极的行为。在自由自觉的精神阶段，人与自然、动物得以真正区别开来。这个阶段也是观察人类的不同群体、个体的一个重要参照。不同的人总是表现出不同的精神风貌。从群体的角度来看，大到国家、民族，小到单位、家庭，均有着

---

① 参见张曙光主编. 民族信念与文化特征 [M]. 北京: 人民出版社, 2009.

不同的价值取向和目标追求，反映了生活在不同环境的人的精神状态的差异。第三层的精神是人类精神存在的核心，是个人的精神发展的最高阶段。在这个层面，一个人审美意识所能达到的高度，就是他精神所达到的程度。理想信念是个人精神境界发展的最重要的标志。一旦确立了理想信念，主体就会以此激励自己为所热爱的事业而努力奋斗。

总的来讲，精神是个人与民族最为内在的本质参照。个人的精神状态关乎他的生活的情趣、意志的强弱、成就的大小。一个民族的民族精神则能够支撑、推动本民族的兴旺发达与国家的繁荣昌盛。

2.红色精神的内涵

中国共产党把马克思主义的普遍真理与中国的实际相结合，在革命、建设、改革发展的实践中以马克思主义的信仰和共产主义的信念为精神坐标，带领广大人民进行了英勇顽强的斗争和坚持不懈的探索，创造出了一系列催人奋发、动人心弦的红色精神。它不仅是中国共产党靓丽的"名片"，也是广大人民群众众志成城、团结奋斗的精神代言。虽然不同时期红色精神的内容和表现不尽相同，但其精神实质是相互衔接、一脉相承的。根据时代发展和红色精神的传承，红色精神的内涵主要体现在以下几个方面。

（1）不畏艰难、百折不挠的奋斗精神

中国的无产阶级革命者面对"三千年未有之大变局，三千年未有之强敌"的复杂局面，开展了艰苦卓绝的斗争。中国革命的敌人是异常凶狠和强大的，面对帝国主义、封建主义和官僚资本主义三座大山，共产党人通过艰难的探索，总结正反两方面的经验教训，找到了实现民族独立和解放的正确道路。在探索道路上，共产党人展现出了前所未有的奋斗精神，不畏艰辛、不惧险阻、百折不挠、生生不息，其中形成了井冈山精神、长征精神、抗战精神、红岩精神、延安精神等伟大的精神形态，成为红色精神最深刻、最主要的构成。

（2）甘于奉献、勇于献身的牺牲精神

"批判的武器不能代替武器的批判，物质力量只能用物质力量来摧毁……"①革命就是暴力打破旧的国家机器，建立起新的符合社会发展要求的国家制度。在这个过程中，必然会遭到旧势力的疯狂反扑和暴力镇压。中国共产党人发扬一不怕苦、二不怕死的精神，面对牺牲毫无畏惧、大义凛然、视死如归、宁死不屈、不畏强暴、血战到底。"为有牺牲多壮志，敢教日月换新天。"大革命失败后，国民党反动派疯狂镇压中国革命、绞杀共产党人，白色恐怖笼罩全国。革命形势转入低潮，英雄的共产党人凭借着对共产主义的信仰，重新振作起来，走上井冈山，开创了革命根据地，种下了红色文化的种子。

抗日战争时期，面对穷凶极恶的敌人，中国共产党倡导建立了抗日民族统一战线，团结一切可能团结的力量，高举爱国主义旗帜，团结一致、抵御外侮，付出了巨大的牺牲，夺取了抗日战争的伟大胜利。在这场伟大的抗日战争中，母亲送儿打东洋、妻子送郎上战场，无数仁人志士抛家舍业奋勇杀敌。杨靖宇烈士率领东北联军于白山黑水中与日寇血战，弹尽粮绝时孤身杀敌，直至壮烈牺牲。赵一曼烈士为掩护部队撤退，负伤被捕后坚贞不屈，并留下"誓志为国不为家"的壮志豪言……无数优秀的共产党员为了国家和民族献出了宝贵的生命，表现出了大无畏的奉献精神和牺牲精神。

（3）开拓进取、敢为人先的创新精神

一部无产阶级革命史就是中国共产党带领人民群众从无到有、从小到大、从弱到强、开拓进取的发展史。1921 年 7 月，在浙江嘉兴南湖的红船上诞生了伟大的中国共产党，中国革命的大船在这里扬帆起航，从此中国革命的面貌焕然一新，翻开了崭新的篇章。中国红色文化也逐渐形成，红船精神成为早期红色文化的代表。红船精神所蕴含的开天辟地、敢为人先的首创精神实质就是开拓进取的创新精神。中国共产党之所以能带领人民始终站在历史和时代的前列，与时俱进地保持先进性，关键因素就是勇于创新、积极进取。

创新是一个民族进步的灵魂，是一个国家兴旺发达的不竭动力，是一个政党永葆生机的源泉。中国的革命道路是一条布满荆棘、充满坎坷的道

---

① 中共中央马克思恩格斯列宁斯大林著作编译局编译. 马克思恩格斯选集（第一卷）[M]. 北京: 人民出版社, 1995: 9.

路，没有现成路可走、没有现成经验可循。中国共产党要想取得革命的成功，就必须走自己的路，而开辟新路就要有敢为人先的胆识和气魄。这些创新精神内涵丰富、思想深邃，构成了红色文化的精神源泉，是指引我们党不断前进的思想动力，是激励共产党人薪火相传的红色基因。

（4）顾全大局、严守纪律的团队精神

集体主义是共产主义的基本原则，是无产阶级最基本的世界观和价值观。集体主义也是红色文化基本的精神内核，表现为公而忘私、天下为公、顾全大局的团队精神。无数革命者舍"小家"为"大家"，舍"小我"保"大我"。在新民主主义革命时期，特别是革命低潮时期，顾全大局的集体主义给了革命者战胜困难的勇气、决心和精神力量。正是依靠这种团队精神，人民群众才能紧密团结、上下齐心，同呼吸、共命运，汇聚成磅礴之力，取得了革命的胜利。

中国共产党历来重视党的纪律建设，并将"严守党的纪律、保守党的秘密"写进党章，成为中国共产党的入党宣誓词。讲政治、守纪律是革命取得胜利的重要原因。中国共产党领导的人民军队是钢铁纪律打造的部队，革命年代广大官兵身处极端险恶的环境，经常面临物资匮乏、生活艰苦的情况，但始终严格遵守三大纪律、八项注意，获得了老百姓的衷心拥护。共产党人严守党的政治纪律，个人服从集体、下级服从上级、全党服从中央，自觉与分裂主义、山头主义作坚决的斗争，维护党的统一。

（5）忠于信仰、坚定信念的忠诚精神

红色革命文化体现了中国共产党忠诚的共产主义信仰、坚定的共产主义信念和勇于担当的精神追求。战争年代，革命者时刻面临抛头颅、洒热血的生死考验，他们抱定决心、视死如归；在死亡面前，毫不畏惧、大义凛然，用生命诠释了共产党人对远大理想的忠贞、对共产主义的无限忠诚。敌人只能砍下我们的头颅，决不能动摇我们的信仰。共产党人用生命坚定理想信念的灯塔，守护着共产主义的信仰，铸牢红色革命文化之魂。

对共产主义的坚定信仰和对中国无产阶级革命必胜的信念，成为人民群众革命的力量源泉。大革命失败后，国民党反动派疯狂进攻革命根据地、大肆捕杀共产党人；面对白色恐怖，党内一些人思想动摇，提出了红旗还能打多久的疑问。面对这些悲观主义思想，毛泽东同志深入思考中国革命的道路和前途问题，撰写了一系列论著，在《红色政权为什么能够存在？》《井冈山的斗争》《星星之火可以燎原》等文章中，他分析了红色政权能够存在及发展的原因和条件，反击了革命悲观主义的错误观点，表现出了坚定的共产主义信念和革命乐观主义精神。

（三）红色基因的内涵解读

红色基因是一个复合词，理清"红色"和"基因"这两个词背后隐含的内容，为我们较为全面理解这一概念的内涵提供了可能。"红色"的文化意蕴在前文界定红色文化的概念时已作阐释，同样适用于红色基因的定义。分析红色基因与红色文化的异同，也为我们清晰认识红色基因，厘清概念边界，聚焦红色文化精神教育主线奠定基础。

1. 基因和文化基因

研究红色基因自然要涉及"基因"的内涵及范畴。《现代汉语词典》中对基因的解释是：生物体遗传的基本单位，存在于细胞的染色体上，呈线状排列。[①]生物学意义上的基因是带有遗传讯息的 DNA 片段，里面有着能决定生物体基础表征和内在机能的种种信息，对生物体的生命历程有着极为深远的影响。因此，作为遗传因子的基因具备双重属性。首先，基因具有物质性，它的存在方式是含特定遗传信息的核苷酸序列，是遗传物质的最小功能单位。其次，基因具有信息性，储存和赓续有生物体的遗传信息，这也是它的根本属性。

当然，我们这里所讲的"基因"不同于传统生物学意义上的基因，它是文化学意义上的一种类比和引用，因为文化传承在某种程度上与基因复制的特点相类似。基因被引入到文化学领域，经过西方学者的阐释产生了新的学术含义，以道金斯（R.Dawkins）为代表的西方学者首次提出了"文化基因"一词。道金斯的代表作《自私的基因》一书中用"谜米"作为解释文化传承的基本单元，从而引出了"文化基因"的概念。他的学生苏珊（B.Susan）在其基础上著有《谜米机器》。她在书中认为这种复制因子在意义、功能、影响等不同层面有显著特征。近年来，国内学者也对文化基因进行了不同程度的解读，毕文波认为："具有在时间和空间上得以传承

---

① 中国社会科学院语言研究所词典编辑室编. 现代汉语词典［M］. 北京：商务印书馆，2016：604.

和展开能力的基本理念和基本精神，以及具有这种能力的文化表达或者表现形式的基本风格，叫作'文化基因'。"①王东则将其定义为："决定文化系统传承与变化的基本因子、基本要素。"②2016 年，习近平就曾强调："要加强对中华优秀传统文化的挖掘和阐发，使中华民族最基本的文化基因与当代文化相适应、与现代社会相协调。"③可见，文化基因是各种文化现象中最为深层次、最基础、最本质的基本因子，它可以影响文化系统的属性以及发展走向。优秀的文化基因经过人类长期实践的淬炼和积淀，如果能验证并发挥它的价值，就能使自身具备相应的生命活力，就可以像基因一样进行代际的传递，从而被有效地继承和发展下去。

2. 红色基因的内涵

红色基因，顾名思义是由"红色"与"基因"构成的概念，这两个词互相修饰并彼此限制，继而构成红色基因的基本含义。从字面来看，"红色"一词修饰了"基因"，"基因"一词又被"红色"修饰，两者紧密相连，牢不可分。在上面的论述中，我们可以初步了解红色基因实际上是文化基因的一种，它是红色文化中最基本的文化单元。

"红色基因"是习近平近年来在不同场合屡次提到的高频词，足见其重要性。这意味着传承"红色基因"不再是模糊的认识，而应具有纲领性；意味着我们传承红色基因不再单纯靠自觉，而应当迈向科学化和系统化。近年来，学术界对于红色基因研究的热情日益高涨，但对其概念的界定仍然是各持己见。如学者吴娜认为"红色基因是红色文化的遗传密码，包含无产阶级的思想理论和价值观、伟大的革命精神、优良的革命传统和高尚的道德品质"④。强卫认为红色基因是"党在长期奋斗中锤炼的先进本质、思想路线、光荣传统和优良作风"⑤。时玉柱则进一步阐明了党在长期奋斗中孕育的红色基因的演变历程，他认为："'红色基因'是在主动适应新民主主义革命、社会主义革命和建设等不同历史时期的政治、军

---

① 毕文波. 当代中国新文化基因若干问题思考提纲[J]. 南京政治学院学报, 2001(02)：27.

② 王东. 中华文明的五次辉煌与文化基因中的五大核心理念[J]. 河北学刊, 2003(05)：134.

③ 习近平. 在哲学社会科学工作座谈会上的讲话[M]. 北京：人民出版社, 2016：17.

④ 吴娜. 红色基因的文化学考察[J]. 人民论坛, 2015(12)：182.

⑤ 强卫. 激活红色基因 焕发生机活力——学习贯彻习总书记系列重要讲话精神[J]. 求是, 2014
(09)：14–16.

事、经济、文化及社会形态发展的实践中，特别是在中国共产党独立领导的武装斗争中孕育并不断凝练而成的伟大精神成果。"①在诸多界定红色基因的论断中，笔者比较倾向吴娜、强卫对红色基因所作的界定。在认同他们的基础上，笔者认为，红色基因并不是"红色"和"基因"概念的简单相加，而是中国共产党高擎马克思主义旗帜，团结和引领广大中华儿女汲取优秀传统文化精华，历经长期革命、建设、改革的实践淬炼、筛选，不断孕育、积淀、升华并能稳定延续的理想信念、革命精神、光荣传统和优良作风的总称。因此，红色基因与单纯的生物学意义上的基因不同，它不是与生俱来就能自然复制的，红色基因需要我们人为地进行传承，也唯有传承才能激活和发挥它的现实功能，使它永葆活力，更显其精神和物质威力。

3. 红色基因与红色文化

红色基因与红色文化既有区别又有联系，科学界定两者的概念是大学生思想政治教育传承红色基因、有效开展红色文化精神教育的逻辑起点。红色文化分为广义和狭义两类。广义上，它是指在世界社会主义和共产主义运动整个历史过程中形成的人类文明进步的文化总和；狭义上，它是特指在马克思主义的指导下，由中国共产党领导人民群众在新民主主义革命、社会主义革命与建设、改革的实践中共同创造出来的各种物质和精神财富的总和。红色文化的内涵十分丰富，外延也更为广泛，包括物质、精神和制度等三方面。物质层面的红色文化是外显性的，它可以视为承载红色文化的实体元素和器物形态，是历史与革命、建设与改革过程中产生、存续、建设和保护下来的，构成了精神的客观载体。精神层面的红色文化是其深层次结构中精神内容的高度凝练，集中体现了所承载的主体精神状态和风貌。制度层面的红色文化，是红色文化精神的集中反映，它涵盖党的理论、政策、路线、方针等一系列规范化的体系及行为模式。而红色基因则内含共产党人在长期革命实践中锤炼的理想信念、革命精神、光荣传统和优良作风，并在建设和改革时期得以传递进化的优质基因。

综上所述，一方面，红色基因是红色文化的灵魂和精髓，对红色文化

---

① 时玉柱.高校思想政治教育传承"红色基因"的路径探究[J].克拉玛依学刊,2015(05)：53.

存在有特定意义上的内在规定性，属于它的内核层次。进一步来讲，红色基因是以优秀精神品质为主体的先进红色文化形态，是中国共产党人和广大人民群众同甘共苦、共同实践形成的宝贵精神财富。从一定意义上讲，传承红色基因包含了党在革命、建设和改革时期形成的红色精神文化，但这只是其中一个重要层面。另一方面，红色文化中的各种资源是红色基因表达的重要载体。传承红色基因需要利用好丰富的红色文化资源，因为红色基因不是抽象的概念，它有具象的表现形式。"隐性"的红色基因有赖于从"显性"的红色文化中加以提纯并彰显，如果我们抛离了红色文化资源来传承红色基因只会让其变得抽象，只会让传承变得困难和被动。

（四）大学生红色文化精神教育的内涵解读

1、红色文化精神的定义

通过前文对红色文化、红色精神、红色基因的内涵解读，笔者认为红色文化精神有广义和狭义之分。狭义上的红色文化精神是指红色文化的精神内核，也是红色文化构成中的精神文化部分，也可以理解为红色精神；广义上的红色文化精神是指中国共产党领导广大人民群众以中国化马克思主义为核心，汲取优秀传统文化精华，在长期的无产阶级革命和社会主义建设以及改革时期同甘共苦、共同实践过程中孕育和积淀的先进的思想理论、伟大的精神、崇高的价值观、光荣传统、优良作风、坚强意志、高贵品质、永恒真理等，能够塑造美好心灵，弘扬社会正气，凝聚社会发展的动力，指引中国人实现梦想和追求的主要精神驱动力。

本书只探讨狭义的红色文化精神，应该从利用好红色文化资源、发扬好红色传统、传承好红色基因等三个方面弘扬红色文化精神。

2.红色文化精神的根本价值

红色文化精神具有多重价值，而最根本的价值是能为国家富强、民族振兴、社会发展以及个体人生发展提供正确而强大的精神动力。

需要是人类一切认识活动和实践活动的出发点和原动力。精神需要作为人的需要体系中的重要组成部分，无疑是激发人的活动积极性的内在动因之一。江泽民说，人总是要有一点精神的。一个民族更要有自己的精神。他还强调指出："伟大的事业需要并将产生崇高的精神，崇高的精神支撑和推动着伟大的事业。没有坚强精神的民族，是没有前途的。"①所谓精神动力，就是思想、理论、理想、信念、道德、情感、意志等精神因素对人从事的一切活动及社会发展产生的精神推动力量。②精神动力是社会发展和人的发展的基本动力，任何社会里都需要精神动力。

历史上，在极度困难的时期，中国共产党及其领导的革命队伍之所以能攻无不克、战无不胜；中国共产党及其领导的人民群众之所以能克服一个又一个困难，最终赢得中国革命与建设的伟大胜利；人民群众之所以会始终支持我们的党、我们的军队、我们的政府，其力量源泉就是对红色文化精神的坚守与追求。

如今，中国正处在一个快速发展与急剧变革的特殊时期，当今社会物质的充裕并不能填补一些人精神的空虚，社会转型期尤其需要提升对精神的守望。为了解决精神动力的彰显与缺失的矛盾，帮助人们克服精神懈怠问题，走出拜金主义和道德沦落的困境，必须大力传承与弘扬红色文化精神，借助红色文化精神内涵的理想、信念、道德与情感力量去教育与感化国民，达到"以文化人"的育人效果。近年来，各级党政干部和文化工作者在这方面做了许多有益的尝试并取得明显成效。如"红色旅游"、红歌会等广受欢迎。实践证明，红色文化精神受到中国民众的普遍欢迎，并且汇集而成一股强大的催人奋进的精神力量。现实需要，百姓欢迎，充分说明时代需要红色文化精神。这是红色文化精神成为推动人与社会全面发展的精神动力的根本依据。

3. 大学生红色文化精神教育定义

对红色文化精神教育的定义，目前，我国学术界尚未形成统一的认识。我们先来看看对教育的理解，汉代许慎在《说文解字》中说：教，上所施，下所效；育，养子使作善也。叶澜则将"教"与"育"二字相结合，认为"可以理解为上对下，成人对儿童的一种影响，其目的是使受教育者成善，手段是模仿"③。在正确理解教育内涵的基础上，不少学者对红色文化精神教育的概念内涵也进行了有益探讨。葛丽华认为：红色文化教

---

① 江泽民. 江泽民文选 (第三卷) [M]. 北京: 人民出版社, 2006: 196.

② 骆郁庭. 精神动力论 [M]. 武汉: 武汉大学出版社, 2003: 13.

③ 叶澜. 教育概论 [M]. 北京: 人民教育出版社, 1991: 3.

育是以红色文化为主要教学内容，由教育者借助一定的教育手段和方法，向受教育者进行宣传和说教，以使受教育者了解中国革命和历史，进而使他们的专业知识得以丰富，精神世界得以充实，思想觉悟得以提高。[①]冯丽娟则认为：红色文化是中国近现代文化的宝贵财富，对后人具有深远的教育意义，开发红色文化的教育价值，对当代大学生进行人生观与价值观教育，不仅是新时期精神文明建设的需要，也是促进大学生自我发展健康成长的需要。[②]而周立则认为：红色文化主题教育，是在原有思想政治教育工作的经验基础上，结合"红色文化"开展教育，使之贴近大学生生活，使大学生做到"看得到、摸得着、想得到"，从而加深对自身的思考，也加深对"红色文化"的深刻理解，于无形之中对大学生进行了深刻而具体的教育和引导。[③]总之，以上对红色文化教育的理解大致是：红色文化教育是教育者以红色文化为主要教学内容，利用红色文化的影响与作用，来达到教育或教化的目的。

笔者认为，红色文化精神教育就是教育者根据受教育者的身心发展规律，选择适当的红色文化精神教育内容，借助一定的教育手段和方法，以发挥红色文化精神的影响与作用，达到教育或感化的目的。具体来说，当代大学生红色文化精神教育，就是教育者根据教育目的，结合大学生受教育者身心发展规律，以生活实践为基础，以红色文化精神为教育载体，借助一定的介体，通过教育者的引导、新民主主义革命先辈和社会主义事业模范建设者的榜样示范，激发学习者的内在道德动力，引起内心的情感共鸣，增强心理认同，以促使青年大学生参照学习，最终达到内化精神品格，养成正确的世界观、人生观、价值观和道德人格的教育活动。

大学生红色文化精神教育将榜样所承载的崇高道德精神和价值理念，以"人、事、物"等形象化的手段，以及"革命精神"等抽象化的手段表现出来，主要通过革命斗争和社会主义建设生活中人的思想、情感、行为、事迹等手段，生动地展现出来，在教育者的教育引导下，以新民主主义革命先辈和社会主义事业模范建设者作为鲜活的教材，以科学的教育目

---

① 参见葛丽华.红色文化教育研究[D].河北大学，2012.

② 冯丽娟.用红色文化教育铸就当代大学生精神回归的家园[J].职业时空，2011（11）：179.

③ 参见周立.当代大学生"红色文化"教育的路径研究[D].华东师范大学，2010.

标教育人、感化人、激励人与启发人，最终达到使受教育者在思想道德品质上向榜样看齐的目的。对青年大学生来说，红色文化精神教育的主要目的就是提高受教育者的精神境界，完善其道德品格和意志品质，达到精神成人。

从教育目标来看，大学生红色文化精神教育，目的在于使受教育者形成革命先辈和社会主义建设模范所具有的道德精神。具体来说，在于促进受教育者内化先进的社会道德规范，实现社会化；此外，促使受教育者生成稳定持久的高尚品格，完善其人格；同时，促使受教育者个性发展，使其达到个性化与社会化的有机统一。

从道德品格养成来看，大学生红色文化精神教育是由外及内和由内及外的辩证统一，一方面通过红色文化精神的影响，引起受教育者的道德需要和价值追求，促使其道德内化，生成新的道德品质；另一方面，受教育者道德品格外化，行为受升华后的道德品格支配。这样受教育者通过内化和外化阶段，使受教育者形成一定社会所期望的道德。内外与外化是辩证统一的，内化就是教育者引导受教育者，将一定社会道德要求转化为自己的思想品德的过程，而外化就是教育者引导受教育者，将自己形成的思想品德转化为符合自己品德标准的行为过程。两者相互联系、相互渗透。

从教育过程来看，大学生红色文化精神教育是在教育者的教育引领下，在新民主主义革命先辈和社会主义建设模范的革命精神和创业奋斗精神的感召、激励下，有目的、有计划、有安排地引领受教育者内化先进道德品质的过程，也是学习者主动感知、认同、效仿革命先辈和社会主义建设模范进行道德品格自我构建的过程。整体看，就是教育者引领、革命先辈精神引导与受教育者效仿相统一的有机过程。

从红色文化精神教育的本质来看，人在改造客观世界的同时，也在改造着主观世界，在不断提升、完善自我品质。作为成长和发展中的青年大学生，都希望并且愿意通过理论学习、社会实践等手段改造自我、完善自我、创新自我。革命先辈为我们树立了一个个鲜活的学习榜样，虽然现在和革命战争年代相比，社会大环境发生了巨大变化，但是红色文化所蕴含的丰富精神文化永远不会过时。在榜样的示范和引领下，作为个体的青年大学生，不断汲取红色文化的丰富精神营养，不断地从肯定自我到否定自我再到否定之否定，从而不断地升华自我。对受教育者而言，红色文化精神教育过程就是促使其不断创新自我、超越自我、完善自我的过程。由此可见，大学生红色文化精神教育的本质可以归纳为：革命先辈道德人格对受教育者道德人格的同化，促进大学生精神成人。

4. 大学生红色文化精神教育的本质

习近平在全国高校思想政治教育工作会议上强调："高校思想政治教育工作关系到高校培养什么样的人、如何培养人以及为谁培养人这个根本问题。要坚持把立德树人作为中心环节，把思想政治工作贯穿教育教学全过程，实现全程育人、全方位育人，努力开创我国高等教育事业发展新局面。"[1]而我国独特的红色文化资源是我们开展大学生思想政治教育的"沃土"。依托红色文化资源开展红色主题教育，继承革命传统，传承红色基因，提升学生国防意识，增强大学生的理想与信念，从而促使大学生的精神成人，让立德树人效益最大化，这正是大学生红色文化精神教育的本质。

（1）传承红色文化精神，践行立德树人

①在红色文化精神传承中建构立德树人新理念

真正的教育理念不只是使学生学会学习、掌握技能，更应引导学生形成科学的价值观，使他们成为理想远大、坚毅进取，有灵魂、有信仰的人。审视新时代教育，全面构建立德树人人才培养新体系，必须充分利用红色文化资源，挖掘红色革命传统文化价值，让红色文化精神在新时代发挥更大的作用，在红色文化精神传承中立德，在红色文化精神传承中树人，真正建构新时代立德树人新理念，培养德智体美劳全面发展的社会主义事业合格建设者和可靠接班人。

②在红色文化精神传承中营造立德树人新氛围

红色文化精神是宝贵的教育资源，是无形的教育力量，是一门重要的隐性文化课程，也是一本鲜活的"教科书"。大学生红色文化精神教育需要政府、学校、家庭、社会同心协力，构建全方位覆盖、多渠道渗透、立体化网络、情与理交融的"知情意行"红色文化教育新模式，强化"认知"的明理基础、重视"情感"的价值体验、增强"意志"的品质凝练、

---

[1] 习近平在全国高校思想政治工作会议上强调: 把思想政治工作贯穿教育教学全过程 开创我国高等教育事业发展新局面 [N]. 人民日报, 2016-12-09.

培育"行为"的主动自觉。其中，政府的作用以及学校、家庭、社会三方的教育相互衔接、彼此互补，共同营造和谐的教育环境。在红色文化精神传承中营造新时代立德树人新氛围，让大学生在有形或无形的"育"和"化"中养成美好的品德。

（2）加强红色文化精神教育，促进大学生精神成人

大学生是当代的进步青年，是时代的弄潮儿，是未来国家建设的中坚力量，这个群体的素质高低也就决定了我们国家、民族未来的发展前景。所以大学生的教育就显得十分重要，要让一个大学生学会过硬过强的本领首先是要让其精神上有学本领的危机意识，有增强自己能力的渴望，只有让大学生从精神上成长成熟起来，才能使大学生有更高远为国为家的情怀。

①大学生精神成人的概念界定

夏忠义认为：大学生精神成人的核心要义是指一个人能够明白其为人的价值根基，以及能够发自内心的明白做人的道理，不仅自己心里面明白而且时刻用这么一个道理来约束自己，将基本的为人处世准则以润物无声的方式融入日常的生活细节里面去[①]。张笑涛认为大学生精神成人的四大要素由独立人格、自由表达、批判思维、创造意义共同构成。[②]

目前学术界对精神成人的定义各持己见，但综合他们的见解和维度，我们可以得出一个较为基本的理论，那就是精神成人的内涵更加接近于心理学和社会学意义上的成人。我们所讲的精神成人不但要在外在形象上具备一个成年人的标准，其内在的品质与气质还必须时刻体现一个合格社会人的基本素养，表明主体作为一个独立的个体具备正确处理各种社会关系的能力，精神成人是大学生的高端需要，是其为了实现自身价值、实现自我的个人最高要求。对于大学生精神成人的维度需要全方位考量，精神成人本就是在物态成人基础上的更高要求，所以大学生的精神成人要从人与自我、人与他人、人与社会、人与国家等四个层面来进行考察，在考察的过程中，不仅要考察其认知程度，更要考察其践行能力。

---

① 参见夏中义. 消费主义与精神成人 [M] //凤凰卫视. 凤凰卫视世纪大讲堂. 沈阳: 辽宁教育出版社, 2010.

② 参见张笑涛. 大学生"精神成人"：为何与何为 [J]. 现代教育管理, 2011（09）: 97–101.

我们可以给大学生精神成人下一个浅显的定义：大学生精神成人是一个过程，在这个过程中，他们从认识自己到规范自己，渐渐学会自律，明白命运掌握在自己手中，感觉爱与被爱，开始懂得尊重和理解他人，并逐渐将其精神生活由自由转化成自觉。这种自觉不是以他人为导向的"从众"和攀比，不能因为别人消费哪种精神产品，自己就效仿，而应是在自己消费某种精神产品时，有独立的自主意识，知道自己为什么而消费，消费的意义何在。

②大学生精神成人的主要内容

陈敏认为大学生精神成人应该包含如下几个方面：人类知识的极大丰富和扩展、自我意识的不断觉醒和完善、健康向上的心理素质、良好的思想道德修养、妥善宽容的人际关系处理能力等。[①]张晓敏根据其研究成果将大学生精神成人的主要内容解析为四个主要方面，即心理成人、理想成人、道德成人和信仰成人。[②]

通过对以上研究成果进行相应的总结、分析和梳理，我们不难得出一个结论，那就是大学生精神成人的实质就是让学生能够在人生的道路上意识到什么是人类普适的价值体系，如何对其进行抉择，以及在面临人生的关键时期能够知道如何去抉择，而且选择得是否恰当，是否能够达到国家、社会、民族对生活在这个国家的每一个个体的基本要求。当大学生能够较好地处理在家庭、学校、社会等这一系列问题且能够作出正确有效的决断，我们就可以说这个大学生是社会意义上的成人，他在精神上已经达到了这个国家和民族以及社会对他的基本要求，他在精神上已经是一个比较成熟的个体了。

通过上述的解答与分析，我们大致可以总结梳理出关于大学生精神成人的主要内容。

第一，道德层面的选择要符合社会历史发展的需要。大学生精神成人就是大学生在学习和成长的过程中对精神的不懈追求和对自身要求的不断提高。意识对物质具有重要的能动作用。大学生的精神状态如何对其在现实中的实践行为具有重要的影响。大学生作为家庭、学校、国家共同培养

---

① 参见陈敏. 当代大学生精神成人研究 [D]. 武汉理工大学, 2008.

② 参见张晓敏. 高校精神成人问题研究 [D]. 湖南师范大学, 2009.

的高素质人才，他们的成长发展如何决定了国家和民族的未来发展状态，所以大学生精神成人所必备的内容便是其对个人道德素质的要求要与这个社会同步、相协调，能够去追求真、善、美的精神价值，在道德的选择上是符合其特定历史时期的标准，能够为社会大众所认可。

第二，在心理和情感层面上符合社会对成人的期待。精神成人不是简单的一句空话，而是有着实实在在的内容。良好的心理素质和成熟稳重的情感选择是当今社会对大学生这个群体的基本要求。一个人要想达到成人，首先其心理素质要经得起考验，经得起时间的验证，在最重要的理念层面上要能够去认知自我、定位自己的前进方向、以成熟稳定的信仰追求指导自己的自由自觉活动。

第三，有良好个人修养和广阔的人文视野。作为一名"成人"，其知识容量必定是极大丰富的，有着对这个世界的正确认知，而"教育不仅传授着知识，更孕育了一种源源不绝的人文资源"[①]。大学生作为社会建设的中坚力量，必须要有能够匹配其身份的能力，而能力正是来源于大学生们平时的积累。大学生的精神成人就是要让其懂得如何利用大学的有效时光丰满羽翼，锻炼成长。

精神成人包括以上三个方面内容，就是人们对成人在这三个维度上是否遵从社会人普遍价值的一种界定，也就是从社会大众的角度去审视一个大学生，作为一个普世标准对大学生作出的最基本限定。大学生精神成人的实质就是通过在校期间的学习与实践，他们最终能明晰自己的个性特点；作为当今社会发展层级的重要链接者——大学生在接受过高等教育之后，能够了解自己、了解家庭、了解社会和国家，以及懂得走向社会之后如何做人，如何以一个成年人的标准去适应社会和贡献社会。

③红色文化精神是大学生精神成人不可或缺的组成部分

红色文化精神作为一种社会主义的先进文化成果，能为大学生精神成人提供优质资源和本源性的思想理论支撑。可以说，关于大学生健康心理的形成、理性知识的扩展、道德境界的提升、信念水平的提高等方面的引导，都可以在红色文化精神资源中找到真实的、有说服力的教育素材，是

---

① 柳延延. 大学生活的任务：学会思考，精神成人 [J]. 上海师范大学学报（哲学社会科学版），2004（01）：123.

大学生精神成人的精神纽带和重要组成部分。

首先，红色文化精神本身就包含着马克思主义中国化的探索而形成的毛泽东思想和中国特色社会主义理论体系。红色文化精神是中国共产党把马克思主义普遍原理与中国革命、建设和改革开放实践相结合，并被实践证明了的、正确反映客观事物发展规律的科学认识，是在吸收中华民族精神的基础上并体现每一时期共产党人积极精神面貌的智慧结晶，是不断推进中国特色社会主义事业的强大精神动力。大学生精神成人教育应当、也必须以中国化的马克思主义为指导方针，充分吸收和借鉴民族的、大众的、科学的大学生思想政治教育资源，特别是借鉴吸收中国共产党成立以来进行大学生思想政治教育的实践经验和理论探索，追索我们党在民族独立和人民解放道路上对理想、信念、道德与精神力量的不懈追求，为当前的大学生精神成人教育提供实践与理论上的双重指导。

其次，红色文化精神是进行大学生精神成人教育的精神资源和有效载体。红色文化精神通过物态的和精神的、有形的和无形的载体，以丰富的形式、多样化形态表现出来，是一种独特的教育资源。这些遍布全国的红色文化精神资源，是一部中华民族的斗争史、创业史、奋进史，是民族精神的集中体现。在物质生活不断丰富的当代，这是民族情感的归向点；在经济全球化进程日益加快的今天，这是民族精神的相思地①；在国际竞争日趋激烈的今天，这是激励中华民族奋勇前行的精神动力，是中国先进文化的代表，为大学生精神成人教育提供了丰富的内容和源泉。这些经过血与火洗礼的红色文化精神资源，穿越时空和历史与现实相融合，这就为大学生精神成人教育提供了良好平台和有效载体。

最后，红色文化精神为大学生精神成人提供强大的进取力量。红色文化精神的根本价值在于它能为人们提供人生发展的精神动力。作为一种红色资源，红色文化精神"都以无可辩驳的事实展示着中国共产党人英勇斗争的光辉历史，都以不容置疑的史实诠释着中国共产党人热爱祖国、依靠群众、无私奉献、艰苦奋斗的思想道德境界，诠释着人民军队忠于党、忠

---

① 杨建辉. 试论红色文化在建设社会主义核心价值体系中的价值及其实现途径 [J]. 思想理论教育导刊, 2010（11）：102.

于国家、忠于人民、爱国奉献的价值观和人生观"①。红色文化精神是一种
改造主观世界和客观世界的重要力量，它是人生观、价值观、利益观和道
德观的基础，成为大学生精神成人的强大精神动力。

大学生红色文化精神教育包含内容较多，内涵丰富，在当代高校人才
培养中具有特别重要的现实意义。在建设中国特色社会主义、全面建成小
康社会的新征程中，我们需要大力弘扬中国革命道德传统，对大学生深入
开展红色文化精神教育。而要能使红色文化精神教育取得实效，首先我们
就要对其丰富的内涵有所了解。

二、理论基础

（一）马克思主义关于文化的思想

马克思主义关于文化的思想作为马克思主义理论不可或缺的组成部
分，始终立足于现实的社会关系，在探索人类社会发展规律的基础上，坚
持以人的解放和发展为根本价值目的来阐释与文化问题密切相关的现象。②
在马克思恩格斯看来，文化是人的本质性存在、人的解放与文化发展相辅
相成、人的精神动力推动文化发展。虽然他们没有专门阐述过"文化育
人"，但他们关于文化与人的本质、人的解放、人的精神动力等方面的思
想理论都是文化育人的重要理论基础，对于大学生红色文化精神教育有着
重要的理论指导意义。

1. 文化是人的本质性存在

马克思恩格斯虽然并没有对文化进行专门的和系统的阐述，但是他们
对"文化"却有着深刻的理解和准确的把握。在他们的著作中对"文化"
这一概念具有多重角度的解读和使用。从狭义的层面，他们把"文化"理
解为经济基础之上纯粹的精神意识形式，强调文化的非物质性，即精神性
质。他们认为在考察生产变革时，要考察到"意识形态的形式"。从广义

---

① 汪立夏. 红色文化资源在大学生思想政治教育中的价值及实现——以江西省高校红色文化教育进
校园为例 [J]. 思想教育研究, 2010 (07)：55.
② 包华军. 少数民族优秀传统文化融入民族地区大学生思想政治教育研究 [D]. 中国地质大学,
2017：33.

的层面上看，马克思恩格斯把"文化"理解为文明形态，把"文明形态"与"人类社会发展总体"紧密联系在一起。马克思批判粗陋空想的共产主义和社会主义是"对整个文化和文明的世界的抽象否定"①，恩格斯指出："文化上的每一个进步，都是迈向自由的一步。"②在他们看来，文明作为人类生活方式和内容的统一体，除了精神因素以外，还包括物质因素和制度因素。但无论是对狭义的还是广义的文化概念，马克思恩格斯所强调的都是人类社会发展的自觉的理性文化精神。这种自觉的理性文化精神体现在人的社会历史生活和现实活动之中，在人的对象化活动中生成。在他们看来，文化与人密不可分，文化以人为主体，是人在对象化活动过程中形成的"人化的自然"和"自然的人化"，表现为人类实践活动本身以及这种活动的方式及其成果的总和。文化是人的本质力量的对象化。

对于人的本质，马克思恩格斯从实践观和唯物历史观的立场出发，深刻揭示了其内涵，进而揭示了人作为文化主体所具有的实践创造性。主要体现在以下几个方面。

第一，人的本质在于人的类特性，在于主体实践性。马克思指出："一个种的整体特性、种的类特性就在于生命活动的性质，而自由的有意识的活动恰恰就是人的类特性。"③人通过"劳动"来体现人的"类本质"，证明人是有意识的类存在物。人的真正本质在于劳动，在于劳动活动、实践活动这些物质的感性活动。④人的"全部社会生活在本质上是实践的"⑤。"人应该在实践中证明自己的思维的真理性……"⑥在他看来，人的本质就在于社会实践，实践就是检验真理的标准。

① 中共中央马克思恩格斯列宁斯大林著作编译局编译. 马克思恩格斯全集（第42卷）[M]. 北京：人民出版社，1979：119.

② 中共中央马克思恩格斯列宁斯大林著作编译局编译. 马克思恩格斯文集（第4卷）[M]. 北京：人民出版社，1958：104.

③ 中共中央马克思恩格斯列宁斯大林著作编译局编译. 马克思恩格斯文集（第1卷）[M]. 北京：人民出版社，2009：162.

④ 肖前. 历史唯物主义原理（修订本）[M]. 北京：人民出版社，1991：432.

⑤ 中共中央马克思恩格斯列宁斯大林著作编译局编译. 马克思恩格斯全集（第1卷）[M]. 北京：人民出版社，1960：8.

⑥ 中共中央马克思恩格斯列宁斯大林著作编译局编译. 马克思恩格斯选集（第一卷）[M]. 北京：人民出版社，1972：16.

第二，人的本质在于人的社会性，在于现实性。马克思从现实的人与人的社会关系入手，科学地揭示了人的根本属性是其社会属性，人的本质是一切社会关系的总和，他说："人就是人的世界，就是国家，社会。"①人的本质不是人的"肉体的本性，而是人的社会特质"，从前的一切唯物主义的主要缺点是："……而不是把它们当做感性的人的活动，当做实践去理解……"②在马克思看来，不能抽象地、片面地理解人，而要从人的社会特质去理解人，人是现实的、具体的，是活生生的人。马克思恩格斯着眼于现实人的存在和发展，科学地揭示了人的现实性的内涵。他们认为人们的存在就是他们的实际生活过程，进行历史分析和现实批判要着眼于现实的人，"但不是处在某种虚幻的离群索居和固定不变状态中的人，而是处在现实的、可以通过经验观察到的、在一定条件下进行的发展过程中的人。"③在他们看来，人的存在是指现实的人的存在，是指人的实际生活过程，人的本质不是永恒不变的抽象物，它在特定的人与社会发展条件下产生和形成。

第三，人的深层本质在于主体的自由自觉，在于主体性的不断发展完善。马克思从人的主体存在出发，对人的现实性和主体性即"人本身"，给予了充分的肯定，他指出："人的根本就是人本身。"④"人是人的最高本质。"⑤马克思在其博士论文中提出个体的自由是定在之中的自由，充满偶然性的感性的生活才是人的自由存在根据。马克思在对资本主义异化劳动的分析中指出：劳动对工人来说是外在的东西，而"不是自由地发挥自

---

① 中共中央马克思恩格斯列宁斯大林著作编译局编译. 马克思恩格斯选集（第一卷）[M]. 北京：人民出版社，2012: 1.

② 中共中央马克思恩格斯列宁斯大林著作编译局编译. 马克思恩格斯选集（第一卷）[M]. 北京：人民出版社，2012: 133.

③ 中共中央马克思恩格斯列宁斯大林著作编译局编译. 马克思恩格斯选集（第一卷）[M]. 北京：人民出版社，2012: 153.

④ 中共中央马克思恩格斯列宁斯大林著作编译局编译. 马克思恩格斯选集（第一卷）[M]. 北京：人民出版社，1995: 9.

⑤ 中共中央马克思恩格斯列宁斯大林著作编译局编译. 马克思恩格斯选集（第一卷）[M]. 北京：人民出版社，1972: 9.

己的体力和智力……"①。他认为自由以人们对自身生存条件的拥有和支配为前提，生产者只有占有生产资料之后才能获得自由，而在共产主义这一自由人的联合体中，"各个人在自己的联合中并通过这种联合获取自己的自由"②。

马克思认为，人的本质力量及其多样性是随着人们社会实践的不断发展而发展的，向来都是历史的产物。人要成为主体，就必须实现自己的本质力量，就必须以人的自由、平等和社会的公平、正义为前提，进而在社会实践中能够支配自然、能够主宰自己的命运，成为社会的主人。

马克思恩格斯关于文化与人的本质的理论，深刻揭示了文化是人的本质性存在，人创造文化，文化也塑造人。人能创造文化，使文化的发展有了动力源泉，而文化的发展即是人的发展，这使文化育人成为必要。反过来，文化也能塑造人，为人的发展提供动力，使文化育人成为可能。从这个意义上讲，马克思恩格斯关于文化是人的本质性存在思想，是文化育人内在的理论基础。

2. 人的解放与文化发展相辅相成

人的解放是马克思毕生追求的崇高理想，也是马克思主义理论的根本宗旨。马克思认为，社会发展与人的自由自觉活动、人的解放是紧密联系在一起的，人的活动的展开和自由的获得是社会发展的动力源泉。人的全面而自由发展是人类自身发展的理想状态，是社会历史进步的必然趋势，也是人的解放的最高境界。从文化发展意义上讲，人的解放即是人的文化主体性的发展，人的文化主体性的发展集中体现在人的文化实践能力、社会关系、文化个性的发展之中，体现在对人、对物的依赖关系之中。

在马克思看来，人的解放主要包括人的劳动实践能力、社会关系和个性等三个方面的解放。人的劳动实践能力的解放包含很多方面的内容，但最重要的还是体力和智力的整体性解放。他在《资本论》中提出把劳动能力理解为人在生产某种使用价值时所能运用的体力和智力的总和。马克

① 中共中央马克思恩格斯列宁斯大林著作编译局编译. 马克思恩格斯选集(第一卷) [M]. 北京: 人民出版社, 2012: 51–54.

② 中共中央马克思恩格斯列宁斯大林著作编译局编译. 马克思恩格斯文集(第1卷) [M]. 北京: 人民出版社, 2009: 571

思认为劳动者只有集体力劳动与智力劳动于一身，能够适应不同的劳动要求，才能实现全面的解放。同时，人的社会关系的发展也"决定着一个人能够发展到什么程度"①。因此，人必须积极参与社会交往，建立丰富而全面的社会关系，以实现社会关系的解放。人的个性解放是以人的劳动能力和社会关系解放为基础和前提的。人的本质要通过人的个性来表现，马克思主张要尊重人的个性，为全面发展人的个性创造条件。

在马克思看来，人的解放的过程实际上就是社会全面发展的历史过程。他说："'解放'是一种历史活动，……是由工业状况、商业状况、农业状况、交往关系的状况促成的……"②他以人与社会的关系为线索，以人类社会三大发展形态的历史演进为依托，具体考察了人的解放的历史过程。他认为人类社会发展第一大形态主要表现为人的依赖关系，人的生产能力只是在狭窄的范围内和孤立的地点上发展着；第二大形态表现为物的依赖关系，人的独立性建立在普遍的社会物质交换基础之上；第三大形态表现为人的自由个性，个人全面发展，人们共同的社会生产能力成为社会财富。在马克思看来，只有在生产力高度发达，人完全摆脱了对人和对物的依赖，人的全面自由发展才能真正实现。在社会发展的第三大阶段，即马克思所讲的共产主义社会阶段，由于生产力的高度发展，人们摆脱了对人和对物的依赖，从必然王国进入自由王国，人的解放真正得以实现，人也能真正成为自由而全面发展的人。

马克思关于人的解放理论，强调人的全面自由发展是人解放的根本任务和最终目标，人的解放过程与社会历史发展的过程相统一，揭示了人的解放与文化发展之间相辅相成的关系，而文化育人的根本宗旨是人的自由全面发展，以促进人的解放与文化发展为导向，以现实的社会文化发展条件为基础。从这个意义上讲，马克思关于人的解放理论，是文化育人宗旨的理论依据。

---

① 中共中央马克思恩格斯列宁斯大林著作编译局编译. 马克思恩格斯全集（第46卷）（下）[M]. 北京：人民出版社，1979：36.

② 中共中央马克思恩格斯列宁斯大林著作编译局编译. 马克思恩格斯全集（第42卷）[M]. 北京：人民出版社，1979：368.

3. 人的精神动力推动文化发展

人的精神动力对人的实践积极性具有重要影响。马克思最早表述了精神动力的内涵。马克思在《〈黑格尔法哲学批判〉导言》中指出："……理论一经掌握群众，也会变成物质力量。"①这揭示了理论作为一种精神力量可以成为推动群众实践活动的物质力量。马克思认为劳动包括资本，还包括"肉体要素以外的发明和思想这一精神要素"②。在他看来，人的精神动力可以转化为推动生产的物质力量，是生产中不可或缺的重要因素。

恩格斯对精神动力作了明确而深入的阐述。他指出："外部世界对人的影响表现在人的头脑中，……成为感觉、思想、动机、意志，总之成为'理想的意图'，……变成'理想的力量'。"③人的行动的一切动力"都一定要通过他的头脑，一定要转变为他的意志的动机，才能使他行动起来……"④在他看来，人的精神动力是人脑对客观存在及物质利益的反映，在实践中产生，来源于人脑的机能，是一种唯物性的存在，人脑内产生的感觉、思想、动机、意志等精神因素都可以成为推动人行动的精神动力。

按照马克思恩格斯的观点，人的精神动力是人的本质力量的一个重要体现，而文化作为人的本质性存在，人的一切实践活动都是一种文化实践，这深刻揭示了：人的精神动力是其从事生产实践不可或缺的因素，它推动生产的发展，实际上就是推动文化的发展。没有人的精神动力作支撑，文化发展便没有了动力之源。从根本上说，人的精神动力主要来自人的主体性、人的自觉能动性和人的精神需要。

第一，人的主体性，主要表现为人是自然的主体、是社会与历史的主体、是实践的主体。马克思认为人在改造自然的过程中，人既是主体，也可以成为客体，成为被改造和作用的对象，即表现出人的能动和人的受

---

① 中共中央马克思恩格斯列宁斯大林著作编译局编译. 马克思恩格斯选集（第一卷）[M]. 北京：人民出版社，2012：9.

② 中共中央马克思恩格斯列宁斯大林著作编译局编译. 马克思恩格斯全集（第3卷）[M]. 北京：人民出版社，2002：453.

③ 中共中央马克思恩格斯列宁斯大林著作编译局编译. 马克思恩格斯选集（第四卷）[M]. 北京：人民出版社，2012：238.

④ 中共中央马克思恩格斯列宁斯大林著作编译局编译. 马克思恩格斯选集（第四卷）[M]. 北京：人民出版社，2012：258.

动，"人作为对象性的、感性的、存在物，是一个受动的存在物……"①，人在改造自然或他人的同时也会改造自己。人是主体和客体的统一。

关于人与社会、社会发展历史的关系，按马克思恩格斯的观点："人就是人的世界，就是国家，社会。"②在社会发展中，历史什么事情也没有做，能够创造一切并"为这一切而斗争的，不是'历史'，而正是人，现实的、活生生的人"③。"……无论不从事生产的社会上层发生什么变化，没有一个生产者阶级，社会就不能生存。"④在他们看来，人是社会的主体，人民群众是历史的创造者，是一切社会实践的主体。

在探讨主体与客体的关系时，马克思认为人是实践活动的主体。实践活动是人的对象性活动。要理解人的实践活动，必须从人的实践活动出发，把人的实践活动本身理解为对象性的活动，进而有利于主体人客观地理解和把握人的实践客体。他指出，从前的一切唯物主义都没有把对象、现实、感性"当作感性的人的活动，当作实践去理解"，都没有从主体方面去理解，"生产不仅为主体生产对象，而且也为对象生产主体"⑤。在他看来，实践是连通主客体的纽带。通过实践，主体作用于客体，实现人的活动对象化、主体客体化，同时也使客体成为真正意义上的客体。

第二，自觉能动性作为人的意识、目的和动机的综合体现，它是人的主体性的动力之源。意识是人脑对客观存在的反映，是人区别于动物的特点。按照马克思的观点，"自由的有意识的活动"⑥是人的类特性。人的活动与动物本能的活动不同，它是自觉的、有意识的、能动的活动，人把自己的活动变成了自己意识和意志的对象。意识只有反映客观存在的事物及

---

① 中共中央马克思恩格斯列宁斯大林著作编译局编译. 马克思恩格斯全集(第 42 卷) [M]. 北京: 人民出版社, 1979: 169.

② 中共中央马克思恩格斯列宁斯大林著作编译局编译. 马克思恩格斯选集(第一卷) [M]. 北京: 人民出版社, 2012: 1.

③ 中共中央马克思恩格斯列宁斯大林著作编译局编译. 马克思恩格斯全集(第 2 卷) [M]. 北京: 人民出版社, 1957: 152.

④ 中共中央马克思恩格斯列宁斯大林著作编译局编译. 马克思恩格斯全集(第 19)卷 [M]. 北京: 人民出版社, 1963: 315.

⑤ 中共中央马克思恩格斯列宁斯大林著作编译局编译. 马克思恩格斯选集(第二卷) [M]. 北京: 人民出版社, 1995: 692.

⑥ 王孝哲. 马克思主义人学概论 [M]. 合肥: 安徽大学出版社, 2009: 72.

其发展规律，人的自觉性与能动性才可能实现。人类越发展，人类活动的意识性与自觉性就越强，正如恩格斯所说："人离开狭义的动物越远，就越是有意识地自己创造自己的历史……"①

人的实践活动是自觉的、有目的的活动。无论是个人还是群体在社会实践活动中都会有一定的目标，并且努力实现这一目标，"历史不过是追求着自己目的的人的活动而已"②。在马克思恩格斯看来，人的实践活动是不断追求和实现不同阶段发展目标的历史过程，普遍具有自觉意识和预期目的等特征。人们实践活动的目的性集中体现了其实践活动的自觉性。

动机体现人们的需要，推动人们的实践活动。"消费也创造出新的生产的需要，在观念上提出生产的对象，把它作为内心的图像，作为需要、动力和目的提出来。"③在他看来，动机实质上就是客观需要的主观反映。动机是需要和行为的中介，是把需要转变为满足需要的实践活动的桥梁。

第三，人的精神需要，是促进人与社会发展的重要动力。马克思恩格斯认为，人具有广泛体现其社会本质与发展内涵的多方面的需要，并"以其需要的无限性和广泛性区别于其他一切动物……"④从生产和需要来看，人与动物的根本区别就在于人不仅有物质需要，还有精神需要。人的精神需要是在满足物质需要的社会生产实践过程中产生的，是社会发展的产物。

人作为现实的人，人的社会生活是丰富多样的，社会生活的丰富性也决定了人的精神需要的丰富性。"人既有理论需要，又有情感需要，还有意志需要。"⑤其中，理论需要是人的最深层次、最本质的精神需要。马克思恩格斯指出："真正的人=思维着的人的精神。"⑥情感需要是精神

---

① 中共中央马克思恩格斯列宁斯大林著作编译局编译. 马克思恩格斯选集（第四卷）[M]. 北京：人民出版社，1995：274.

② 中共中央马克思恩格斯列宁斯大林著作编译局编译. 马克思恩格斯选集（第1卷）[M]. 北京：人民出版社，2009：295.

③ 贾志红. 马克思总体生产思想研究[M]. 北京：人民出版社，2012：203.

④ 中共中央马克思恩格斯列宁斯大林著作编译局编译. 马克思恩格斯全集（第49卷）[M]. 北京：人民出版社，1982：130.

⑤ 骆郁廷. 精神动力论[M]. 武汉：武汉大学出版社，2003：90.

⑥ 中共中央马克思恩格斯列宁斯大林著作编译局编译. 马克思恩格斯全集（第3卷）[M]. 北京：人民出版社，1960：56.

需要的重要组成部分，升华和满足人的情感需要是促进人的健康成长、激发人的行为动力的重要因素。恩格斯指出："没有这种革命的义愤填膺的感情，无产阶级的解放就没有希望。"①意志需要是人的不可或缺的精神需要。马克思指出，在劳动中，需要有作为注意力表现出来的有目的的意志，而且越是枯燥的不为劳动者喜欢的劳动，就越需要这种意志。

人的精神需要不仅具有丰富性，而且具有层次性，从低到高可分为三个层次：处于最低层次的是人的基本精神生活需要，即人们在社会交往中形成和发展起来的精神交往需要和社会情感需要。在论及语言的产生时，马克思恩格斯指出："语言也和意识一样，只是由于需要，由于和他人交往的迫切需要才产生的。"②处于第二个层次的是人的精神发展需要，即人们在精神上不断充实和发展自己、实现精神进步的需要，如不断完善自身思想理论、价值观念、道德情操、意志品质等。这种需要一旦产生并获得满足，就会形成一种推动力，促进人和社会的发展，"已经得到满足的第一个需要本身、满足需要的活动和已经获得的为满足需要而用的工具又引起新的需要。"③处于最高层次的是精神完善需要，即在精神发展基础上，在理想社会、人格、自我实现等方面追求更高的精神价值和人生价值。精神需要的不断增长与满足，是促进人精神生活发展的强大精神动力，也是促进人与社会发展的重要动力。

马克思恩格斯关于人的精神动力理论，强调精神动力是人的本质力量的重要体现，人的精神动力主要体现在人的主体性、自觉能动性和精神需要等三个方面。人的主体性，使人成为自然的主体、社会的主体、历史发展的主体，以及一切社会实践活动的主体。这充分说明，人也是文化育人活动的主体。人的自觉能动性是人的主体性的动力之源，人的一切活动都是有意识、有目的、有动机的活动，文化育人活动也不例外，它追求的是文化育人活动主体人的目的，即塑造人、教化人，促进人的全面发展。人

---

① 中共中央马克思恩格斯列宁斯大林著作编译局编译. 马克思恩格斯全集(第7卷)[M]. 北京: 人民出版社, 1959: 269.

② 中共中央马克思恩格斯列宁斯大林著作编译局编译. 马克思恩格斯选集(第一卷)[M]. 北京: 人民出版社, 2012: 161.

③ 贾志红. 马克思总体生产思想研究[M]. 北京: 人民出版社, 2012: 150.

的精神需要，是人在社会交往、发展进步和自我完善过程中产生的需要，它是促进人精神发展的内在动力。满足人的精神发展需要，是文化育人的基本使命。从文化育人中受教育者的角度讲，人的精神动力是促使人向文而化的力量之源，是文化育人价值得以实现的重要基础。从这个意义上讲，人的精神动力理论，是文化育人中"人向文而化"的重要理论依据。

（二）马克思关于文化认同的理论

马克思关于文化认同的理论可以让我们更好地把握红色文化认同的基础和动力。马克思的文化认同理论告诉我们，文化"矛盾"是"认同"的基础，这是人的存在方式的差异性而导致的；从多种文化中进行某一文化的选择和认同，其中最主要的动力来源于对文化所蕴含的价值的认同。

首先，社会生产和交往的过程也是文化认同的过程。马克思认为，社会历史发展的根本动力在于生产力的发展和交往的扩大化。因此，社会历史的形成过程实际上也包含着文化认同的过程。马克思指出："要研究精神生产和物质生产之间的联系，首先必须把这种物质生产本身不是当作一般范畴来考察，而是从一定的历史形式来考察。"[①]不同的个体、族群之间的交往过程也就是文化认同的过程，是对其他个体、族群的生活方式、社会关系以及生产方式的认同。个体在交往中体现出的文化交流，不仅仅是个体的思想，而且是个体背后的族群、民族甚至是国家积累传承下来的文化的交流与碰撞，对现实中的生活、交往方式的认同，实际上就是对文化存在的认同。

其次，文化的差异性矛盾是文化认同的原因所在。文化个体在生产、交往时，往往带有个体的民族、国家所蕴含的文化背景。马克思认为："以一定的方式进行生产活动的一定的个人，发生一定的社会关系和政治关系。经验的观察在任何情况下都应当根据经验来揭示社会结构和政治结构同生产的联系……"[②]从中可知，人们的经验体现在对日常生活、经济社会和政治社会的交往的总结上。在现实生活的交往中，经验与交往行为的

---

① 中共中央马克思恩格斯列宁斯大林著作编译局编译. 马克思恩格斯全集（第33卷）[M]. 北京：人民出版社，2004：346.

② 中共中央马克思恩格斯列宁斯大林著作编译局编译. 马克思恩格斯选集（第一卷）[M]. 北京：人民出版社，1979：29.

差异化会产生两种相对立的结果，即"认同"与"不认同"。因此，各文化间存在的差异性矛盾是文化认同的原因。

最后，文化认同的本质是对文化发展价值的认同。马克思对文化的价值是充分认同的。"批判的武器当然不能代替武器的批判，物质力量只能用物质力量来摧毁；但是理论一经掌握群众，也会变成物质力量。"[①]马克思认为，物质基础对社会发展具有重要的作用，而文化理论同样也对社会的发展具有重要的作用，它能够"炼出新的品质，通过生产而发展和改造着自身，造成新的力量和新的观念，造成新的交往方式，新的需要和新的语言"[②]。恩格斯对文化的价值也同样报以肯定的态度，并强调要重视文化之间的相互影响。恩格斯认为："政治、法、哲学、宗教、文学、艺术等等的发展是以经济发展为基础的。但是，它们又都互相作用并对经济基础发生作用。"[③]也就是说，社会发展不仅取决于经济基础，还取决于各种文化的重要作用。文化具有继承性，这些理论对我们理解文化认同具有重要的指导意义。

（三）中华优秀传统文化

红色文化作为中国共产党创造的一种文化，它本质上是一种创新，植根于中华优秀传统文化的现实土壤之中。创新是弘扬和培育民族精神的永恒动力，只有创新才会得到发展，才会永垂不朽。中华优秀传统文化是一代又一代劳动人民智慧与文化的产物，是民族文化沉淀的结果。在近代中国，中华传统文化不断地借鉴西方思想文化，具有时代内涵，为辛亥革命、五四运动等提供了思想基础。在新民主主义革命与抗日战争时期，我国人民创造了很多红色精神，比如西柏坡精神、井冈山精神、长征精神等；到了建设社会主义阶段，我们具有了大庆精神、雷锋精神、抗洪精神等。这些精神的诞生同出一脉，都是中华优秀传统文化在不同时期的具体表现，是历史与时代性的结合。

---

① 中共中央马克思恩格斯列宁斯大林著作编译局编译. 马克思恩格斯选集（第一卷）[M]. 北京: 人民出版社, 1979: 1.

② 中共中央马克思恩格斯列宁斯大林著作编译局编译. 马克思恩格斯文集（第8卷）[M]. 北京: 人民出版社, 2009: 145.

③ 中共中央马克思恩格斯列宁斯大林著作编译局编译. 马克思恩格斯选集（第四卷）[M]. 北京: 人民出版社, 1995: 732.

在中华传统文化中，民本思想存在久远。"民贵君轻""民为邦本"等思想是我国传统社会的一种政治理念，反对"竭泽而渔"与"杀鸡取卵"的王道学、仁政学说也因此产生。中国共产党人一直把"民为邦本"作为执政爱民的政治思想，把为人民服务的宗旨作为重要的发展方向。深入到群众中，也就是要执政为民、听政于民。此外，中国共产党还把传统的民本思想作为党的发展方向，也就是密切联系群众的作风，更是把"以人为本"作为重要发展方向。

红色文化之所以可以永久传承下去，其内在原因就是中国传统文化中具有自强不息的精神，不论是身处困境的司马迁或是刻苦研读的李时珍，从他们身上不难看出，他们都具有艰苦奋斗、自强不息的中华精神。中国共产党一直很好地继承了这种优良精神，把不畏艰险、顽强拼搏表现得淋漓尽致。现在，自强不息的精神是中华民族伟大复兴中不可或缺的强大精神支柱。习近平指出："中华文明绵延数千年，有其独特的价值体系。中华优秀传统文化已经成为中华民族的基因，植根在中国人内心，潜移默化影响着中国人的思想方式和行为方式。"①在中国革命、改革与建设过程中，中国共产党不断、弘扬、继承中国传统优秀文化，对于中华优秀传统文化表现了高度的重视。党的十九大指出，中国共产党从成立开始，不但引领了中国先进文化发展，还是我国传统优秀文化很好的继承者和发扬者。红色文化便是中国传统优秀文化注入马克思主义后发生的完美蝶变，它以中华优秀传统文化为"体"，以马克思主义为"魂"，开放包容地对待外来文化，在中国革命、建设、改革开放各个历史时期的思想文化领域发挥着引领和主导作用，成为中国社会主义现代化建设的精神动力。

（四）马克思主义中国化

中华民族在 19 世纪 40 年代之后一直处在民族危机中，中国人民为了免受外敌侵犯、解救灭亡中的民族，不断地探索着属于中国的救国救民之路。革命先驱将马克思主义引入中国，给中华民族的反帝反封建斗争提供了强有力的理论武器，使得中华民族从磨难中重新站了起来。中国共产党人把马克思主义成功结合中国革命，这是马克思主义中国化的发展过程，

---

① 习近平在北京大学考察时强调: 青年要自觉践行社会主义核心价值观　与祖国和人民同行努力创造精彩人生［N］. 人民日报, 2014-05-05.

在这过程了诞生了红色文化，让中国革命面貌有了全新的面孔。

毛泽东思想是马克思主义中国化的代表思想，毛泽东同志在《新民主主义论》中提出："民族的科学的大众的文化，就是人民大众反帝反封建的文化，就是新民主主义的文化，就是中华民族的新文化。"[①]红色文化是以毛泽东为代表的中国共产党人领导全国人民在进行革命与建设的历史过程中开始创建和形成的，并快速地得到发展。后来以邓小平、江泽民、胡锦涛等同志为代表的中国共产党人，不断在继承前辈的基础上进行创新，一直坚持社会主义发展，对于中国社会主义建设进行实践，确立了中国特色社会主义的基本方针，此刻红色文化被重新赋予了时代的内涵与特征，得到了进一步丰富和发展。

进入新时代，习近平在推进中国特色社会主义理论体系向前发展的进程中，也进一步丰富和发展了红色文化的内涵与逻辑。2015 年6 月习近平在遵义进行考察调研时，把遵义会议看作马克思主义与中国实际相关联的最好例子，坚持了中国独立自主的革命道路，是党史上一次重大转折点的重要会议。他还要求子孙后代继承并利用遵义会议的历史经验，坚定不移地坚持正确的政治路线和政策、战略，让遵义会议精神永放光芒。红色文化中的理论基础和思想灵魂是马克思主义中国化的代表，它对于红色文化的发展方向有着决定性作用。正是因为以马克思主义中国化作为重要理论，中国的红色革命事业才能度过一次又一次危机，创造一个又一个高潮，为红色文化的产生、形成、发展与创新提供厚实的实践土壤与理论土壤。习近平多次高度评价实事求是思想路线，称之为红色文化的核心内容，也是中国共产党优良传统的具体表现，是在革命斗争实践中得到的宝贵精神财富，是来之不易的巨大成就。

（五）习近平关于红色文化的重要论述

习近平对红色文化的重要论述，主要集中在"红色基因""长征精神""苏区精神""红船精神"等关于红色文化的讲话中。所有的论述归纳起来，可形成习近平对"红色文化何以必要""新时代需要认同的红色文化是什么样的红色文化"以及"如何认同红色文化"三个关键问题

---

① 毛泽东选集(第二卷)［M］.北京：人民出版社，1991：708–709.

的解答。

首先，要用实际行动把红色基因一代代传下去。红色基因依托红色文化而存在，是红色文化的重要组成部分。2013 年，习近平在原兰州军区视察时提出，要把"红色基因"传下去；2014 年，习近平在新疆军区参观时再次强调"红色基因"代代相传；此后，习近平多次在不同场合强调，青年一代要传承好"红色基因"，"红色基因代代相传"，体现习近平对红色基因、对红色文化的高度重视。

其次，传承与发扬红色文化具有重要的时代价值。这是习近平对红色文化重要地位的确认，也是对传承红色文化"何以必要"问题的回答。正如习近平所言："今天，我们回顾历史，不是为了从成功中寻求慰藉，更不是为了躺在功劳簿上、为回避今天面临的困难和问题寻找借口，而是为了总结历史经验、把握历史规律，增强开拓前进的勇气和力量。"[①]习近平对红色文化的时代价值的精准阐述，主要集中在以下三个方面：第一，党的建设离不开红色文化。红色文化所具备的红色精神，是广大党员干部的"营养剂"。习近平指出："革命胜利来之不易，主要是党和人民水乳交融，党把人民利益放在第一位，为人民谋解放，人民跟党走，无私奉献，可歌可泣啊！沂蒙精神要大力弘扬。"[②]"延安精神培育了一代代中国共产党人，是我们党的宝贵精神财富。要坚持不懈用延安精神教育广大党员、干部，用以滋养初心、淬炼灵魂，从中汲取信仰的力量、查找党性的差距、校准前进的方向。"[③]习近平认为，优秀党员同志们留下的优良革命传统所培育形成的红色文化精神，为建党、管党和治党提供了宝贵的启示，新时代国家全面从严治党的建设需要源源不断地从红色文化中吸收营养、汲取力量。第二，红色文化为社会主义核心价值观教育提供丰富的资源。社会主义核心价值观的教育离不开红色精神的引领和事实力量的说服。红色文化经历了历史与时代的考验，是无数优秀共产党人精神品质的凝练。

---

① 习近平. 在庆祝中国共产党成立 95 周年大会上的讲话 [N]. 人民日报, 2016-07-02.

② 习近平: 沂蒙精神要大力弘扬_高层动态_新华网http://www.xinhuanet.com//politics/2013-11/25/c_118286985.htm.

③ 习近平在陕西考察时强调: 扎实做好"六稳"工作落实"六保"任务　奋力谱写陕西新时代追赶超越新篇章 [N]. 人民日报, 2020-04-24.

"苏区精神既蕴含了中国共产党人革命精神的共性，是中国共产党人政治本色和精神特质的集中体现，是中华民族精神新的升华，也是我们今天正在建设的社会主义核心价值体系的重要来源。"①苏区精神是红色文化精神的重要代表，由此可见，红色文化无疑能够推动社会主义核心价值观教育。第三，红色文化能够为实现中华民族伟大复兴的中国梦提供精神动力。习近平强调："伟大的抗战精神，中国人民弥足珍贵的精神财富，永远是激励中国人民克服一切艰难险阻、为实现中华民族伟大复兴而奋斗的强大精神动力。"②

历史与实践证明，在我国经历的各种考验面前，红色文化一直能够鼓舞我们迎难而上、克敌制胜。红色文化所迸发出的强大力量已经深深地融入国家的血脉和灵魂中。也正是这种力量，为我国新时代建设社会主义文化强国、实现中华民族伟大复兴的中国梦源源不断地提供精神动力。

再次，坚定的理想信念和为人民服务的基本准则是红色文化的核心内涵。我们所需要的红色文化，是能够坚定人们理想信念的文化，是为人民服务的文化。这是习近平对"我们需要认同的红色文化是什么样的红色文化"问题的回应。习近平对红色文化的核心内涵有着深刻的理解。第一，坚定的理想信念。理想信念是红色文化的重要灵魂，是广大人民群众的精神支撑。习近平指出："弘扬伟大长征精神，走好今天长征路，必须坚定共产主义远大理想和中国特色社会主义共同理想，为崇高理想信念而矢志奋斗。"③第二，坚持为人民服务的基本准则。习近平指出："我们要始终把人民立场作为根本政治立场，把人民利益摆在至高无上的地位，不断把为人民造福事业推向前进。"④红色文化的发展见证了中国共产党从几十人的小党发展到执政党、从农村走向城市、从改革开放走向新时代的伟大历程。这离不开共产党人扎根人民、团结依靠群众、坚持以身作则的基本准则。

---

① 习近平: 弘扬苏区精神坚定信念创先争优[J]. 中国老区建设, 2011(12): 4.
② 习近平. 在纪念中国人民抗日战争暨世界反法西斯战争胜利 69 周年座谈会上的讲话[N]. 人民日报, 2014–09–03.
③ 习近平. 在纪念红军长征胜利 80 周年大会上的讲话[N]. 人民日报, 2016–10–22.
④ 习近平. 在纪念红军长征胜利 80 周年大会上的讲话[N]. 人民日报, 2016–10–22.

最后，增强红色文化认同需要与时代发展相结合，需要重视青年学生的红色文化教育。习近平多次提及红色基因代代相传工程，并对红色文化的传承提出了路径建议。第一，与时代发展相结合。习近平不仅重视红色文化的发展，还多次提出红色文化的发展要与新的时代发展相结合，将红色文化的时代精神发扬光大。习近平指出："沂蒙精神与延安精神、井冈山精神、西柏坡精神一样，是党和国家的宝贵精神财富，要不断结合新的时代条件发扬光大。"①在革命战争年代，红色文化是鼓舞人们团结斗争走向胜利的坚定信念，在改革开放年代，红色文化是共创美好生活的一面旗帜。在我国社会主义进入新时代的全新历史方位下，我们更要坚持文化的发展与时代发展相结合，充分发挥红色文化所蕴含的精神纽带作用，激发广大人民群众奋发向上的精神动力。第二，重视青年学生的红色文化教育。中华文化的优良传统需要靠青年传承发扬，民族复兴的宏图伟业需要青年去努力奋斗。虽然"95后""00后"的大学生生活在党的光辉旗帜下，但是他们对革命先烈前赴后继、英勇献身的伟大事迹了解甚少。习近平强调："革命传统教育要从娃娃抓起，既注重知识灌输，又加强情感培育，使红色基因渗进血液、浸入心扉，引导广大青少年树立正确的世界观、人生观、价值观。"②在大学生红色文化的有关教育上，应该从开展形式多样的革命传统教育和英雄模范教育，使红色文化能够得到深刻的传承与弘扬。

总之，习近平关于红色文化的重要论述告诉我们，红色文化具有重要的时代价值，其价值主要体现在红色文化的核心内涵上，认同红色文化不仅要与时代的发展相结合，而且要注重对大学生群体的红色文化认同教育，这为本书的研究提供了重要的理论指导。

---

① 习近平在山东考察时强调：认真贯彻党的十八届三中全会精神　汇聚起全面深化改革的强大正能量[N]．人民日报，2013–11–29.

② 习近平在安徽调研时强调：全面落实"十三五"规划纲要　加强改革创新开创发展新局面[N]．人民日报，2016–04–28.

第二章

大学生红色文化精神教育的重要意义和时代境遇

　　江西是一片充满红色记忆的红土地。以百姓心为心，与人民同呼吸、共命运、心连心，是党的初心，也是党的恒心。井冈山精神和苏区精神，承载着中国共产党人的初心和使命，铸就了中国共产党的伟大革命精神。这些伟大革命精神跨越时空、永不过时，是砥砺我们不忘初心、牢记使命的不竭精神动力。要深刻认识红色政权来之不易、新中国来之不易、中国特色社会主义来之不易，教育党员、干部特别是领导干部牢固树立立党为公、执政为民的理念，增进群众感情，践行群众路线，锤炼忠诚干净担当政治品格，当好人民勤务员，为完成新时代党的历史使命而努力奋斗。要把井冈山精神和苏区精神继承和发扬好，教育引导广大党员、干部增强"四个意识"、坚定"四个自信"、做到"两个维护"，自觉做共产主义远大理想和中国特色社会主义共同理想的坚定信仰者和忠实实践者。

　　——节选自习近平2019年5月22日听取江西省委和省政府工作汇报时的讲话。

红色文化精神主要源于马克思主义的指导思想和共产主义的崇高理想，它已经深深印在了人们的脑海之中，成为人们精神文化生活的重要依托。红色文化精神不仅有着丰富的内涵，还具有独特的价值功能。大学生红色文化精神教育，因红色文化这一特殊的载体而具有鲜明的特征：它具有重要的精神价值和物质价值，这种价值是在长期的德育实践活动中形成、发展并实现的，极大地促进了大学生个体价值的实现和社会的文明与进步。深入开展丰富多彩的大学生红色文化精神教育，对于坚定大学生的理想信念，培育社会主义核心价值观，对于继续高举中国特色社会主义伟大旗帜、同心共圆中华民族伟大复兴中国梦、对于坚定不移地推行改革开放、扎实推进中国特色社会主义伟大事业，将产生重大而深远的影响，具有重要的意义。

在新的历史时代条件下，在大学生中开展红色文化精神教育，面临着不少难得的机遇，同时也面临前所未有的新挑战。伴随着经济全球化、文化多元化的飞速发展，中西方文化交流日益频繁，西方的各种价值观、社会思潮随着新媒体的发展借机大量涌入，主流文化受到挑战，影响了大学生的价值取向和行为选择；市场经济快速发展，在解放生产力的同时，带来的不利影响日益显现，对大学生的健康成长产生了负面效应。如何在新时代背景下，弘扬红色精神，传承红色基因，加强大学生红色文化精神教育，充分发挥红色文化独特的价值功能，坚持以文化人，以文育人，提升红色文化育人的工作成效，是高校思想政治教育工作面临的一个新的重要课题。

一、大学生红色文化精神教育的特征

（一）理想性与现实性相结合

大学生红色文化精神教育的过程是理想性与现实性相统一的过程，它以革命先辈为榜样，激励受教育者不断地进行自我学习、自我超越、自我实现，引领受教育者从现实的人向理想中的自我前进，以达到自我满意的学习目标。整个学习过程也是一个从"现实中的我"到"理想中的我"，再由新的"现实中的我"到新的"理想中的我"的不断转化过程。现实性是理想性产生的基础，理想性是现实性的升华，两者可以相互转化，在"现实的人"向"理想的人"转化的过程中，在向革命先辈学习的过程中，实现了较完美的统一，可见，它是现实性与理想性相统一的产物。

（二）导向性与生活性相结合

大学生红色文化精神教育因拥有红色文化这一鲜活的载体，能够将带有导向性的拟传递的道德观、价值观，通过红色文化中的人、事、物、精神等载体，生动地展现出来。革命先辈的榜样行为、感人事迹，都是在现实生活中发生的，当今时代虽然与革命战争年代相比，社会生活环境发生了天翻地覆的变化，已不再要求青年一代一味地吃苦耐劳而不给予适当的物质和精神待遇。正如一句俗语所说的：苦不苦想想红军二万五，累不累想想革命老前辈。既然革命先辈在过去那么艰苦的条件下都能乐观地面对挑战，积极排除万难、争取革命的最后胜利，我们生活在改革开放背景下的当代大学生，在现实生活中遇到一些困难和挫折，还有什么理由不想办法克服呢？开展大学生红色文化精神教育，我们要紧密结合生活实践，将导向性、先进性与生活性有机融合在一起，发挥生活实践的平台作用，使青年大学生在学习生活的各项实践中自觉地以革命先辈为榜样。

（三）抽象性与形象性相结合

红色文化内容丰富，载体多样，如重庆的红色文化主要包括革命遗址、纪念场所、革命文学文艺、革命人物英雄事迹和红岩精神。广州市目前拥有 115 处红色史迹，数量较多[①]：众多景点中不乏优质的红色景点，其中有 6 家景点被命名为全国爱国主义教育基地，分别为：广州起义烈士陵园、三元里抗英斗争纪念馆、农民运动讲习所旧址、黄花岗七十二烈士陵园、黄埔军校旧址、中共三大会址纪念馆；另外，还全国重点文物保护单位 11 处。上海市的红色景点深入挖掘红色文化内涵，注重文化创新研究，基于展馆已有的研究基础与历史资料，进一步丰富史料，为红色旅游可持续发展提供智力支撑。上海先后出版了一批以各红色革命遗址为线索、记录历史主题事件的红色出版物，《中共一大研究述评》《中国共产党创建之路》《上海工人运动史料》《上海的红色地标》《从石库门到天安门》

---

① 董晓妍，马强. 广州红色旅游热起来［N］. 南方都市报，2018-10-15.

《开天辟地——中国共产党在上海的成立》。①

伴随着近些年来人们对红色文化的重视和红色旅游的兴起，红色文化精神的魅力得以展现，发挥了其独特的教育作用。同时，我们要认识到形象性是红色文化精神教育价值的外在表现，而抽象性才是其价值的内在体现。大学生红色文化精神教育的抽象性，集中体现在各类革命遗址、遗物所承载的革命历史事实与进程，各个革命事件所包含的革命思想与理论，革命先辈身上所体现出来的坚定革命信仰、坚强革命意志和崇高革命精神。抽象性是大学生红色文化教育终极性价值的体现，我们要运用红色文化中形象化的价值载体，来开展寓抽象于具象之中的各种教育活动。

（四）激励性与可学性相结合

革命先辈具有优秀的思想品质，这些优秀的思想品质集聚在一起，对青年大学生具有强大的激励感化力量。大学生红色文化精神教育能够充分发挥革命先辈的榜样示范作用，激励受教育者不断内化革命先辈的优秀品格。今天，青年大学生向革命先辈学习，不是简单地学习他们如何用枪杆子与敌人斗争，而是要学习他们身上的可贵精神和高贵品质。青年大学生学习这种精神和品质，只要通过努力，是可以学习并内化为自己的精神和品格的。教育的激励性与可学性是统一的，没有可学性就没有激励性，激励性不强，可学性也就大打折扣。教育者要善于借助革命先辈精神品格的可学性，激发受教育者的学习动力，调动起他们的学习意愿，培养他们的学习兴趣，使教育取得实实在在的成效。

二、大学生红色文化精神教育的重要意义

红色文化精神有着丰富的内涵和独特的魅力，是中国共产党带领广大人民群众进行革命、建设、改革发展的精神面貌的真实写照。红色文化精神的传承对认同我国主流意识形态的作用是具体鲜明、大有裨益的。随着苏联解体、东欧剧变，国际社会主义运动遭受严重挫折，再加上改革开放以来全球化、网络化、市场化浪潮的冲击，我国马克思主义主流意识形

---

① 熊芳雨. 上海红色故事挖掘了什么. http://www.sohu.com/a/211247684_391459, 2017–12–18.

态的认同状况不容乐观。红色文化精神的传承就是要旗帜鲜明地巩固和捍卫马克思主义的指导思想地位，树立广大人民群众对马克思主义的信仰，坚定共产主义的理想信念。同时，通过红色文化精神的传承提升社会主义先进文化的吸引力和竞争力，提高文化软实力，增强马克思主义的国际话语权，抵制西方意识形态的渗透，促进马克思主义中国化、时代化、大众化。同时，大学生红色文化精神教育对促进经济社会发展、丰富高校思想政治教育资源和促进大学生成长成才，具有不可替代的重大意义。

（一）是凝聚主流意识形态的精神源泉

1. 是增强我国主流意识形态吸引力和凝聚力的关键点

马克思主义主流意识形态是中国共产党执政的生命线。提升主流意识形态的认同关键就在于增强主流意识形态的吸引力和凝聚力。红色文化精神有着鲜明的价值导向，红色文化精神的传承能够起到兴党强国、铸魂育人、凝心聚力的功效。这种功效与主流意识形态的认同相契合，能够让广大人民群众在价值追求中站稳脚跟，辨明方向，破除各种非马克思主义和反马克思主义的迷惑误导，坚决拥护党的领导，明确理想信念，展现中华民族经久不衰的精神脊梁和时代特征。

（1）有助于巩固中国共产党执政基础

社会在发展，时代在进步，党的事业日益兴旺发达。经过几代人的拼搏奋斗，中国共产党带领中国人民当家作主，走向繁荣富强，中华民族傲然屹立于世界的东方，不断走向伟大复兴。回顾中国共产党九十多年的奋斗历程，不禁让人惊心动魄，是什么激励着中国共产党人前赴后继，顽强拼搏？是什么促使中国共产党战胜一个又一个的困难，取得一次又一次的胜利？那就是中国共产党人丰厚的精神沃土——"红色精神"。不论是革命时期的井冈山精神、长征精神、延安精神……，还是社会主义建设时期的大庆精神、"两弹一星"精神、载人航天精神……，或是改革开放精神、抗争救灾精神、奥运精神……都是不同时期红色精神的体现。这些精神突显了中国共产党中流砥柱的作用，是中国共产党人执着追求的价值之基和力量之源，也是中国共产党赢得民心、人民拥护的根源。

红色文化精神凝结了中国共产党人的革命精神，并在中国革命、建设和改革开放的实践中不断传承。它不仅见证了"没有共产党就没有新中国"的历史，还印证了"只有社会主义才能救中国"的真理。中国共产党的执政是历史和人民的选择，红色文化精神的传承有助于巩固党的执政地位，强化党的执政基础。在红色文化精神传承的过程中，能够让一代又一代的中国人了解中国共产党带领广大人民群众百折不挠、艰苦奋斗的革命历史，充分认识到人民当家作主来的来之不易，深刻理解党的执政基础在于广大人民群众的支持和拥护。正如习近平所说："崇高信仰始终是我们党的强大精神支柱，人民群众始终是我们党的坚实执政基础。只要我们永不动摇信仰、永不脱离群众，我们就能无往而不胜。"[①]不管中国共产党处于什么样的历史时期，面临怎样的艰难险阻，执政环境发生怎样的变化，红色文化精神始终是共产党人的精神血脉，正是这种精神血脉感染了、鼓舞了广大人民群众，使党的群众基础不断扩大。

人民群众是党的依靠力量，是红色文化精神创造、传承、享用的主体。红色文化精神深刻体现了党的精神面貌和政策主张，彰显了广大人民群众自主创造、自我追求的精神诉求，是联结党和人民群众的精神桥梁和纽带。在革命战争年代，红色文化精神成为团结人民、打击敌人的思想武器；在社会主义建设时期，红色文化精神就是广大人民群众不畏艰难困苦、战天斗地的"强心剂"；随着改革开放以来阶层分化的复杂化，红色文化精神的传承能够跨越阶层隔阂，增进民众共识，为党的长期执政提供不竭的动力和打下坚实的基础。中国共产党应发扬传承红色文化精神的优良传统，以红色文化精神的传承弘扬提高党的执政能力和领导水平，加强党的建设，改善党的领导，增强防腐拒变、抵御风险的能力，保持党的先进性和纯洁性；在红色记忆的追溯中密切联系群众，让人民群众通过红色精神的传承找到心灵的慰藉，增强对党的热爱，确保党的政治本色永不变质，红色江山永不变色。

（2）有助于加强理想信念的当代建构

理想信念不论是对个人的成长成才，还是社会的发展进步，都起着至关重要的作用。对于个人而言，理想信念就是对未来的向往和追求，是一种精神寄托，也是对人生价值的终极判断。对社会而言，理想信念是未来

---

① 习近平. 全面贯彻落实党的十八大精神要突出抓好六个方面工作[J]. 求是, 2013（01）: 7.

社会的发展方向以及所要达到的理想社会形态。理想信念一旦确立就会催生强的精神动力和实践发展合力。毛泽东曾说过："主义譬如一面旗帜，旗子立起了，大家才有所指望，才知所趋赴。"①只有通过共同信仰，才能把广大人民群众团结起来、组织起来，为实现共同的理想信念而奋斗。每一个时代都会遇到不同的困境，道德滑坡、理想信仰的缺失就是我们当前面临的最大的困境。加强理想信念教育，明确奋斗目标是解决这一困境的精神要领。而红色精神的传承能够让人们重新确立起信仰依托，找回精神支柱。因此，红色文化精神作为不同历史时期的精神引领和支撑，能够让人们在传承弘扬的过程中转化为积极向上的精神追求，从而释放激情，形成实现理想信念的目标牵引力。

马克思在《共产党宣言》中指出："一方面，在无产者不同的民族的斗争中，共产党人强调和坚持整个无产阶级共同的不分民族的利益；另一方面，在无产阶级和资产阶级的斗争所经历的各个发展阶段上，共产党人始终代表整个运动的利益。"②无产阶级的共同利益以及世界无产阶级的运动就是要消灭剥削、消除压迫，通过解放自己来解放全人类，最终实现共产主义。中国共产党的奋斗目标就是实现共产主义的理想信念，任何怀疑、动摇共产主义理想信念的党员，都不是合格的共产党员。自中国共产党成立以来，就把共产主义的理想信念作为坚定的政治信仰，并成为这一理想信念忠实的实践者、开拓者、奋斗者。毛泽东曾说过："我们的将来纲领或最高纲领，是要将中国推进到社会主义社会和共产主义社会去的，这是确定的和毫无疑义的。我们的党的名称和我们的马克思主义的宇宙观，明确地指明了这个将来的、无限光明的、无限美妙的最高理想。"③党的历代领导集体把实现共产主义作为执政的政治灵魂，作为党经受任何考验的精神支撑，始终坚信共产主义理想信念能够实现。红色文化精神承载着历代中国共产党人对共产主义理想信念的执着追求和不懈奋斗。红色文化精神的传承就是要传递、接力这种崇高信仰，让广大人民牢记使命，肯

---

① 毛泽东早期文稿［M］. 长沙：湖南人民出版社，2008：498.

② 中共中央马克思恩格斯列宁斯大林著作编译局编译. 马克思恩格斯选集（第四卷）［M］. 北京：人民出版社，1995：180.

③ 毛泽东选集（第三卷）［M］. 北京：人民出版社，1991：1059.

定党和人民的奋斗历史，坚定理想信念，以深刻的认识外化为积极自觉的行动。

习近平指出："理想信念就是共产党人精神上的'钙'，没有理想信念，理想信念不坚定，精神上就会'缺钙'，就会得'软骨病'。"①共产主义的理想信念是中国共产党人安身立命的根本，不管历史怎样发展进步，不管价值观念如何多元复杂，共产主义的理想信念始终是维系人民团结奋斗的精神结合点，构成红色精神传承发展的基石。红色文化精神的传承能够让人们重温红色经典，振奋理想信念，激发人民群众对中国共产党和社会主义的热爱。高尚的精神品质能够吸引人，崇高的理想信念能够激励人，红色文化精神的先进因子能够提高人民群众的政治觉悟，发挥出共产主义理想信念的精神吸引力和实践感召力。

（3）有助于弘扬民族精神和时代精神

红色文化精神与民族精神和时代精神相互统一、相互交融，蕴含在中华民族兴旺发达的发展历程之中，构筑了中华民族特有的精神品格，成为中国人民历经磨难却生生不息、文明进步的精神动力。红色文化精神是中华民族的民族精神和时代精神相结合的产物，尤其是作为民族精神核心的爱国主义和时代精神核心的改革创新，在红色文化精神的形成、发展、传承过程中表现得更加鲜明，更加突出。这也是红色精神具有强大生命力，与时俱进的根源所在。红色文化精神的传承加强了广大人民群众的爱国主义教育，让人民群众在红色文化精神的学习、领会过程中认识到我国能够取得今天的成就，人民能过上幸福的生活，是革命先辈抛头颅、洒热血，付出生命所换来的。红色文化精神的传承不仅能让我们牢记历史，缅怀英烈，更有助于焕发我们热爱祖国、热爱党和人民的情感，倍加珍惜历代先辈们创造的伟大成果。

清代诗人张维屏在《新雷》一诗中写下："造物无言却有情，每于寒尽觉春生。千红万紫安排著，只待新雷第一声。"红色文化精神就是中华民族千百年来自强不息、发展壮大的"新雷"。它熔铸了中华民族的内生力、创造力和凝聚力，昭示着中华民族继往开来、振兴发展的决心和勇

---

① 习近平. 紧紧围绕坚持和发展中国特色社会主义 学习宣传贯彻党的十八大精神——在十八届中共中央政治局第一次集体学习时的讲话[M]. 北京: 人民出版社, 2012: 11.

气。在万马齐喑的旧中国，中华民族遭受着屈辱，但中华民族的精神气节却从没丢弃过，以流血唤醒国人的"戊戌六君子"，以生命的代价力挽乾坤的秋瑾等仁人志士把中华民族热爱祖国、自强不息的精神和气节传承下来，成为民族的脊梁。尽管太平天国运动、维新变法、辛亥革命最终都以失败告终，但中华民族以实际的抗争表明我们是一个自强不息，不屈不挠，有血性的民族。中国共产党的成立，彻底改变了中国革命的形势。中国共产党把中华民族热爱祖国、团结统一、爱好和平、勤劳勇敢、自强不息的精神充分发扬，孕育出发动群众、勇于斗争、英勇顽强的革命斗争精神，不仅鼓舞了广大劳动人民，而且引领人民群众向社会主义的康庄大道迈进。因此，红色文化精神是由中国共产党带领先进分子和人民群众共同创造的，具有先进的、民族的、大众的文化特性。红色文化精神的传承既是对民族精神的传承弘扬，也是对各个时期的时代精神的承接和转换。

江泽民在党的十六大报告中对中华民族精神进行了阐释："民族精神是一个民族赖以生存和发展的精神支撑。一个民族，没有振奋的精神和高尚的品格，不可能自立于世界民族之林。"[1]红色文化精神就是能让人振奋的精神，它不仅是中华民族的精神财富，也是中国共产党和广大人民群众的精神家园。先进的思想，崇高的精神总是能够应时而生，抓住时代的脉搏，为人民群众提供新的世界观，新的精神追求境界。在当前，红色文化精神的传承能够体现人民群众的精神诉求，反映国家民族的发展方向，折射时代精神。这种蕴含在民族精神、时代精神中的红色基因薪火相传，使广大人民群众不断从中汲取精神养分，迸发出开创推进中国特色社会主义伟大事业新局面的精神伟力。

2.是促进马克思主义中国化、时代化、大众化的着力点

红色文化精神的传承发展与马克思主义中国化、时代化、大众化一脉相承，相互融合。胡锦涛指出："……马克思主义只有与本国国情相结合、与时代发展同进步、与人民群众共命运，才能焕发出强大的生命力、创造力、感召力。"[2]推进马克思主义的中国化、时代化、大众化应结合当前社会文化的发展和人民精神的需求。红色文化精神的传承不仅能让马克

---

① 中共中央文献研究室编.十六大以来重要文献选编（上）[M].北京:中央文献出版社,2005:11.

② 中共中央文献研究室编.十七大以来重要文献选编（上）[M].北京:中央文献出版社,2009:9.

思主义贴近历史、贴近实际、贴近群众，而且能够增强马克思主义的生命力、创造力、感召力，使中国化的马克思主义理论更具拓展力和感染力。

（1）有助于夯实马克思主义的指导思想地位

马克思主义是中国共产党带领广大人民群众进行革命、建设、改革发展的强大思想武器，没有马克思主义的指导，就没有社会主义的新中国；没有马克思主义的中国化、时代化、大众化，就不会有中国特色社会主义突飞猛进的创新发展。邓小平指出："对马克思主义的信仰，是中国革命胜利的一种精神动力。"[①]马克思主义在中国的落地生根让广大人民群众看到了光明和希望，不仅诞生了以马克思主义为理论基础和思想指导的中国历史上第一个无产阶级政党——中国共产党，还催生了如火如荼的红色文化精神。在中国共产党的带领下，在红色文化精神的鼓舞和号召下，中国的革命发生了翻天覆地的变化，马克思主义得到了广泛的传播和认可，成为中国共产党和广大人民群众的科学指南。红色文化精神的传承能够让人们全面把握马克思主义在中国丰富发展的脉络，深刻领会马克思主义的先进性、科学性和实践性。同时我们也清醒地认识到，马克思主义不是教条，而是认识事物的方法，需要随着实践的发展进一步中国化、时代化、大众化，并融入人们的精神生活，使之具体化、对象化。最终，把马克思主义的创新发展与红色文化精神的传承紧密结合、融会贯通，助力中华民族伟大复兴中国梦的实现。

马克思主义是红色文化精神的水之源，是中国特色社会主义先进文化的木之本，是我国意识形态建设的主心骨。巩固和捍卫马克思主义的指导思想地位关系到中国共产党长期执政的命脉，关系到中国特色社会主义发展前进的根基。胡锦涛指出："马克思主义是我们立党立国的根本指导思想。坚持和巩固马克思主义指导地位，是党和人民团结一致、始终沿着正确方向前进的根本思想保证。"[②]马克思主义是一门关于无产阶级解放自身和解放全人类的学说，它在我国的指导地位是客观存在、不可动摇的。它不是主观臆断，也不是空洞说教，它扎根于实践，又高于实践。它是历史和人民的选择，也时刻接受历史和人民的检验。它的批判精神、斗争精

---

① 邓小平. 邓小平文选（第三卷）[M]. 北京：人民出版社，1993：63.

② 中共中央文献研究室编. 十七大以来重要文献选编（上）[M]. 北京：中央文献出版社，2009：796.

神、与时俱进的精神特质与红色文化精神如出一辙。在当下，红色文化精神的传承发展对巩固马克思主义的指导地位具有深刻的现实意义，弄清楚为什么要传承红色文化精神，才能追本溯源，回归马克思主义科学的世界观和方法论；想明白怎样传承红色文化精神，才能立足现实，坚定马克思主义的立场和信仰，自觉抵制诱惑和干扰，学会运用马克思主义的观点和方法来思考问题、解决问题。

马克思主义和中国化的马克思主义已经成为我国当代社会的主流意识形态。马克思主义理论成为中国共产党和广大人民群众共同的思想基础，加强马克思主义的指导成为团结全党全国人民齐心协力完成时代任务、实现战略目标的重要环节。习近平强调："中华民族有着不屈不挠、生生不息、顽强奋斗的精神。特别是近现代以来，一代又一代仁人志士为了改变半殖民地半封建社会的地位，为了追求民族独立和人民解放，不惜流血牺牲，靠的就是一种信仰，为的就是一个理想。尽管他们也知道，自己追求的理想并不会在自己手中实现，但他们坚信，一代又一代人持续努力，一代又一代人为此作出牺牲，崇高的理想就一定能实现。"①革命先辈们历经磨难从没有动摇过、怀疑过对马克思主义的信仰，这就是社会主义事业取得伟大胜利的法宝。我们应该发扬坚定信仰、埋头苦干的革命传统，把这种脚踏实地、勇攀高峰的大无畏精神发扬光大。事实上，改革开放以来涌现出的开放包容、创新发展等精神都是红色文化精神的延续和拓展。只要我们把这种敢想敢干、矢志不渝的红色意念坚持到底，我们就能克服思想迷惘，成为坚定的马克思主义者，实现马克思主义的终极目标。

（2）有助于开拓马克思主义理论发展的新境界

红色文化精神有着鲜明的时代特征，红色文化精神的传承发展既体现了马克思主义理论与时俱进的创新性，又是对马克思主义理论的创新发展。恩格斯说过："我们的理论是发展着的理论，而不是必须背得烂熟并机械地加以重复的教条。"②中国共产党深刻把握了马克思主义的精神实

---

① 中共中央文献研究室编. 习近平关于实现中华民族伟大复兴的中国梦论述摘编 [M]. 北京: 中央文献出版社, 2013: 33.

② 中共中央马克思恩格斯列宁斯大林著作编译局编译. 马克思恩格斯选集（第四卷）[M]. 北京: 人民出版社, 1995: 681.

质，始终把马克思主义与现实发展紧密结合起来，在学习运用马克思主义的过程中实现了马克思主义的创新飞跃，诞生了毛泽东思想和中国特色社会主义理论两大理论成果。红色文化精神的传承能够有效促进马克思主义的理论宣传和教育，加深人民群众对马克思主义的认识和了解，突显马克思主义以人为本，服务人民的核心理念，用马克思主义最新的理论成果教育人民、武装人民，通过马克思主义理论的创新发展形成改造现实的巨大力量。红色文化精神的传承发展与马克思主义的理论创新是不可分割的，坚持马克思主义就必须创新发展马克思主义，马克思主义要解决时代提出的新问题，适应时代发展的新要求，就必须从理论化、抽象化走向具体化、生活化。红色文化精神的传承为马克思主义的生活化、具体化提供了有利的条件，它能让马克思主义更加通俗易懂、生动活泼。因此，新时期推动马克思主义理论的创新发展应该把马克思主义的中国化、时代化、大众化与红色文化精神的传承联系到一起，使之迸发出生气蓬勃、欣欣向荣的精神动力。

理论创新是实践变革的先导。党的十八大以来，以习近平同志为核心的党中央围绕内政外交、深化改革提出了一系列战略思想，推动了马克思主义理论的创新发展，具体体现在强烈的问题意识、全面的辩证分析、炽热的人民情怀、言简意赅的话语表达等方面。马克思曾说："问题是时代的格言，是表现时代自己内心状态的最实际的呼声。"①习近平以问题为导向，不仅对国家民族发展的根本问题进行了思考，还对全面深化改革的现实问题进行了分析和论述，使"顶层设计"更加科学合理。辩证思维是促进理论创新、发挥思想力量的基础。习近平在治国理政中强调的战略思维、创新思维、底线思维既把握整体，又立足时代；既注重高度，又掌握节奏。在《做人民群众的贴心人》《树立五种重要情感》等文章中体现出习近平心怀人民、情系群众的执政理念，同时要求领导干部强化人民立场，勇担使命和责任。习近平在把握马克思主义基本原理的基础上，关切现实，转换思维和话语表达，他没有照搬马克思的原话，却又无不包含着马克思主义的思想。这种无声胜有声、无招似有招的理论创新境界，重构

① 中共中央马克思恩格斯列宁斯大林著作编译局编译. 马克思恩格斯全集(第1卷) [M]. 北京：人民出版社，1995: 203.

了马克思主义的话语体系，一扫以往的长篇阔论、宏大叙事的枯燥空洞，给人以血肉丰满、亲切朴实之感。红色文化精神的传承有助于深化习近平总书记系列重要讲话精神，发挥马克思主义的人文关怀和心理疏导作用，进一步陶冶人民群众的道德情操、提高思想修养，使红色精神的传承成为人民群众学习经典，塑造灵魂的重要途径，有效契合马克思主义理论的丰富发展的新境界。

（3）有助于推动马克思主义实践创新的新突破

党的十八大以来，中国共产党把中国特色社会主义推向了新高潮，提出了"五位一体"的总布局，对中国特色社会主义的建设作出了详细部署：经济方面，在以往注重经济总量提升的基础上进一步强调科学发展，提高质量和效率，增强创新驱动发展的动力，不断推动工业化、信息化、城镇化、农业现代化的融合发展；政治方面，铁腕反腐已经成为新常态，全面推进依法治国已经成为一项政治议程，法治建设得到有效加强和落实，在深化政治体制改革的过程中促进了党的领导、人民当家作主、依法治国的有机统一，推动了国家治理的现代化；文化方面，激发了文化创造力的活力，丰富了人民群众的文化生活，通过倡导全社会积极培育践行社会主义核心价值观，增强了中国特色社会主义文化的凝聚力、感召力，提升了我国文化的转换力和软实力，建设社会主义文化强国成效显著；社会方面，以保障民生为抓手，从教育、医疗、住房、就业、养老等方面改善了人民的生活，创新了社会治理的方式，特别是对群众反映突出的社会问题、社会矛盾的调解处理，社会的公平正义建设取得了明显的进展；生态文明方面，生态环境恶化的局势得到了扭转，绿色、低碳、循环成为人们生活的理念，环保意识和观念在雾霾、沙尘暴的治理中不断加强。这些实践深刻体现了中国共产党激流勇进、锐意进取的决心和勇气，昭示了亲民爱民、求真务实的精神和意志。

中国特色社会主义实践取得的进展和突破离不开马克思主义以及中国特色社会主义理论的指导，也离不开人民群众的积极参与。温家宝曾说："……任何一项改革必须有人民的觉醒、支持、人民的积极性和创造精神。"①红色文化精神的传承能够让人民群众秉持锐意进取、开拓创新、继往开来的精神，广泛动员人民群众主动加入中国特色社会主义建设的伟业之中，肩负起社会变革和实践发展的使命。在当代中国，中国特色社会主义的实践发展就是马克思主义实践的丰富创新，弘扬传承红色文化精神就是捍卫我国的主流意识形态，促进马克思主义在具体实践中不断中国化、时代化、大众化。长期以来，马克思主义在中国的实践能够不断进入新阶段、迈上新台阶，就是因为一代又一代的中国共产党人和先进分子把红色文化精神作为指引自己、鞭策自己的精神领袖，竖立起轰轰烈烈干革命、奋发图强搞建设、敢创新路谋改革的精神丰碑。红色文化精神的传承就是要让人民群众认识到自身的主体地位和作用，沿着前人开辟的道路，敢为人先，大胆实践，争做时代的弄潮儿。好风凭借力，只有以红色精神的传承激起人民群众的斗志，以马克思主义的鲜明旗帜号召广大人民，中国特色社会主义的实践才会顺风顺水、乘风破浪。

（二）是构筑中国特色社会主义文化软实力的精神维系点

红色文化精神的传承夯实了我国主流意识形态的文化底蕴，对构筑中国特色的社会主义文化软实力具有深刻的现实意义。随着意识形态领域斗争的尖锐化、复杂化，我国主流意识形态认同面临着巨大的挑战。世界各国文化软实力的博弈日益凸显，社会思潮、价值追求日益多元。红色文化精神的传承能够起到激扬浊清、正本清源的作用，树立积极向上的价值导向，增强社会主义先进文化的吸引力和向心力，抵御西方腐朽思想文化的渗透和侵蚀。同时，红色文化精神的传承能够让世界人民充分了解中国的优秀历史文化传统，认识到中国特色社会主义文化的文明性，先进性和世界性，从而加深对社会主义价值观念、精神思想的认同。

1. 有助于抵御西方意识形态的渗透侵蚀

意识形态渗透是西方敌对势力妄图颠覆社会主义国家，谋得世界霸权的惯用手段。江泽民指出："……从十月革命以来，西方国家就一直不遗余力地对社会主义国家发动各种攻势，其中很重要的就是进行意识形态渗透。"②在经济全球化、政治多极化、信息高速化的国际背景下，随着我

---

① 新华社中央新闻采访中心编. 2012全国两会记者会实录 [M]. 北京；人民出版社，2012：8.

② 江泽民. 江泽民文选（第三卷）[M]. 北京：人民出版社，2006：83.

国综合国力的增强，西方国家把中国的崛起视为对其自身利益的威胁，对我国意识形态的渗透不断加剧。西方国家打着"普世价值"的旗号，大肆鼓吹西方的"自由、民主、人权"，极力输出具有商业性、娱乐性、消费性、流行性等西方价值观念的"大众文化"，这些虚假幻象背后暗含着西方的价值观和思想文化，表面上是意识形态的淡化，其实质上是意识形态的渗透。这些经过包装、粉饰的价值观念的输出，试图吸引大众的眼球，赢得广大人民群众对西方文化生活、政治制度的追求和崇拜，进一步改变人民群众的政治信仰和道路选择，蒙蔽人民群众的理性认知和判断。红色精神的传承能够建构起人民群众对社会主义的情感认知，增强社会主义先进文化的吸引力和凝聚力。通过红色文化精神的洗礼、红色经典的净化，激起人民群众的民族自尊心和自信心，建立对中国特色社会主义道路、制度、理论上的自豪感和优越感，增强对我国主流意识形态的认同，揭露西方意识形态渗透的目的，坚决抵制一切有损党和中国特色社会主义的言论的蛊惑。

党的十八大报告指出："文化是民族的血脉，是人民的精神家园。全面建成小康社会，实现中华民族伟大复兴，必须推动社会主义文化大发展大繁荣，兴起社会主义文化建设新高潮，提高国家文化软实力，发挥文化引领风尚、教育人民、服务社会、推动发展的作用。"[①]抵制西方意识形态渗透的根本在于繁荣社会主义先进文化，提升社会主义先进文化的软实力，强化我国主流意识形态的精神根基。红色文化精神的传承可以营造良好的红色经典文化氛围，将人们的思想和行为纳入主流意识形态认同之中，发挥文化意识形态吐故纳新的作用。红色精神是中国共产党和人民群众发展成长的鲜明印记，记录着中国共产党思想政治教育发展的历史，反映了中国共产党不同时期加强主流意识形态建设的经验。红色文化精神的传承能够引起人民群众内心深处对党的理论政策、对社会主义先进文化的共鸣，从而整合多元价值追求，增强主流意识形态的灵活性和包容性，使人民群众的思想意识、价值观念与主流意识形态相趋同。

红色文化精神的传承是对西方意识形态侵蚀渗透的有效回应，有助于

---

① 胡锦涛. 坚定不移沿着中国特色社会主义道路前进　为全面建成小康社会而奋斗——在中国共产党第十八次全国代表大会上的报告 [M]. 北京：人民出版社，2012：30.

疏导非主流意识形态。红色文化精神以无可辩驳的历史事实和思想力量证明了社会主义的优越性和中国特色社会主义文化的先进性。这种民族的、科学的、大众的文化精神力量唤醒了中国人民，团结了各个阶层，从而推翻了压迫人民群众的"三座大山"，实现了国家民族的解放和独立；打破了帝国主义的包围和封锁，使社会主义建设不断飞跃；走上了改革开放的新路子，突破了社会主义的发展模式，开创了中国特色社会主义的大好局面。不论意识形态的斗争如何严峻、文化软实力的竞争如何激烈，只要我们有"咬定青山不放松"的意志和毅力，一如既往地传承、弘扬红色文化精神，让人民群众辨明是非、辨清方向，我们对西方意识形态的渗透和侵蚀就会有"任尔东西南北风"的定力，筑牢主流意识形态的防线，把握意识形态的主导权，让人民群众认清西方意识形态渗透的态势和真面目，自觉维护主流意识形态的安全。

2. 有助于培育践行社会主义核心价值观

随着世界各国之间文化交流的日益频繁，各种社会思潮竞相激荡，纷呈多样的思想文化交织碰撞。培育践行社会主义核心价值观对当前提升中国文化软实力，引领多元化的思想文化，建设文化强国有着重要的现实意义。发展中国特色的社会主义先进文化必须大力弘扬红色文化精神，发挥红色精神唱响主旋律、传递正能量的作用。习近平指出："一个国家的文化软实力，从根本上说，取决于其核心价值观的生命力、凝聚力、感召力。"[①]培育践行社会主义核心价值观关键在于让人民群众接受、认同社会主义的核心价值。红色文化精神的传承有助于大力宣扬社会主义的核心价值，引领社会主义先进文化建设，促进社会主义核心价值观的大众化。红色文化精神所追求的价值观念与社会主义核心价值观具有高度的同一性，它所蕴含的丰富内涵具有广泛的教化意义，是促进人民精神发展的丰厚养料，是培育践行社会主义核心价值观的动力之源。红色文化精神的传承能够加深人民群众对社会主义核心价值的体验和认同，促使广大人民群众把社会主义核心价值观从感性认识上升到理性认识，真正实现内化于心，外化于行：在领悟红色文化精神的基础上从国家、社会、个人的层面把握社

---

① 习近平. 习近平谈治国理政（第一卷）[M].北京：外文出版社，2018：163.

会主义核心价值观，使之成为人生发展的价值指南，细化为学习生活工作的价值准则和行为规范。

当前，全面深化改革进入了攻坚区和深水区，社会结构的多样化和利益诉求的复杂化使得社会矛盾、社会问题易发多发。培育践行社会主义核心价值观对于化解社会矛盾，整合利益诉求有着重要的作用。这种调解社会心态的作用的实现必须扩大载体，调整社会认识和价值认知。通过红色精神的传承能够拓展培育践行社会主义核心价值观的平台和载体，实现历史与现实、理论与实践相结合，达到借史鉴今的效果。培育践行社会主义核心价值观，应培植或激活人们内心的红色文化基因，让人们缅怀历史、重温经典，以红色精神的传承作为切入点，广泛开展爱国主义教育，积极开展社会主义核心价值观的学习、宣讲、实践活动。发挥红色文化精神在培育践行社会主义核心价值观中的思想渗透、精神向导作用，使社会主义核心价值观的培育践行更加生动具体，更具有实效。

马克思曾说："理论只要说服人，就能掌握群众；而理论只要彻底，就能说服人。所谓彻底，就是抓住事物的根本。"[1]社会主义核心价值观要实现强根固本、凝魂聚气的作用，必须要让人信服，即在人生观、价值观上给人们科学的指导，抓住当代人的价值追求和精神需求，解决人民群众的精神困惑和思想迷茫。从社会文明进步的角度来看，社会主义核心价值观是人民群众的价值之基，也是中国文化软实力建设的核心要素，对于推进文化的创新发展具有主导作用。培育践行社会主义核心价值观仅靠行政命令、教育学习，很容易停留于表面、流于形式，关键还是要入脑、入心，运用到社会文明的发展实践之中。胡锦涛强调："要在爱国主义、社会主义旗帜下，倡导一切有利于民族团结、祖国统一、人心凝聚的思想和精神，倡导一切有利于国家富强、社会进步、人民幸福的思想和精神……"[2]红色文化精神的传承发展是社会主义文明的体现，是社会主义精神文明建设的重要一环，也是社会主义核心价值观深入人心的现实依托。人民群众能够在红色精神的传承中受到熏陶感染，不仅把红色文化精神的

---

① 中共中央马克思恩格斯列宁斯大林著作编译局编译. 马克思恩格斯选集（第一卷）[M]. 北京：人民出版社，1995：9.

② 胡锦涛. 在全国宣传思想工作会议上的讲话[N]. 人民日报，2003-12-05.

丰富发展融入于培育践行社会主义核心价值观之中，而且把培育践行社会主义核心价值观作为红色文化精神传承的重要责任和义务，致力于提高国民素质，丰富人民生活，推动社会文明进步。

3. 有助于提升社会主义先进文化的创造力

红色文化精神是在吸收、优化中国优秀传统文化和马克思主义理论的基础上，与中国的实践相结合而形成的精神文化。它集中体现了中国共产党和广大人民群众的政治理想和精神气节，反映了人民群众勇于创新、富于创造的智慧、德国著名历史学家克劳塞维茨曾说，历史最能证明精神因素的价值和它们的惊人的作用。红色文化精神内在的奋发向上、百折不挠的精神特质是任何文化精神都无法替代的。正是这种精神因素的激励和影响，中华民族在时代发展的进程中展现出了强大的创造力，不仅推动了社会的发展进步，还创造了灿烂辉煌的历史文化。红色文化精神的传承在社会主义先进文化建设中起到了精神主导、教化育人、发展创新的软实力作用。党的十八大报告指出："建设社会主义文化强国，关键是增强全民族文化创造活力。"①增强社会主义先进文化的创造力必须大力宣扬以红色经典、红色文化精神为主的社会主义主流文化，抵制低俗、庸俗、媚俗的文化风气，营造良好的文化发展环境，提高人民群众的思想道德素质，树立人民群众的文化自觉，赋予广大人民更多的文化创造自主权。

红色文化精神象征着人民群众火一般的创造热情，它为党和人民指明了前进的方向，让人民群众看到了光明和希望。红色文化精神的传承就是要充分尊重人民群众的首创精神，调动人民群众的积极性和创造性，使人民群众既丰富了精神文化生活，又为社会主义先进文化建设建言献策、贡献力量。列宁曾说："没有革命的理论，就不会有革命的运动。"②提升我国的文化创造力必须传承红色文化精神，创新文化理论。中国共产党高度重视思想文化的宣传工作，尤其是在革命时期，党充分运用了红色文化精神和红色资源的宣传教化意义，提高了人民群众对党对社会主义的认识，

① 胡锦涛. 坚定不移沿着中国特色社会主义道路前进　为全面建成小康社会而奋斗——在中国共产党第十八次全国代表大会上的报告 [M]. 北京: 人民出版社, 2012: 31.

② 中共中央马克思恩格斯列宁斯大林著作编译局编译. 列宁全集(第二卷) [M]. 北京: 人民出版社, 1984: 443.

铸就了广大人民英勇顽强、敢于牺牲、艰苦奋斗、无私奉献的精神情怀。创新文化理论必须依托红色文化精神，继承红色文化精神所倡导的发动群众、依靠群众的优良传统，使人民群众成为中国特色社会主义文化繁荣发展的主体，让社会主义文化成为广大群众共建共享的先进文化，进一步解放文化生产力，让社会主义先进文化的创造力充分涌现、竞相迸发。红色精神的传承创新从历史的角度记录了党和人民群众追求真理的历程，从中证明了群众的创造最生动，人民的演绎最鲜活，人民群众的文化创造力得到了证实和认可。我们应一如既往地鼓励群众的创造创新，支持群众的自主创造和自我革新，开展特色鲜明、形式多样的群众性文化活动，实现以文育民、以文乐民、以文富民。

红色文化精神是党和人民用鲜血和汗水培育出来的勤劳智慧的结晶。这种崇高的精神反映了中国人民崇高的理想追求，凝聚着广大人民群众的意志和意愿，对提升民族的创造力、竞争力起着精神支撑和推动的作用。江泽民指出："伟大的事业需要并将产生崇高的精神，崇高的精神支撑和推动着伟大的事业。"[1]红色文化精神的传承能够让我们保持推陈出新、自主创新的战斗力，任凭西方流行文化、时髦文化如何冲击，红色精神始终以独特的魅力转化为社会主义先进文化的创造力和吸引力。"作为文化主体在文化实践与体验中不断释放和展示自身潜能的一种能力，文化创造力越高意味着文化的生命力越强大。"[2]只有把红色文化精神的传承发展作为社会主义先进文化建设的重要任务，并纳入国民教育和社会主义精神文明建设之中，才能让广大人民增强先进文化的体验和认同，从而保持昂扬向上的精神状态，完善社会主义先进文化的话语表达和实践。

（三）是经济和社会发展的精神动力

1. 是社会主义市场经济发展的精神动力

在当今知识经济的背景下，文化作为经济发展的重要力量，越来越起着决定性作用。红色文化精神是推动社会主义市场经济发展的重要动力，以红色文化为载体的红色文化精神不仅蕴含着巨大的思想资源、精神资

---

① 江泽民. 江泽民文选（第三卷）[M]. 北京：人民出版社，2006：196.

② 孙绍勇. 社会主义先进文化建设路径探析——基于毛泽东的文化思想[J]. 中学政治教学参考，2015（06）：25.

源，还蕴含着重要的经济资源。在社会主义市场经济条件下，红色文化精神已经深深融入人民群众的生命力、凝聚力、创造力中，并且日益成为推动经济发展的重要力量。在弘扬红色文化精神的过程中形成并发展的红色文化产业为经济发展增添了新的活力，并成为社会主义市场经济下新的经济增长点。当前很多的革命老区都以红色文化为主题，将红色文化的传播与红色旅游结合起来，充分利用和把握红色文化的影响力和吸引力，让参观者不但学习革命历史知识、了解中国共产党的奋斗历程，而且在这个过程中接受革命传统教育，寓教于乐，有利于把文化优势转变为经济优势。红色文化以其独特的魅力吸引了越来越多的参观者，带动红色旅游产业和其他相关产业更快更好的发展，极大地促进了革命老区经济的发展。弘扬红色文化精神，依靠红色文化精神的凝聚作用和带动作用，塑造企业发展的灵魂，在企业发展中营造诚信为先、人民利益至上的原则；提高企业员工的思想境界和道德水平，增强企业的团队精神，激发员工积极向上的精神，使企业的发展不断迈向新台阶。

红色文化精神中坚持解放思想、实事求是的原则，使中国共产党能够制定并采取符合中国国情的经济发展战略；红色文化精神中蕴含着的解放生产力、发展生产力的思想，为我国市场经济的发展提供了强大的动力支撑；红色文化精神中平等协作、顾全大局、团结互助的思想，为我国市场经济的健康发展提供了强有力的人力保障。红色文化精神所蕴含的不怕吃苦、不怕牺牲、勇于向前的精神是我国市场经济发展壮大的"助推器"；红色文化精神中所蕴含着的政治理念是我国市场经济健康发展的方向保证，它确保我国市场经济始终坚持社会主义的发展方向，而不至于陷入混乱。红色文化精神是中国人民以马克思主义为指导，与中国国情相结合而形成的，是共产党人在艰苦卓绝的奋斗中形成的，体现了党的宗旨，体现了四项基本原则。因此，以红色文化精神为指导，能够确保我国社会主义市场经济沿着巩固和完善社会主义制度方向前进，向建设中国特色社会主义的方向前进。全国各地的红色革命纪念场馆大多已成为党政军、大中小学生爱国主义和思想政治教育的实践基地，使得红色文化精神直接影响人们的思想，有利于提高参观者自身的思想道德素质，有利于提高整个中华民族的思想境界，进而为我国经济社会发展奠定良好的思想根基。同时，红色文化精神还有利于激发参观者的创造力，使参观者以更加勤奋的态度，积极进取，为国家经济的腾飞贡献力量。弘扬红色文化精神可以营造诚信的道德环境，自强不息的心理环境和良好的舆论环境，为经济全面、协调、可持续发展保驾护航。

2. 是构建社会主义和谐社会的精神支柱

构建社会主义和谐社会，是全党和全国各族人民的共同愿望，是我们党开创中国特色社会主义事业新局面的一项重大任务。党的十六届四中全会进一步提出了构建社会主义和谐社会的任务。构建社会主义和谐社会是我们必须要把握好的重要战略机遇期，是我们有效解决国内发展不和谐因素的必然要求，是我们应对复杂多变的国际局势，有力应对来自国际环境各种挑战的必然要求，是巩固执政党的地位、完成党执政历史使命的必然要求。把和谐社会建设放到同经济建设、政治建设和文化建设同等重要的位置，突出强调了构建和谐社会在我国全面建成小康社会过程中的重要地位。但是，构建社会主义和谐社会不是一蹴而就的，而是一个长期发展的过程，是一个随着经济、政治、文化的发展而不断完善的过程。这就要求我们在构建社会主义和谐社会的伟大历史实践中，大力弘扬红色文化精神，进一步发扬求真务实、锐意进取的精神，坚定不移地带领广大人民在历史的浪潮中不断前进，在全球化时代潮流中，谱写构建社会主义和谐社会的新篇章。

弘扬红色文化精神，我们要坚持全心全意为人民服务的宗旨。随着我国改革开放的深入发展，我国经济结构和社会结构发生了深刻变化，利益主体多元化，利益关系复杂化，社会矛盾加剧。在这个关键时期，我们要弘扬红色文化精神，正确反映和兼顾不同方面的群众要求，代表好最广大人民群众的根本利益，切实把发展的速度、改革的力度和群众的可承受度结合起来，使全体人民共享改革发展的宏伟成果。我们要把工作重心放在群众关心的难点和热点问题上，脚踏实地地为人民群众办好事、办实事，从而使人民群众获得切实的利益。

弘扬红色文化精神，我们要与时俱进，开拓创新。加强社会的管理和建设，更新管理理念，转变政府职能，推动管理方式和体制的创新。应当以红色文化精神为指导，一切从实际出发，深刻研究和把握社会管理规律，不断完善社会管理的政策法规和规章制度，实现社会资源的合理整合。我们要充分发挥党组织和共产党员凝聚人心、服务群众的作用，完善社会化服务网络，反映诉求、规范行为，形成全方位、多层次的社会保障机制，促进社会健康发展，确保社会的稳定和长治久安。

弘扬红色文化精神，我们要自力更生，艰苦奋斗，不畏艰难，在探索创新中走出建设社会主义的新路。我国正处于并将长期处于社会主义初级阶段，人口多、底子薄、区域发展不平衡的国情没有改变。面对困难，我们要弘扬红色文化精神，增强危机感和紧迫感，居安思危，保证我们党始终走在时代的前列。广大干部要弘扬红色文化精神，与人民同甘共苦，始终保持与人民群众的血肉联系，把一切积极因素调动起来，形成社会发展的强大动力；要发扬自强不息、努力拼搏的精神，埋头苦干、励精图治、积极探索，努力构建社会主义和谐社会。

（四）是高校思想政治教育重要的教育资源

1. 为加强大学生思想政治教育提供重要教育资源

在长期的革命斗争实践中，党的思想政治工作发挥了巨大的政治优势，成为克服困难、战胜敌人的一大法宝。革命理论宣传教育、革命理想信念教育、革命纪律教育、群众路线教育、统一战线教育、肃贪反腐教育，特别是军队思想政治工作和青少年学生思想政治教育所取得的巨大成就，都真实地再现了党的思想政治工作所取得的丰硕成果。开发红色文化精神教育资源，对加强和改进大学生思想政治工作，具有不可替代的教育价值和现实意义。红色文化凝结着革命先辈的先进思想、高尚品德、献身精神、优良作风，红色历史故事、红色艺术文化、红色物态文化、革命人物的英雄壮举，都展现出特有的红色魅力，都能够为加强和改进当代大学生思想政治教育，提供丰富鲜活的素材，为开展体验式、情景式、感悟式实践教学，为加强爱国主义教育基地建设，提供了厚重的教育教学内容，从而进一步增强思想政治教育的生动性、感染性和实效性，提升教育教学质量。因此，"进行共产主义信念、社会主义思想、爱国主义精神的教育，对他们进行革命传统、民族传统教育，只有这样，才能使他们对资产阶级思想的腐蚀具有较强的免疫力，成为国家未来的栋梁之才"①。

2. 有利于丰富大学生思想政治教育内容

红色文化精神蕴含着丰富的红色文化精神教育资源，是中国共产党带领亿万中华儿女革命奋斗历程的真实写照，是深受革命精神、民族精神浸染的中华文化。虽然我们现处在深化改革开放的新时代，人民的生活条件、思想观念、处事方式已经发生了很大的变化，但是，红色文化仍然是我们实现中华民族伟大复兴梦想的强大精神力量，是高校开展理想信念教育、爱国主义教育、社会主义核心价值观教育的宝贵精神财富。红色文化遗迹遗址遍布祖国大地，在革命老区更是红色资源富集。红色资源富集区所展示出来的一件件珍贵的文物，一张张生动的老图片，一首首脍炙人口的红色歌曲，一个个感人至深的历史故事，一部部爱国主义教育影片，以其独特的魅力感染激励着我们，让我们更加深入地了解了中国新民主主义革命的历史、了解了中国国情，更加敬仰英勇斗争的革命先烈，更加体会到今天的幸福生活来之不易。红色资源是高校开展青年大学生思想政治教育的重要资源，极大地丰富了思想政治教育的内涵。高校要深入挖掘所在地区丰富的红色资源，同时，要深入研究如何将红色资源转化为教育资源，以丰富其教育内容，增强教育的实效性和针对性。

3. 有利于改进大学生思想政治教育工作方法

当前，高校思想政治教育工作方法存在着诸多与时代发展、教育对象、教育环境、教育介体等不相适应的地方，以红色文化精神教育为抓手，积极创新教育的方式方法，这对进一步加强和改进大学生思想政治教育，具有积极的促进作用。新的历史时期，需要我们拓宽红色文化精神教育的新渠道，一方面重点要抓好与学校相关课程有机结合，将红色文化精神融入大学的日常教学之中，充分发挥学校教育的主阵地作用。另一方面，要开展好家庭教育和社会教育，特别要重视家风的作用，认识到"父母是孩子最好的老师"。面对众多的社会问题，我们要引导家庭加大教育的力度和频度，把红色文化精神教育纳入家庭教育的范畴，针对不同的状况，结合大学生的个性特点，培养青年大学生坚定信念、吃苦耐劳、艰苦

① 中共中央文献研究室编. 十三大以来重要文献选编（中）[M]. 北京: 中央文献出版社, 1991: 981.

奋斗、谦虚文明的良好品质。社会教育是学校教育和家庭教育的重要补充，当代大学生的成长已不完全局限于学校和家庭，社会是其成长的大舞台。大学生要积极投身各种社会实践，在实践中经风雨、长知识、增才干。社会教育形式可以更加多样，载体可以更加丰富，如革命烈士纪念馆、博物馆、图书馆、文化站、战争遗址遗物等，都是很好的传播载体，其教育前景十分广阔，是进行红色文化精神教育的一个重要组成部分。开展社会教育，要善于把优良的革命传统和精神理念融入公民教育之中，充分发挥社会的"转化器"作用，对大学生进行家庭教育、学校教育的同时，积极开展生动、活泼、健康向上、内涵丰富的社会教育。我们要深刻意识到，良好的道德品质形成与发展是学校、家庭、社会教育有机融合共同作用的结果。我们要善于利用红色文化精神内涵的丰富性和表现形式的多样性，结合各地独特的地域文化，开展学校、家庭、社会教育，进一步丰富红色文化精神教育形式，创新教育路径，充分运用"潜移默化法""比较学习法""红色旅游体验法""实践锻炼法"和"红色文化现代传播法"等教育方法，营造浓厚的红色文化精神教育氛围，提升教育实效，从而改进红色文化精神教育乃至思想政治教育工作的方法。

（五）是大学生成长成才的精神动力

1. 有利于培养大学生的民族精神与时代精神

红色文化是中国共产党人继承和弘扬中华优秀传统文化和积极吸纳人类先进文明——马克思主义的产物。红色文化既承载了以爱国主义为核心，团结奋斗、爱好和平、勤劳勇敢、自强不息的伟大民族精神，又承载了以改革创新为核心，解放思想、实事求是、敢创新路、追求真理的时代精神。

学习红色文化可以培育大学生的爱国主义情操，加强对本民族历史文化的认同。大学生在学习红色文化时，会从无数共产党员和中华儿女把国家和民族利益摆在第一位，在民族独立、国家崛起的道路上誓死不做亡国奴的英勇事迹中深受启发，把热爱党、热爱祖国，热爱国家的灿烂历史和大好河山与实现中华民族伟大复兴中国梦的时代责任紧密结合起来。习近平在纪念红军长征胜利80周年大会上指出："伟大长征精神，是中国共产党人及其领导的人民军队革命风范的生动反映，是中华民族自强不息的民

族品格的集中展示，是以爱国主义为核心的民族精神的最高体现。"①爱国
主义是高校思想政治教育的重要内容，而红色文化本身就是一种典型的爱
国主义文化，它蕴含着丰富的爱国主义精神和大量典型的爱国主义事例。
高校在红色文化育人过程中，要灵活运用体现爱国主义精神的革命人物、
革命事件以及革命遗址、纪念馆、烈士陵园等爱国主义教育基地，弥补说
教式的爱国主义教育方式所带来的不足，可以避免大学生产生枯燥、反感
情绪，有效引导大学生树立爱国主义意识，继承革命先烈遗志，增强社会
责任感和历史使命感，深化对中华民族的认同感和归属感，为实现中华民
族伟大复兴贡献自己的力量。

　　学习红色文化有利于培育大学生的创新精神，提高创新意识。红色文
化是以马克思主义为指导的先进文化，蕴含着丰富的改革创新精神，这有
助于增强大学生的创新意识和创造胆识，在遵循客观规律基础上不因循守
旧、不墨守成规、不迷信教条，一切从实际出发，实事求是，从实践中获
取真理。中国共产党结合中国革命具体实际，在不同阶段、不同历史时期
勇于变革、勇于创新，取得了一系列丰硕成果。例如，土地革命时期，毛
泽东提出"工农武装割据"的战略思想突破了"城市中心论"在党内的束
缚；在对中国革命进程中正反两个方面的实践经验进行科学总结的基础上
提出了"马克思主义中国化"这个科学命题。再如，新中国成立后，中国
共产党遵循历史发展的客观规律，创造性地提出了过渡时期总路线；中国
共产党人又以极大的勇气和智慧突破"苏联模式"的束缚，大胆创新，不
照搬照抄，不搞教条化，不惧任何干扰，即便走过弯路，遇到挫折，也能
拨乱反正，实现马克思主义中国化的第二次飞跃。高校肩负着为社会输送
具有创新思维、创业能力的人才的重任。创新精神是红色文化精神的重要
内容和宝贵财富，因而高校在红色文化精神教育过程中，要运用红色文化
精神中体现创新理念的大量历史事例教育大学生，注重创新意识的培养，
探索创新教育模式，提供各种实习、实践、创业的平台和机会，在鼓励大
学生创业的过程中提供制度和资金的保障，使其发挥主观能动性，培养出
社会需要的创新型人才。大学生在学习红色文化的过程中要体会共产党人

---

① 习近平. 在纪念红军长征胜利80周年大会上的讲话 [N]. 人民日报, 2016-10-22.

敢闯新路的精神，突破因循守旧、照抄照搬的惰性束缚，在学习工作中要大胆求新，摆脱封闭性、复制性思维，培养开放性、批判性思维。

2. 有利于培育大学生的社会主义核心价值观

红色文化精神是中国共产党领导广大人民群众，在反对帝国主义、封建主义和官僚资本主义斗争历程中、在昂首迈入社会主义新中国的伟大历史征程中，所形成的革命斗争文化形态。它具有社会主义特质和革命传统本质，是一种一直被我国人民所推崇、所认可的先进文化，是社会主义先进文化的根基之所在。红色文化是我党英勇奋斗的革命史、斗争史和英雄史的浓缩，是生动丰富的革命教育教材，是推进社会主义核心价值观教育的重要载体。因此，深入挖掘红色文化精神的当代教育价值，对保护和开发红色文化资源、传承红色文化精神、培育红色文化产业、教育和激励青年大学生一代，都具有重大而深远的历史意义。"包括长征在内的中国革命史，是我们党领导全国各族人民为争取民族独立、人民解放长期英勇奋斗的真实记录，是坚持马克思主义基本原理同中国革命具体实践相结合、推进理论创新的生动教材，是中国共产党人光荣革命传统和中华民族伟大民族精神的集中反映。"[①]

社会主义核心价值体系是以爱国主义为核心的民族精神、以改革开放为核心的时代精神、社会主义荣辱观等丰富内容的集成，而红色文化精神所倡导的共产主义、爱国主义、集体主义精神等内容，正是社会主义核心价值体系的应有之义。红色文化精神蕴含着中国特色社会主义共同理想，它把人民的利益、中华民族解放的根本利益放在最主要的地位。"浓缩了把中国人民和中华民族的根本利益看得高于一切，坚定革命理想和信念，坚信正义事业必然胜利的精神；为了救国救民，不怕任何艰难险阻，不惜付出一切牺牲的精神；坚持独立自主、实事求是，一切从实际出发的精神；顾全大局、严守纪律、紧密团结的精神；紧紧依靠人民群众、同人民群众生死相依、患难与共、艰苦奋斗的精神。这些都是中华民族百折不挠、自强不息的民族精神的最高体现，是保证革命和建设事业从胜利走向胜利的强大精神力量，是中国共产党人政治本色的集中体现和崇高境界，

①　人民日报社评论部. 任仲平十年精选 [M]. 北京: 人民出版社, 2016: 312.

是中国特色社会主义所具有的本质要求。"①红色文化精神集中反映了人民群众的共同期待，集中体现了中国特色社会主义文化的核心价值。我们开展红色文化精神教育、充分发挥红色文化资源的作用，对于加强当代大学生的社会主义核心价值观教育，深入推进思想政治教育改革创新，具有不可替代的重要作用。

3.有利于帮助大学生树立坚定的理想信念

"理想信念是主体对客体持久稳定的确信心态和价值认同，是价值意识活动的调节中枢和最高主宰，是世界观、人生观、价值观和事业观的最高统摄，是选择精神追求的最高准则。"②人无精神则不立，国无精神则不强。理想信念是一个人的精神依靠，同时也是一个国家、一个民族、一个政党的精神脊梁。习近平在党的十九大报告中指出："要把坚定理想信念作为党的思想建设的首要任务，教育引导全党牢记党的宗旨，挺起共产党人的精神脊梁，解决好世界观、人生观、价值观这个'总开关'问题，自觉做共产主义远大理想和中国特色社会主义共同理想的坚定信仰者和忠实实践者。"③

理想信念对当代大学生极为重要。没有理想信念，大学生精神上就会缺"钙"。作为社会主义事业的接班人，当代大学生必须要有坚定不移的理想信念，才能确立自己实现人生价值的方向。邓小平指出："我们一定要经常教育我们的人民，尤其是我们的青年，要有理想。为什么我们过去能在非常困难的情况下奋斗出来，战胜千难万险使革命胜利呢？就是因为我们有理想，有马克思主义信念，有共产主义信念。"④红色政权之所以能建立，是因为共产党人拥有坚定的马克思主义信仰、对共产主义的信念。革命先烈、革命事件、革命精神所包含的坚定理想信念是新时期高校加强大学生理想信念教育的重要素材。《关于加强和改进新形势下高校思想政治工作的意见》指出："……坚持社会主义办学方向，扎根中国大地办大

---

① 李康平.江西红色资源开发与教育研究 [M].北京:中国社会科学出版社,2011:245.

② 马静.红色文化教育理论与实践研究 [M].天津:南开大学出版社,2015:77.

③ 习近平.决胜全面建成小康社会夺取新时代中国特色社会主义伟大胜利——在中国共产党第十九次全国代表大会上的报告 [N].人民日报,2017-10-28.

④ 邓小平.邓小平文选(第三卷) [M].北京:人民出版社,1993:110.

学，以立德树人为根本，以理想信念教育为核心……"[①]理想信念是支撑高校大学生灵魂和精神的支柱，理想信念决定着当代大学生前进的方向，是激励大学生积极投身社会主义现代化建设的强大精神动力。

红色文化是大学生理想信念教育的优质资源。共产主义理想是红色文化的灵魂和精髓，红色文化蕴含着对马克思主义的信仰，对社会主义和共产主义的信念，体现了共产党人打破旧社会、建立新社会的目标追求。"砍头不要紧，只要主义真。""敌人只能砍下我们的头颅，决不能动摇我们的信仰！"中国共产党从成立的那天起，就把实现民族独立、人民解放作为自己的崇高理想和奋斗目标，正是因为有了坚定的革命理想信念，无数革命先辈毅然决然地抛头颅、洒热血，牺牲自己，换来革命的胜利。革命历史时期，在极为艰难困苦的条件下，中国共产党之所以能够经受一次次挫折失败而又一次次奋起直追，归根结底是因为有远大理想和崇高追求。无论是在抗日战争时期，还是在解放战争中，坚定不移的共产主义理想信念，鼓舞了一代又一代的人艰苦奋斗、自强不息，战胜艰难险阻，克服重重困难，取得最终的胜利。用革命精神对大学生进行理想信念教育，可以使学生在书本知识的学习中，在革命纪念馆等红色文化场所的参观游览中，接受革命烈士坚定理想信念的熏陶和教育。

红色文化精神对大学生理想信念教育的意义体现在两方面：一是红色文化中涌现出的先进人物、先进事例是引导大学生坚定共产主义远大理想、加强马克思主义信仰教育的重要载体，是树立中国特色社会主义共同理想的天然教材；二是对共产主义的信念、马克思主义的信仰和对中国特色社会主义共同理想的信心是建立在充分认识理解人类历史发展规律的基础上的。红色文化科学地揭示了马克思主义与中国革命实践相结合的历史规律性和必然性。学习红色文化，梳理中国近现代史的知识脉络，有利于大学生深入理解中国革命、建设和改革实践之路，理解红色革命道路与中国特色社会主义道路之间前后承继的关系，从而有利于培养大学生坚定走中国特色社会主义道路的信念。

大学生是中国特色社会主义事业的接班人，弘扬红色文化精神有利于

---

① 中共中央国务院印发《关于加强和改进新形势下高校思想政治工作的意见》[N]. 人民日报，2017-02-28.

大学生坚定理想信念，树立远大志向，自觉把个人理想与共同理想结合起来，增强对中国特色社会主义事业必胜的信念。当共产主义远大理想和中国特色社会主义共同理想成为大学生的共同意识和追求目标时，这种强大的理想信念会使大学生群体紧密团结起来，凝聚精神和力量，激励他们发愤图强，在新时代中国特色社会主义事业中树立为人民服务、为社会主义服务的信念，用自己的青春梦点亮中华民族伟大复兴的中国梦。

4.加强大学生集体主义观教育

集体主义价值观的培养，有助于大学生正确处理个人利益和集体利益之间的关系，提高团结协作能力、增强责任意识。土地革命时期，针对党内一些农民和小资产阶级出身的党员出现的自由主义倾向，毛泽东强调要加强无产阶级集体主义教育，他在《反对自由主义》中指出："我们要用马克思主义的积极精神，克服消极的自由主义。一个共产党员，应该是襟怀坦白，忠实，积极，以革命利益为第一生命，以个人利益服从革命利益；……关心党和群众比关心个人为重，关心他人比关心自己为重。这样才算得一个共产党员。"[①]中国共产党始终把国家利益、人民利益放在首位，提倡个人利益服从集体利益，局部利益服从集体利益。反对个人主义、利己主义。大学生学习红色文化，就是要学习共产党人舍小家、为大家，浴血奋战，敢于牺牲，以整体利益为重的大局观和不惜牺牲个人利益的集体主义精神。"集体主义是坚持把集体利益放在优先位置，同时又是个人利益和集体利益的有机统一。"[②]高校在红色文化精神教育过程中要引导大学生正确理解集体主义价值观，集体主义从来不否定个人利益，提倡集体要保障个人正当利益，促进个人利益的实现，但集体主义与提倡"以个人为中心，个人利益第一位，国家、集体利益第二位"的个人主义是根本对立的。

在市场经济条件下，效率优先、追求利益与无私奉献、利他主义发生了冲突，集体主义价值观受到市场经济的侵蚀和弱化，个人主义在大学生群体中悄然盛行，利己主义思想有所抬头。大学生的价值观受到急功近利、目标短浅的影响，出现只重视个人利益，却忽视集体利益，人情变得

① 毛泽东选集（第二卷）[M]．北京：人民出版社，1991：361．

② 马静．红色文化教育理论与实践研究[M]．天津：南开大学出版社，2015：111．

冷漠与麻木的消极现象。加强红色文化教育，就是要继承和发扬红色文化精神中蕴含的集体主义精神，并赋予其新的时代内涵，充分运用革命历史故事，英雄人物事迹等，加强集体主义教育，抵制个人主义的滋生蔓延，培养大学生的集体主义观念，促进大学生的全面发展。高校大学生要树立集体主义价值观，要正确处理国家、集体和个人利益之间的关系，在集体中实现个人价值，在个人价值的实现中提升集体价值，时代在改变，但集体主义的价值内涵永不过时。

5. 有利于大学生个体道德素质的提升

红色文化是在中国革命中产生的道德实践的精华，学习红色文化有助于大学生树立正确的道德观念。"高尚的道德情操是中国共产党及其领导下的革命团体成员判断自身行为得失、确定自身价值取向的基本准则、价值标准和行为规范，是红色资源的重要内涵。"[①]利用蕴含丰富道德内容的红色文化教育大学生，对大学生提升思想道德品行，塑造高尚的道德品格具有重要意义。大学生在学习红色文化时，要深刻领悟道德规范在革命历史时期的重要作用，革命队伍的管理是依靠道德行为准则来约束的，全心全意为人民服务是整个道德行为准则的核心，形成了以廉洁自律、遵章守纪、艰苦奋斗、诚实守信等为代表的道德规范。毛泽东将"毫无自私自利之心的精神"作为革命理想人格的标准，认为"但只要有这点精神，就是一个高尚的人，一个纯粹的人，一个有道德的人，一个脱离了低级趣味的人，一个有益于人民的人"[②]。在实践中，毛泽东非常重视党员同志模范榜样的示范作用，亲自为张思德、白求恩、刘胡兰、雷锋等人的英雄模范事迹撰文、题词，号召人们向他们学习。

（1）有利于大学生培养艰苦奋斗的优良作风。艰苦奋斗的精神是中国共产党领导广大人民取得革命胜利和建设成果的重要法宝，一直是党和人民军队的优良工作作风，大学生可以从学习红色文化的过程中感受革命先烈的人格魅力。"艰难困苦，玉汝于成。"越是困难时期，党就越是展现出艰苦奋斗、自强不息的精神。为了打破敌人对井冈山根据地的封锁，朱德亲自带领战士挑粮上山，使"朱德的扁担"成为历史佳话。美国记者埃

---

① 张泰城. 红色资源是优质教育资源[J]. 井冈山大学学报（社会科学版），2010（01）：15.

② 毛泽东选集（第二卷）[M]. 北京：人民出版社，1991：660.

德加·斯诺在延安期间，看到毛泽东穿着打了补丁的衣服，彭德怀把缴获的降落伞布做成背心，林伯渠用绳子系着断了支架的眼镜。他把这些从共产党人身上看到的精神称之为"东方魔力"，在《西行漫记》中比作"兴国之光"。毛泽东曾告诫全党："……务必使同志们继续地保持谦虚、谨慎、不骄、不躁的作风，务必使同志们继续地保持艰苦奋斗的作风。"①邓小平强调："艰苦奋斗是我们的传统，艰苦朴素的教育今后要抓紧，一直要抓六十至七十年。我们的国家越发展，越要抓艰苦创业。提倡艰苦创业精神，也有助于克服腐败现象。"②这些鲜活的革命历史事迹可以使大学生深刻感受革命胜利的来之不易，对革命先辈艰苦奋斗的工作作风有更加深刻的认知和理解。

当前国家的经济水平和人民的物质生活水平都有了显著的提高，中国已成为世界第二大经济体，在此情况下，一些大学生把挥霍浪费视为大方，把勤俭节约当作吝啬，生活中贪图享乐，盲目攀比，认为艰苦奋斗的时代一去不复返，因此提倡艰苦奋斗是有现实针对性的。加强红色文化精神教育，就是要引导大学生正确把握艰苦奋斗的时代内涵。艰苦奋斗的精神无论何时都不能丢，今天提倡艰苦奋斗并不是要求大学生刻意地节衣缩食，否定对美好生活的追求，而是要牢记艰苦朴素的生活作风是一个人价值取向的反映：安于清贫，克服贪欲，才能正确对待物质利益关系，不至利欲熏心，蒙蔽了心智。当代大学生要以勤俭为荣、浪费为耻，以勤俭务实、艰苦奋斗的精神投入到中国特色社会主义事业的建设中去。

（2）有利于大学生树立诚实守信、纪律严明的道德品质。革命历史时期党和军队以身作则，以信守诺言、严守纪律的实际行动取信于民，赢得广大人民群众拥护的历史事实是解决一些大学生诚信意识淡薄、生活作风散漫问题的生动教材。针对早期党的军队中官兵纪律松弛、作风不正的状况，毛泽东在完成"三湾改编"后，对部队进行纪律教育时宣布了"三大纪律六项注意"，即"行动听指挥，不拿工人农民一点东西，打土豪要归公。""上门板，捆铺草，说话和气，买卖公平，借东西要还，损坏东西要赔。"毛泽东深知没有纪律的军队，是得不到人民群众拥护和支

① 毛泽东选集（第四卷）[M].北京：人民出版社，1991：1438–1439.

② 邓小平.邓小平文选（第三卷）[M].北京：人民出版社，1993：306.

持的，而失信于民的军队必然走向失败，最终被历史抛弃。工农红军实行"三大纪律六项注意"后，面貌焕然一新。当时在老百姓中流传着一首歌谣："红军纪律真严明，行动听命令；爱护老百姓，到处受欢迎；遇事问群众，买卖讲公平；群众的利益，不损半毫分。"因此，大学生在接受红色文化教育的同时，要牢记党正是用铁的纪律统一了全党全军的意志，用严格的道德操守规范人民军队的行动，从而取信于民，才使红军队伍不断发展壮大，最终夺取革命的胜利。用革命队伍的先进事迹教育引导大学生必须发扬诚实守信的传统美德，提升自我诚信意识和水平，增强纪律约束感，克服纪律观念淡漠的不良风气。

大学生要学习革命先烈艰苦奋斗的高风亮节、信守诺言、严守纪律的工作作风和全心全意为人民服务的道德品质，加强对自身法纪观念的培养。学生党员要更加严格遵守政治纪律，自觉维护党中央权威，无论是革命传统，还是党章党规等纪律条例，都要内化于心，外化于行，知行合一。高校加强红色文化教育，就是要把革命道德品质融入社会主义核心价值观教育过程中，引导大学生自觉遵守社会公德、职业道德、家庭美德，并使之内化为学生的精神追求，外化为学生的自觉行动。

习近平在党的十九大报告中指出："必须推进马克思主义中国化时代化大众化，建设具有强大凝聚力和引领力的社会主义意识形态，使全体人民在理想信念、价值理念、道德观念上紧紧团结在一起。"①大学生红色文化精神教育就是要充分发挥红色文化的意识形态价值，培养大学生坚定理想信念，坚信价值理念，坚守道德观念。约翰·洛克在《教育漫话》中指出："没有什么能像革命英雄那样，具有时代榜样的魅力，这样有吸引力和感召力，深刻地震撼着无数人们的心灵，使他们振奋前行。"②榜样的力量是无穷的。红色文化是以中华优秀传统文化为根基，以马克思主义为指导的先进文化，是经过革命战争时期的实践检验，符合社会主义主流意识形态的科学文化，也是一种榜样文化。高校在红色文化精神教育过程中，要充分发挥革命英雄的榜样示范和引导作用，利用好红色文化这一真实

---

① 习近平. 决胜全面建成小康社会夺取新时代中国特色社会主义伟大胜利——在中国共产党第十九次全国代表大会上的报告 [M]. 北京: 人民出版社, 2017.

② [英] 约翰·洛克. 教育漫话 [M]. 傅任敢译. 北京: 人民教育出版社, 1986: 84.

的、接地气的文化资源，以榜样的力量鼓舞大学生树立正确的世界观、人生观、价值观，增强文化自信，抵御西方意识形态对大学生渗透，提高对西方各种错误思潮侵蚀的免疫力。高校要更加重视发挥红色文化精神的教育作用，更加重视发挥革命精神在新的历史条件下的精神动力作用，并不断赋予其新的时代内涵，更加紧密地将革命精神与当前的奋斗目标结合起来，使其成为推动青年大学生健康成长成才的强大精神动力。

三、大学生红色文化精神教育的时代境遇

时代是思想之母，任何文化的发展都离不开它所处的时代背景。改革开放深入发展的新时代是一个越来越重视国家文化软实力的时代，是越来越重视文化自信提升的时代，是越来越重视红色文化的发展价值的时代。在大学生中开展红色文化精神教育，面临着不少难得的机遇，同时也面临不少前所未有的新挑战。认清大学生红色文化精神教育的时代境遇，对适应时代发展的新要求，增强大学生红色文化精神教育的实效性显得尤为重要。

（一）红色文化精神教育的整体社会环境发生了新变化

2008年1月，胡锦涛在同全国宣传思想工作会议代表座谈时指出："我们要科学分析国际国内形势，准确把握党和国家工作大局，全面审视面临的机遇和挑战，充分认识做好新形势下宣传思想工作的重大意义。"[①]改革开放以来，尤其是近些年来，文化教育的整体新环境发生了广泛而深的变化，要做好新时代的红色文化教育，就必须如胡锦涛同志所要求的那样，深入研究在经济全球化和社会主义市场经济条件下，我国所处的国际环境和所面临的国内环境，全面分析新形势下当代大学生所处的时代背景，分析时代背景的基本特征，深入研究改革开放对我国经济建设、政治建设、文化建设、社会建设和生态文明建设等各个领域产生的广泛影响，这是我们搞好红色文化精神教育的前提和基础。

1. 国际环境发生新变化。当前，时代的主题仍是和平与发展，与此同

---

① 胡锦涛在同全国宣传思想工作会议代表座谈时强调：扎扎实实做好新形势下宣传思想工作 为全面建设小康社会提供思想文化保证［N］. 人民日报，2008-01-23.

时，国际环境正发生着广泛深刻的变化，世界正由"两极"朝"多极化"方向发展，全球经济相互渗透、相互依存度明显提高，国与国之间也越来越强调交流、合作与共赢。世界多极化的发展趋势，有利于世界和平、稳定和繁荣，有利于国家之间的政治、经济、文化交流。但是，我们必须清醒地看到，当今世界并不太平，西方发达资本主义国家凭借其经济、军事、科技、文化上的优势，特别是规则制定的优势，在推行强权政治的同时，利用经济全球化的机遇，加紧实施其全球战略。特别是近些年来，美国高调提出重返亚太，强力推动"亚太再平衡"战略，除政治上、军事上加大"围堵"外，还大搞文化渗透，通过好莱坞大片、宗教宣传品等各种各样的文化产品，假借民主、自由、人权的幌子，强力推销其西方式的世界观、人生观、价值观以及政治观；有时甚至利用我国改革开放进程中的某些失误、困难，利用个别领域、个别地方、个别人身上发生的消极负面事件，利用我国发生的一些突发事件，说三道四，挑拨离间，制造事端。因而，在充分吸收借鉴利用全球各种先进文化成果的同时，我们要善于反对霸权主义，善于抵御西方敌对势力的"分化""西化"图谋，并使红色文化教育经受住这种考验。

2. 国内环境发生深刻变化。改革开放以来，特别是实现社会主义市场经济以来，我国的社会经济大环境和经济结构发生了重大而深远的变革，正处在全面建成小康社会、实现中华民族伟大复兴、稳步推进社会主义现代化建设的新的伟大时期，改革开放已进入深水区。整体来看，党和政府坚持和实现社会主义市场经济、领导经济工作的方式方法已发生了深刻变化，由过去大包大揽的直接管理，转向以宏观管理为主的间接管理，更加重视发挥市场配置资源的基础性地位，重视发挥市场在经济发展中的决定性作用。所有制形式多样化，在国有经济、集体经济发展壮大的同时，外资经济、民营经济、私营经济、个体经济发展迅猛。因而，如何实现党和政府对非公有制经济的领导，如何鼓励和协调各种所有制经济形式又好又快的发展，如何进一步深化市场经济体制改革，是我们面临的现实课题之一。随着经济成分、就业方式的多样化，在分配领域出现了分配不公、收入差距拉大、社会基尼系数扩大的趋势，在社会领域出现了社会阶层结构多样化的趋势。如何在讲究效率的基础上兼顾公平，让人民群众共享改革开放的成果，如何协调各阶层之间利益，如何对待和保护新阶层，实现各阶层民众和谐共处、共同为建成小康社会而努力，是社会主义现代化建设实践中遇到的新课题。

列宁曾说过，不能认为人们的思想和感情似乎是偶然出现的，"而不是从一定社会环境（它是个人精神生活的材料、客体，它从正面或反面反映在个人的'思想和感情'上面，反映在代表这一或那一社会阶级的利益上面）中必然产生的"①。在改革开放的时代背景下，特别是社会主义市场经济的冲击下，社会环境的变化必然反映到人们思想中，引起人们思想观念的巨大变化，继而引发人们行为方式的变化。当前，人们的市场、民主、法制、质量、效益、时间、环保、生态等观念普遍增强，同时，封建残余思想、资产阶级腐朽思想、传统计划经济观念等仍然长期存在，且负面影响不容忽视，而社会主义、爱国主义、集体主义、艰苦奋斗、拼搏奉献等在一些人头脑中逐渐淡化。如何发挥红色文化教育功能，如何加强新时期大学生红色文化精神教育，是我们必须面对的新挑战。

（二）社会主义理想信念受到新冲击

随着我国改革开放事业的深入推进，我国与西方国家的政治、经济、文化、科技等各方面的交流更加密切，全球化的国际分工体系、市场体系、竞争体系逐步形成，社会主义和资本主义两种制度的交流、对话和合作，代替了过去的对抗、隔绝和冲突。在具体层面上日益密切，融合度加深，都重视发挥市场的决定性作用。这在客观上促进了我国各项事业的进步和发展，同时，也或多或少地淡化了两种制度之间的差异与对立。

西方国家凭借其经济、科技、教育文化等领域的优势地位，进一步加强了其在思想意识形态领域的渗透，加上资本主义国家借助全球化的浪潮，美化自身形象，不断输出其西方式的"人权、民主、自由、博爱"等思想，不断鼓吹其经过长时间发展而形成的较完善的社会福利、生态保护、医疗保险等制度，不断宣传其消费享乐观，极力展现发达资本主义国家美好的一面，使得不少民众，特别是当代大学生羡慕资本主义的生活方式。反观国内，我国正处在经济转型、社会结构深刻变革的关键时期，同

---

① 中共中央马克思恩格斯列宁斯大林著作编译局编译. 列宁全集（第1卷）[M]. 北京: 人民出版社，1984: 367.

时也处在各种利益分配的调整期、各种矛盾和问题的多发期，使一部分大学生对社会主义制度优越性认识不清，导致对中国特色社会主义共同理想信念产生怀疑甚至动摇，认为社会主义制度不如资本主义制度，甚至转而对资本主义顶礼膜拜。如何打消这部分大学生的顾虑和怀疑，坚定中国特色社会主义、共产主义的理想信念，是我们进行红色文化精神教育时，必须直面和思考的一个重大问题。

（三）民族精神受到弱化

当前，国际组织和跨国公司的活动，已经远远超越了传统上的地理范围，各个国家在制定法律时，都要考虑遵守国际惯例和通行规则。全球化给国家主权带来了不小的冲击，客观上淡化了少数民众的国家意识，削弱了少数民众的民族情感。伴随着全球化浪潮，全人类面临的共同社会问题日益突出。这类问题的普遍性和整体性，客观需要人们有国际化的视野和思维方式，要求各国从抽象的人类共同利益出发，团结互助，共同努力，一起应对全球性问题，促进人类社会健康和谐、可持续发展。西方国家极力鼓吹其"西方中心主义"，同时，又用抽象的普遍性来掩盖其资本主义现实利益，这就方便其用形式上的"全球化"掩盖其事实上的"单极化"，动摇了当代大学生的爱国主义思想基础，使大学生的民族精神受到弱化，民族认同感降低。

一段时间以来，高校培育民族精神的教育环境不够优化，缺乏民族精神教育基地和实践平台，民族精神教育途径窄化，主要局限于学校教育，而家庭教育和社会教育对此内容鲜有涉及，造成了相互之间各自为政，难以实现有机融合。同时，开展民族精神教育的重要途径——学校教育，其现状也不容乐观，突出表现在，教育领导者及组织者思想上不够重视，组织实施主要停留在课堂上，缺乏实践体验，课外活动总量不足，涉及民族精神培育的内容偏少，有时组织开展一些活动，也存在主题不够鲜明、方向不够明确、针对性实效性不强等问题。整体来看，高校在这方面的教育，形式化趋向明显，教育的规范化、系统化不够，大学生认同度有待提高。

（四）国家文化安全受到新挑战

当今世界正处在大变革、大发展、大调整的时期，经济、政治与文化相互融合，文化软实力在综合国力竞争中的地位和作用更进一步凸现，与此同时，如何更加有力地维护国家文化安全，就显得更加重要而且迫切。我们知道，综合国力是一个国家可以用于生存、发展和施加国际影响的各种力量的合力。综合国力的竞争通常包括经济、科技、政治、军事、资源、文化等要素的竞争，在不同历史条件下，单一的某种要素所拥有的作用力大小不同。当代社会，经济、政治、军事力量的增长越来越受到环境资源等各种客观条件的制约，反观文化发展历史，其力量的增长，则较少受到这些制约，具有很大的发展空间。目前，信息传播技术发展很快，文化借助网络等媒体，加快了其国际间的传播，与资本、商品、金融、军事力量相比，其优势非常明显——更加快捷、高效与便利，对于民族心理产生的冲击力、影响力和征服力更强，是一个国家软实力的重要体现。我们要清醒地认识到，文化是国家安全的重要战略资源之一，是国家安全的重要屏障，是不可替代的。

在新的历史发展时期，激烈的国际竞争，尤其是席卷全球的全球化浪潮，使世界各民族的思想文化相互激荡和相互交融，文化需求日趋多样化，使国家安全受到前所未有的新挑战。这使我们进一步认识到，要保证国家的长治久安，保障改革开放事业的顺利进行，不仅需要强大的军事力量，而且需要先进而强大的国家文化。同时，也使我们清醒地认识到，当前，我们的文化软实力与我国不断上升的国际影响力和国际地位相比、与我国深厚的文化底蕴相比、与广大人民的期盼相比，还不相适应。丰富的红色文化精神教育资源，还没能转化为强大的文化竞争力。

（五）信息化建设受到新挑战

计算机网络的迅速推广和发展，导致信息全球化的趋势越来越明显。当前，以美国为首的西方发达国家，占据了世界互联网的绝对优势，处于垄断地位，有资料显示，"国际互联网上的信息90%以上是英文信息，而且80%以上是美国提供的，我国的网站仅占世界独立域名网站总数的0.07%，网络信息输出量仅占全球互联网信息总流量的0.05%，而美国输出、输入流量两项指标均超过85%。"①可见西方国家，尤其是美国在信息社会中所处

———————

① 周丛标. 全球化背景下思想政治教育创新研究［D］. 武汉大学, 2006: 87.

的主导优势非常明显，其现状需要大力改善。

　　互联网信息的海量、方便、快捷，虽然方便了人们的学习、工作和生活，但是我们也要看到，网络信息良莠并存、鱼龙混杂，大多数内容是积极、健康且有益的，同时也有不少的内容是消极、腐朽且有害的。西方国家，尤其是美国利用其信息技术的优势，广泛传播个人主义、拜金主义、享乐主义，广泛传播资本主义的价值理念和处世哲学，与我国的社会主义核心价值观相冲突，与我国的主流舆论导向相对抗。当前，我们开展红色文化教育，还是比较习惯于运用报刊、广播、电视等传统媒体，还缺乏运用网络进行红色文化教育的较为成熟和成功的方法和经验，这客观上给发挥红色文化教育的积极作用，确立正确的舆论导向带来了不少困难。如何进一步畅通主流舆论传播渠道，如何科学有效地引导网络舆情，这是当前开展大学生红色文化精神教育遇到的新挑战。

　　为了应对大学生红色文化精神教育面临的新挑战，我们要不断提升红色文化精神教育理论水平，不断提高教育的实效性，这是应对现实挑战的迫切需要，是凸显红色文化价值、提升我国文化软实力、走向文化自信的需要，更是适应时代发展的需要。

第三章

大学生红色文化精神教育的历史考察

长征这一人类历史上的伟大壮举，留给我们最可宝贵的精神财富，就是中国共产党人和红军将士用生命和热血铸就的伟大长征精神。

伟大长征精神，就是把全国人民和中华民族的根本利益看得高于一切，坚定革命的理想和信念，坚信正义事业必然胜利的精神；就是为了救国救民，不怕任何艰难险阻，不惜付出一切牺牲的精神；就是坚持独立自主、实事求是，一切从实际出发的精神；就是顾全大局、严守纪律、紧密团结的精神；就是紧紧依靠人民群众，同人民群众生死相依、患难与共、艰苦奋斗的精神。

伟大长征精神，是中国共产党人及其领导的人民军队革命风范的生动反映，是中华民族自强不息的民族品格的集中展示，是以爱国主义为核心的民族精神的最高体现。

人无精神则不立，国无精神则不强。精神是一个民族赖以长久生存的灵魂，唯有精神上达到一定的高度，这个民族才能在历史的洪流中屹立不倒、奋勇向前。

伟大长征精神，作为中国共产党人红色基因和精神族谱的重要组成部分，已经深深融入中华民族的血脉和灵魂，成为社会主义核心价值观的丰富滋养，成为鼓舞和激励中国人民不断攻坚克难、从胜利走向胜利的强大精神动力。

——节选自习近平2016年10月21日在纪念红军长征胜利80周年大会上的讲话。

当今世界的全球化不仅是经济全球化，更有不少学者提出了"文化全球化"这一概念，即全世界的文化相互碰撞、交流、融合，在自己原有文化的基础之上加入新元素。加之改革开放以来网络文化的发展，各种新思潮、新思想不断涌现，我国文化受到来自世界各方面的挑战。在这样的国际大背景下，我们需要发挥红色文化的力量，传承红色文化，将本国本民族的文化发扬光大。党的十八大以来，习近平在不同讲话中多次提及革命文化、红色基因等，而红色文化及其所蕴含的红色精神作为革命文化的升华与发展，更应该在新时代继续被传承与发扬。红色文化作为国家文化软实力之一，在当今社会中发挥着强劲优势与不可磨灭的作用，党的十九大更是将"中国特色社会主义文化"写入党章。深入考察改革开放前后大学生红色文化精神教育的特色，总结大学生红色文化精神教育的经验，对分析高校红色文化精神教育存在的不足，有针对性地探讨教育对策，具有非常重要的意义。

一、改革开放以前的大学生红色文化精神教育特色

新中国成立后至改革开放以前，大学生红色文化精神教育一直如火如荼地开展，虽然存在一些问题，但从教育整体效果来看，取得了较明显的成效。

（一）重视中国革命历史教育

新中国成立以后，中国共产党高度重视中国革命历史教育，重视革命精神教育，积极引领青年大学生树立共产主义理想信念，扩大和巩固共产主义的思想道德理论基础。在新中国成立不久的1951年12月，中共中央在《关于加强理论教育的决定（草案）》中指出："现在国内战争已经基本上结束，党正面临着建设新中国的复杂任务，全党有系统地学习理论，比较过去任何时候都有更好的条件，也更加迫切需要。"[1]1951年5月，刘少奇在全国宣传工作会议上指出，我们要以马列主义为指导，"要真正做到在全国范围内和全体规模上宣传马列主义，用马列主义教育人民，提高全

---

① 中共中央文献研究室编. 建国以来重要文献选编（第二册）[M]. 北京: 中央文献出版社, 1992: 123.

国人民的阶级觉悟和思想水平，为在我国建设社会主义和实现共产主义打下思想基础。"[①]1950年春，中央政治局决定成立中共中央毛泽东选集出版委员会，负责着手编辑出版《毛泽东选集》，至1953年4月，就已经出版了第一、第二和第三卷。《毛泽东选集》正式出版以后，迅速在高校引起了强烈的反响。各地通过举办报告会、座谈会、写心得体会文章等，在全国范围内掀起了学习毛泽东著作的高潮，推动了毛泽东思想理论指导地位的确立。与此同时，高校在思想政治理论课中加强了中国革命史教育。1949年通过的《中国人民政治协商会议共同纲领》中明确指出，给青年知识分子以革命的政治教育，以适应革命和国家建设工作的需要。1950年印发的《高等学校暂行规定》把对学生进行革命的政治教育，确立为总纲第二条"高校任务"的首要条款。1950年，胡华写成了《中国新民主主义革命史（初稿）》。从1949年到1953年，教育部确定《新民主主义论》为大学生思想政治教育的必修课程。1953年6月，《中央人民政府高等教育部关于改"新民主主义论"为"中国革命史"及"中国革命史"的教学目的和重点的通知》印发，"新民主主义论"课程改为"中国革命史"课程，并且规定了教学时数以及讲授内容，从而极大地推动了大学生的中国革命历史教育。随后，国家出台了一系列政策文件，如1956年的《关于高等学校政治理论课程的规定（试行方案）》、1961年的《关于1961—1962年度上学期高等学校共同政治理论课程安排的几点意见》、1962年的《关于高等学校政治理论课的教学的安排意见》、1964年的《关于改进高等学校、中等学校政治理论课的意见》等，对包含"中国革命史"在内的大学生思想政治教育课程体系进行了调整，1956年至1957年继续保留"中国革命史"为必修课程，1958年至1959年则没有列入。1959年至1966年"中国革命史"仍然没能列为必修课程，而内容与之有类似之处的"中共党史"则列为必修课程。可以说，这一时期的中国革命历史教育，虽然受到"左"的错误思想影响，但基本上是正常的。而1966年至1976年，由于"文化大革命"使高等教育陷入了极度混乱之中，自然也谈不上如何对大学生进行系统的中国革命历史教育，整个革命历史教育进入了无序与停滞阶段。

---

① 刘少奇选集（下卷）[M].北京：人民出版社，1985：91.

（二）围绕人才培养这个中心任务开展教育

新中国成立后，大学生红色文化教育紧紧围绕人才培养这个中心任务而开展，期望通过教育培养青年大学生革命的人生观，将全体大学生的爱国热情引导到巩固新生政权、建设社会主义新中国的伟大实践中去。在第一次全国教育工作会议上，时任教育部副部长的钱俊瑞指出，新区学校安顿后的主要工作是进行政治与思想教育，其主要目的是逐步地建立革命的人生观。1950年颁布的《高等学校暂行规定》中规定，革命的政治教育是大学生思想政治教育的目标所在，即肃清封建的、买办的、法西斯主义的思想，树立正确的观点和方法，培养全心全意为人民服务的思想。这不仅是当时的红色文化教育的目标，也是思想政治教育的目标，在将有关新民主主义革命历史纳入大学生思想政治教育课程体系的同时，重视红色文化教育管理体制建设，将加强师资队伍建设作为重点工作来抓。新中国成立初期，党和政府就将培养合格的思想政治理论课教师作为大事来抓，1952年印发《关于培养高等、中等学校马克思列宁主义理论师资的指示》，客观分析了当时师资队伍的现状，认为由于缺少足够称职的政治理论师资，导致教学水平不高；为改变教育现状，提议在中国人民大学创设马克思主义研究班，要求各地区拟定师资培养计划，并举办马列主义研究班培养政治理论师资，建议在高年级学生中选拔优秀的党员、团员担任本校政治理论课程的助教和助理。教育部还在1950年、1951年、1955年多次举办教学讲习班，举行备课会和讨论会，以不断提高教师的思想业务水平，更好地胜任包括红色文化教育在内的繁重的思想政治教育任务。各高校还积极创新教育形式，除理论课教学外，还开展课堂讨论、专题报告、座谈、社会实践课，举办文艺体育活动、社会劳动、参观学习等，从而开阔了大学生的视野，增长了知识，提升了思想道德素质，激发了爱国热情，使青年大学生的精神面貌焕然一新。

在红色文化精神教育的感化引导下，青年大学生自觉地把个人命运和国家命运紧密联系在一起，毕业后在巩固新生政权、政治运动、经济建设等具体行动中，迸发出高度的政治热情和积极参与性。许多青年大学生在抗美援朝运动中积极贡献自己的一切力量，有的甚至为保家卫国、支援朝鲜而英勇献身；听从党的召唤，为改变祖国一穷二白的面貌，到劳动中去，到基层去，到西部去，到祖国最需要的地方去，开垦荒地，建设农村，学习铁人精神，建设工厂等。大学生的积极奉献极大地巩固了新生政权，加快了新中国的建设。当然，受整个社会大环境的影响，在强调培养"又红又专"的共产主义事业接班人的过程中，红色文化精神教育客观存在上存在着过分强调"红"而忽视"专"的现象。

（三）大学生红色文化精神教育依靠党政力量的有力推动

新中国成立以后，伴随着社会主义制度的建立和巩固，国家意识形态发生了全面而深刻的变革。新中国成立初期，大学生红色文化精神教育倡导和践行的总体价值目标是马克思主义的社会主义、集体主义原则，突出集体利益、长远利益。在大规模建设社会主义时期，各级党委和政府开展了形式多样的红色文化精神教育，注意树立先进典型，发挥榜样的示范带动作用。1950年9月25日，在北京召开了全国战斗英雄代表大会和全国工农兵劳动模范代表大会，毛泽东在会上发表了热情洋溢的致辞，高度赞扬了出席会议的代表以及他们所代表的劳模群体为共和国建立而作出的突出贡献。在会上，战斗英雄代表张英才、工业劳动模范代表赵占魁、农业劳动代表王德彪分别发言，表示决心遵照毛主席的指示，在今后的各条战线上继续发挥带头、骨干和桥梁作用，发挥榜样的先锋模范作用，为保卫和建设新中国贡献自己的全部力量。会议还通过了《告全国军队和劳动人民书》，号召包括大学生在内的广大民众，在全国范围内深入开展革命英雄主义运动，更多的英雄和模范事迹继续涌现，进一步加快了国防建设和经济建设步伐，使祖国日益繁荣强盛起来。这次英模大会的召开，在全国青年大学生中引起了强烈反响。此后，党和政府借助强大的舆论工具，依靠强有力的各级党组织和行政组织，充分发挥报纸、广播、电影等宣传媒介的作用，充分运用下发文件、会议贯彻、运动宣传、标语号召、组织学习等形式，在高校大力宣传这些与国家主流价值观相一致的先进典型。小说、电影里的战斗英雄和模范人物，如洪常青、杨子荣、李铁梅、小兵张嘎、刘胡兰、董存瑞、张思德等的英雄事迹走进青年大学生心中，使他们深受教育、深受鼓舞、深受启发。值得一提的是，1966年开始的长达十年的"文化大革命"，是中国社会主义遭受严重挫折的一段特殊时期，"阶级斗争"取代了生产建设而成为社会政治生活的主题，高校红色文化精神教育的主题是政治教育，"以阶级斗争为纲"的主流意识成为红色文化精神教育的主要内容。这一时期的教育由于极左路线的影响，政治教育与青年大学生的现实社会生活相脱离、与他们的精神生活相脱节。反复的说教、僵化的教育、过分理想化的引导，使大学生红色文化精神教育效果大打折扣。

（四）借助文学艺术发挥红色文化精神教育作用

文学艺术教育是大学生红色文化精神教育的重要组成部分，也是最打动人心的艺术形式，是无产阶级革命事业的重要组成部分。文学艺术隶属于上层建筑中的社会意识形态范畴，包括表演艺术（音乐、舞蹈、说书）、语言艺术（小说、诗歌、散文、戏曲文学、新闻报道）、造型艺术（雕塑、绘画、杂技）以及综合性艺术（电影、电视、戏剧、戏曲、曲艺、小品）等多种形式。

随着解放战争的胜利和国民党反动派政权在中国大陆的瓦解，中国新民主主义革命基本结束、社会主义革命和建设开始。1949年7月2日至19日在北平召开了中华全国文学艺术工作者第一次代表大会，揭开了新中国文学发展史的新篇章。新中国的文学艺术工作者贯彻"百花齐放，百家争鸣"的方针，创作出了一大批反映革命历史斗争的优秀红色文学作品，极大地繁荣和发展了文学艺术事业，为青年大学生提供了丰富的精神食粮。根据文学形式来分，大致可分为以下几类。

一是小说。如刘白羽的《火光在前》、孔厥、袁静的《新儿女英雄传》、碧野的《我们的力量是无敌的》、柳青的《铜墙铁壁》、峻青的《黎明的河边》、王愿坚的《党费》、杜鹏程的《保卫延安》、梁斌的《红旗谱》、欧阳山的《三家巷》、杨沫的《青春之歌》、罗广斌、杨益言的《红岩》、吴强的《红日》、曲波的《林海雪原》等。

二是回忆录、自传等"史传文学"。史传文学在新中国成立后也得到较广泛的发展，虽然整体艺术水平不高，但也有些收获，如吴运铎的《把一切献给党》、高玉宝的《高玉宝》、杨植霖等的《王若飞在狱中》、徐海东的《奠基礼》、杨尚奎的《艰难的岁月》等。

三是诗歌。大学生熟悉的著名诗歌有何其芳的《我们最伟大的节日》、李季的《杨高传》、乔林的《白兰花》、李冰的《刘胡兰》、闻捷的《复仇的火焰》、郭小川的《将军三部曲》、臧克家的《李大钊》、郭小川的《甘蔗林—青纱帐》、艾青的《国旗》等。1962年4月，朱德和陈毅还亲自参加北京诗人和出席人大会的诗人的座谈会，会上，朱德要求诗歌"说真话"，陈毅鼓励诗人"大胆创造，突破框框"，"充分发挥每个人的个性，充分发挥每个人的天才"①。

四是话剧、京剧。如《战斗里成长》《万水千山》《游击队长》等，传统京剧如《红灯记》《智取威虎山》《芦荡火种》等。

五是电影。如《中华儿女》《赵一曼》《钢铁战士》《白毛女》《鸡毛信》《渡江侦察记》《董存瑞》《平原游击队》《南岛风云》《党的女儿》《战火中的青春》《回民支队》《红色娘子军》《小兵张嘎》《兵临城下》等。

六是革命样板戏。从1967年5月起，一直到"文化大革命"结束，革命样板戏广泛流传，它以京剧《智取威虎山》《红灯记》《沙家浜》《奇袭白虎团》《海港》和色蕾舞剧《红色娘子军》《白毛女》，以及交响音乐《沙家浜》等为代表，作品强调坚持"三突出"创作原则，即在所有人物中突出正面人物、在正面人物中突出英雄人物、在英雄人物中突出主要英雄人物，力求塑造"高大全"式的无产阶级革命英雄形象。但这种违背艺术创作规律、脱离社会现实的、教条式的作品，极大地禁锢了人们的思想，其负面作用也不容小视。

七是其他。除前面所提及的艺术形式外，绘画《开国大典》《江山如此多娇》，人民英雄纪念碑上的大型浮雕，大型音乐舞蹈史诗《东方红》，《嘎达梅林交响诗》《长征组歌》等合唱组歌，都在艺术的民族化、大众化方面进行了积极有益的探索，是当时的杰出艺术作品。

这些红色文化作品，体现出鲜明的时代特色，受到广大青年大学生的喜爱，许多优秀红色文学作品，不少青年大学生甚至还能大段背诵。在创作方法上，虽然曾受到了种种"左"倾的干扰，但从整体倾向上看，充满社会主义和共产主义理想的革命现实主义和革命浪漫主义的方法日益被广大作家所接受，并占据了主导地位；在艺术风格上，出现民族化、大众化

---

① 郭志刚. 中国当代文学史初稿 [M]. 北京：人民文学出版社，1992：472.

的倾向，提供了多民族文学共同繁荣的现实可能性。新中国成立初期的红色文学艺术创作和教育活动的开展，虽然有种种错误干扰，尤其是1962年以后，"左"的错误思想曾经相当严重，甚至出现了"文化大革命"，但总体来看，尽管存在不少问题，但艺术成就是值得充分肯定的，其在大学生红色文化教育方面发挥了非常重要的作用。

二、改革开放以来的大学生红色文化精神教育特色

党的十一届三中全会以来，中国共产党坚持"一个中心、两个基本点"的改革开放总路线，在总结新中国成立以来社会主义思想道德和文化建设正反两方面经验教训的基础上，结合全面建设小康社会实现四个现代化的宏伟目标，提出了"一手抓物质文明建设，一手抓精神文明建设"，重视包括红色文化精神教育内容在内的精神文明建设，重视精神因素的导向、激励和凝聚作用。各级教育部门和高校在红色文化精神教育方面进行了积极探索、取得了一定的成效，使红色文化精神教育呈现出新面貌。

（一）红色文化精神教育政策更加完善

党的十一届三中全会召开以后，根据新的历史发展机遇，顺应改革开放新的时代潮流，党和政府对包括红色文化精神教育内容在内的思想道德建设，认识更加深入，政策更加切合实际。1979年9月29日，叶剑英在《在庆祝中华人民共和国成立三十周年大会上的讲话》中，第一次明确提出了"社会主义精神文明"这一科学概念。1982年7月，邓小平旗帜鲜明地提出了"两手抓，两手都要硬"的重大战略思想，对在抓好物质文明建设的同时，如何加强精神文明建设做出了一系列重要的论述，着重指出思想道德建设的着力点应当放在培养社会主义"四有"新人上，放在提升全民族思想道德素质上。1986年9月，党的十二届六中全会通过了《中共中央关于社会主义精神文明建设指导方针的决议》，对加强和改进红色文化精神教育进行了深刻阐述，要求各高校要切实改善一手硬、一手软的现状，加强全体青年大学生的思想道德建设，始终做到热爱祖国、热爱人民、热爱劳动、热爱科学、热爱社会主义。在课程设置上，从1978年到1985年，高校一直将"中共党史"作为大学生思想政治教育的必修课，而从1985年到

1988年则用"中国革命史"替代"中共党史"作为大学生思想政治教育的必修课,从1999年到2005年,则停开了"中国革命史",随后在2005年,《关于进一步加强和改进高等学校思想政治理论课的意见》出台,教育部推出了新的课程方案,开设了一门与红色文化息息相关的新课程——"中国近现史纲要"。

在新的历史阶段,党中央紧密结合新形势、新任务,加大思想政治教育的政策制定力度,出台了一系列政策。这些政策都对如何加强和改进大学生红色文化精神教育、如何深化革命传统教育,进行了整体部署。1994年党中央印发了《爱国主义教育实施纲要》《中共中央关于进一步加强和改进学校德育工作的若干意见》,1995年颁布了《中国普通高等学校德育大纲》,1996年党的十四届六中全会召开,制定并通过了《中共中央关于加强社会主义精神文明建设若干重要问题的决议》,明确提出:"在改革开放和现代化建设的整个过程中,思想道德建设的基本任务是:坚持爱国主义、集体主义、社会主义教育,加强社会公德、职业道德、家庭美德建设,引导人们树立建设有中国特色社会主义的共同理想和正确的世界观、人生观、价值观。"①该决议对高校思想道德建设的基本任务和根本目标进行了全面阐述,同时,也为新时代红色文化教育工作的开展指明了方向。1999年党中央印发了《关于加强和改进思想政治工作的若干意见》。2000年6月,中央思想政治工作会议胜利召开,江泽民出席并发表了重要讲话。2001年10月,党中央印发《公民道德建设实施纲要》,提出要切实加强社会主义道德建设、加强以德治国建设力度,把法制建设和道德建设、依法治国和以德治国紧密结合起来。这些要求对深化和拓展公民道德建设,加强和推进红色文化教育,努力实现"爱国守法,明礼诚信,团结友善,勤俭自强,敬业奉献"的道德建设目标,具有很强的指导意义。2004年10月,中共中央、国务院印发了《关于进一步加强和改进大学生思想政治教育的意见》(以下简称16号文件),强调要站在战略和全局的高度,针对大学生思想政治教育当中存在的突出问题,加强和改进包括红色文化教育内容在内的大学生思想政治教育,切实解决好"培养什么人"与"怎样培

---

① 教育部思想政治工作司组编. 加强和改进大学生思想政治教育重要文献选编(1978—2014)[M].
　北京:知识产权出版社,2015:168.

养人"这一重大课题。2005年1月，中央召开全国加强和改进大学生思想政治教育工作会议，胡锦涛出席会议并发表重要讲话。同时，教育部出台了一系列思想政治教育规范准则，印发修订了的《高等学校学生守则》，为大学生红色文化精神教育的顺利推进提供了制度保障。需要指出的是，为深入贯彻落实16号文件精神，2005年上半年，中宣部、教育部、共青团中央组建联合督查组，赴有关省市高校进行督导检查，2005年下半年，由中办督查室牵头，组建中办督查组赴有关省市就文件的贯彻落实进行专题调研。2006年，中央组建督查组，就未成年人思想道德建设、大学生思想政治教育落实中央文件情况进行专项督查，范围覆盖14个省（区、市）。反复督查的目的，就是要使16号文件精神真正得到扎实有效的落实。从实际效果来看，中央督查对16号文件精神的落实起到了极大的推动作用。

2006年，胡锦涛提出了社会主义荣辱观，主要内容是"八荣八耻"，要求民众辨别分清"什么是假恶丑、什么是真善美，应当反对什么、坚持什么，抵制什么、提倡什么"，从而为人们辨别是非、识别真善美与假恶丑提供了价值参照，社会主义荣辱观体现了革命优良传统、中华民族传统美德和社会主义道德的有机结合。2007年，党的十六届六中全会召开，会议讨论并通过了《中共中央关于构建社会主义和谐社会若干重大问题的决定》，提出了构建社会主义核心价值体系这一重要论述，并对其进行了阐述，即"马克思主义指导思想，中国特色社会主义共同理想，以爱国主义为核心的民族精神和以改革创新为核心的时代精神，社会主义荣辱观，构成社会主义核心价值观体系的基本内容"[①]。党的十七大报告指出："社会主义核心价值体系是社会主义意识形态的本质体现。要巩固马克思主义指导地位，坚持不懈地用马克思主义中国化最新成果武装全党、教育人民，用中国特色社会主义共同理想凝聚力量，用以爱国主义为核心的民族精神和以改革创新为核心的时代精神鼓舞斗志，用社会主义荣辱观引领风尚，巩固全党全国各族人民团结奋斗的共同思想基础。"[②]伴随着实践的推进，理论的认识也有了新突破。2012年，党的十八大对社会主义核心价值体系

---

① 中国共产党第十六届中央委员会第六次全体会议文件汇编 [M].北京: 人民出版社, 2006: 22.

② 高举中国特色社会主义伟大旗帜 为夺取全面建设小康社会新胜利而奋斗 [N]. 人民日报, 2007–10–16.

又有了新认识，明确要求："广泛开展理想信念教育，把广大人民团结凝聚在中国特色社会主义伟大旗帜之下。大力弘扬民族精神和时代精神，深入开展爱国主义、集体主义、社会主义教育，丰富人民精神世界，增强人民精神力量。倡导富强、民主、文明、和谐，倡导自由、平等、公正、法治，倡导爱国、敬业、诚信、友善，积极培育和践行社会主义核心价值观。牢牢掌握意识形态工作领导权和主导权，坚持正确导向，提高引导能力，壮大主流思想舆论。"①

此外，中央还出台了一些具体而且操作性强的政策。如近些年来，党和政府逐渐认识到，红色旅游在巩固和扩大党执政的思想基础、群众基础、文化基础方面具有重要作用，是包括青年大学生在内的全国各族人民，坚定中国特色社会主义共同理想信念的政治工程，是弘扬民族精神和时代精神、加强思想道德建设的文化工程，是促进革命老区经济社会发展的富民工程、民心工程，对于贯彻落实科学发展观、深化红色文化教育、建设社会主义和谐社会，都具有十分重要的意义，因而先后出台了《2004—2010年全国红色旅游发展规划》《2011—2015年全国红色旅游发展规划纲要》，从而极大地推动了红色旅游这种红色文化精神教育新形式的开展。同时，教育主管部门也越来越认识到红色文化资源在人才培养中的重要作用，出台了关于加强红色文化资源进高校的一系列政策措施，要求加强领导，完善工作机制，提高工作水平，增强工作实效。

（二）红色文学艺术助力红色文化精神教育

改革开放时期，有学者将其称为"后革命"时代，认为"革命的绝对正确被建设的需要所代替，国家的社会政治氛围渐渐被现实主义、平民主义、务实哲学与分析思维所塑造"②。在"后革命"时代这一新的历史环境下，红色文化获得了新的生机与活力，得到了新的发展与繁荣呈现出新的发展形态，并影响着多种文学艺术的创作、发展与繁荣，同时也极大地推进了新时期的大学生红色文化精神教育。

以革命历史题材小说创作为例，尤其是长篇小说创作，我们可以看

---

① 胡锦涛. 坚定不移沿着中国特色社会主义道路前进 为全面建成小康社会而奋斗[N]. 人民日报，2012–11–18.

② 任剑涛. 后革命时代的公共政治文化[M]. 广州：广东人民出版社，2008：2.

到，它们呈现出不同于以往的叙事类型。

一是史诗类。有些作家延续了《红岩》《保卫延安》《红日》等革命历史小说的创作传统，创作推出了一大批史诗类的小说。他们以革命历史的重大事件为背景，在描绘曲折坎坷的革命历程中，着重刻画了革命先辈的光辉形象；在风云变幻的历史环境中，以宏大的叙事场景，充分展现出理想主义与革命英雄主义精神。如赵万里的《西柏坡》、黄亚洲的《日出东方》、张惟的《血色黎明》等。

二是反思类。一些作家以反思的视角，重新观照与书写革命历史。他们有的从人性的视角解读革命事件的曲折与坎坷，有的甚至以怀疑的态度分析历史事件的复杂、迷茫与踌躇不前，呈现出与以往红色历史小说完全不同的风格。例如李洱的《花腔》，项小米的《英雄无语》，柳建伟的《爱在战火纷飞时》。这些红色小说，有的反思英雄人物，有的回首革命岁月，展现出与以往传统红色历史小说迥异的风格。

三是传奇类。有些作家以革命历史事件发生的时代为叙事的大背景，描叙主人公跌宕起伏的人生，带有浓郁的历史传奇色彩。近些年，我们比较熟悉的都梁的小说《亮剑》，书中刻画了主人公李云龙饱含传奇色彩的命运：他曾多次抗命、四次降级、多次复出；他英勇善战，屡建奇功，最后受迫害而自杀，身上始终洋溢着耿直刚正、宁折不弯的英雄气概。

除此之外，还有傅建文的《长征谣》、朱秀海的《音乐会》等，都以革命历史事件为大的社会背景，以主人公的人生传奇为主要叙事内容，以跌宕起伏的情节为叙事脉络，使小说具有很强的可读性和感染性。

四是"谍战"类。有些作家以地下党工作为题材，描述了扑朔迷离、惊心动魄的情报战故事，如高杰贤的《拂晓长春》、都梁的《狼烟北平》、徐贵祥的《八月桂花遍地开》等。这类小说将地下党人的艰苦斗争、残酷惊险、大智大勇描写得一波三折，耐人回味。

以上各种类型的长篇小说，与新中国成立初期革命历史长篇小说单纯注重史诗性叙事不同，呈现出多元化趋势，具有不同于以往的新特点，突出表现在以下几个方面。一是以革命历史为大背景，用笔注重人物心理性格的重复性和复杂性。小说克服了以往作品中刻画英雄形象的平面化、简单化，而重现了人物心理性格的重复性和丰富性，进而突出了人性的深刻与生动，注重揭示英雄人物的七情六欲。二是在继承叙事传统时积极拓展革命历史事件的个性化与多元化，如朱秀海创作的长篇小说《穿越死亡》《痴情》《波涛汹涌》《音乐会》等。在小说中，他往往选择在紧张激烈的战争冲突场景中，展现人物命运，在战争的不利处境中甚至是困境中，拷问与剖析人性，从而展示出作者对于人性与战争的独特思考。三是审视革命历史事件时注重彰显偶然性与复杂性。在红色历史小说里，革命中充满着阴谋虐杀，历史里充满着戏剧化的人生。如高杰贤的《拂晓长春》，生动地描写了地下党工作者在难以预料的斗争中，常常遇到各种风险和考验。革命充满着牺牲与危机，共产党人也不再是以往小说里的智勇双全、料事如神的形象，他们也是普通的人而不是神，他们也有失误，也有痛苦，也有挫折。从而使革命的复杂性与偶然性得以生动地再现。这些类型的小说符合当代大学生的审美情趣，受到了他们的欢迎。

同时，我们也清醒地看到了当下文学作品的不足，表现在以下几个方面。一是在社会主义市场经济大背景的影响下，革命历史题材的文学作品在情节上多了些通俗化的演绎，而少了些经典化的叙述。这或多或少抹杀了革命历史题材创作应有的严肃性，降低了作品的经典性与原创性，在一定程度上助长了以"俗"来取悦读者的风气。有些作者甚至迎合读者的媚俗心理，自觉不自觉地过多添加情报战、言情、打斗、传奇等通俗文艺元素，有些复制色彩明显，带有粗鄙化、浅薄化、庸俗化的意味，而缺少了革命历史题材作品应有的经典化叙述。二是受近些年文学作品影视改编热潮的影响，作者在小说创作上多了些影视剧的影子，而缺少了小说应有的韵味。在读图时代，影视作品与小说的互动已成为一种常态，不少小说因改编为影视剧而家喻户晓，小说因影视剧的畅销而扩大了销量。近些年，深受大学生喜爱的《激情燃烧的岁月》《幸福像花儿一样》《暗算》《亮剑》等电视剧，一年内反复重播多次，甚至多的时候全国有100余个频道在播放《幸福像花儿一样》。影视剧的热播，自然给作者带来了可观的经济效益和社会效益。由于影视剧经济效益与社会效益明显，这使得一些作家在构思创作小说时，便自然考虑到改编影视剧的需要，多了些影视剧的色彩，而少了些小说意味，例如人物对话明显增多，叙事场景化色彩浓厚，而人物心理描写则明显减少。这客观上是不利于小说的创作与繁荣的。三是在"后革命"时代的历史背景下，整个小说创作整体上重视日常化的表达，而缺乏精神层面的超越。重视将革命者作为"人"来书写；拒绝革命时期高度政治化的意识形态和阶级斗争视角，日常叙事化表述趋向明显。作品突出人物日常生活中的七情六欲，减少了人物崇高精神境界的描写；作品通俗性增强，而精英性减弱。这给青年大学生的红色文化精神教育带来了一定的负面影响。

与此同时，大学生红色文化精神教育的重要形式之一——红色影视剧的热播，已成为受人关注的一种文化现象。当前，热播的红色影视剧，概括起来主要有两种类型。

一是原来"红色经典"的改编或者翻拍。影视公司看到革命历史题材影视剧受到民众的追捧，为寻找发展空间和利润潜力，于是纷纷推出一批反映新民主主义革命斗争的影片或电视剧，如《小兵张嘎》《铁道游击队》《红日》《林海雪原》《敌后武工队》《红色娘子军》等一批经典电影作品、革命题材小说被改编或者翻拍，在荧屏上掀起了一股新的红色热潮。其中，2005年电影《小兵张嘎》被改编成电视剧在中央电视台黄金时段播出，取得了良好的收视率——在央视收视榜上，位居当年的收视亚军。

二是新时期创作的红色历史题材电影或者电视剧不断涌现。例如，2001年播出的电视剧《激情燃烧的岁月》，是在石钟山《父亲进城》《父母大人》《石光荣和他的儿女们》等小说的基础上，再次改编创作而成的。电视剧生动形象地再现了石光荣跌宕起伏的一生，在大学生群体中引起了一阵收视热潮，也带动了小说的热销；曾经创造了北京电视台的"收视奇迹"——重播7次、首播收视率12%、重播收视率4.7%。而根据都梁的同名小说改编而成的电视剧《亮剑》，在央视一套播出的第一周，"收视率就平均高达11.42%，最高13.7%，创造了2005年央视一套收视率的新纪录"[①]。这些影视剧的热播，与政府有关部门的提倡重视、红色革命历史题材影视剧自身的艺术魅力、包括大学生在内的广大观众的喜爱是密不可分的。

此外，近些年，各高校也举办了许多规模大小不一的红歌会。2006年江西电视台最早创办"中国红歌会"，随后这一艺术形式逐渐影响到各高

① 阳丽君，王东祁. 当前革命历史题材影视剧热播原因之探析 [J]. 解放军艺术学院学报，2008
（04）：78.

校。红歌会的爱国主义歌曲以歌咏比赛、歌手选秀为主要内容，积极创新了红色文化精神教育的形式。"红歌主要是指中国共产党领导中国人民，在新民主主义革命和社会主义建设时期沉淀而成的经典歌曲。"①它旋律优美，节奏整齐，歌词语言明快，整体风格积极向上。各高校主办的红歌会，注意从情感入手，以情感促认知；形式新颖，通过比赛晋级的形式来演唱经典红歌；参与门槛较低，适合大多数青年大学生的参与，节目知名度、受众忠诚度和社会美誉度较高并实现有机统一。它是新时代红色文化精神教育手段和方法的创新，必将在大学生们喜闻乐见的歌声中，实现激励一代又一代青年大学生为国家富强、民族振兴、人民幸福而奋斗。

（三）大学生红色旅游方兴未艾

红色旅游是指以中国共产党领导人民在国内革命战争和社会主义建设时期形成的革命纪念地、标志物为载体，以其所承载的光辉事迹和伟大精神为内涵，组织接待旅游者进行参观浏览，实现学习历史知识、缅怀先烈、接受爱国主义教育和革命传统教育、振奋精神、放松身心、增加阅历的一种新型的主题旅游活动。②改革开放以来，特别是《2004—2010年全国红色旅游发展规划》实施以来，这种以革命传统教育和爱国主义教育为主题的旅游热潮，在全国迅速兴起，受到青年大学生的欢迎。大学生红色旅游从其发展历程来看，大致可分为以下几个阶段。

1.大学生红色旅游肇始阶段

大学生红色旅游最初始于新中国成立之初，一直延续到20世纪80年代。当时不少人因为领袖崇拜、怀念先烈等因素，自发地到一些重要的革命纪念地参观学习，而这些标志性的地方，后来便因党和政府对爱国主义教育和革命传统教育的重视，而被列为地方或国家级的爱国主义教育基地。大学生到这些地方参观学习，大都是有组织地去，参观者的身份也不是一般的旅游者，也不愿意被称呼为"旅游者"，接待单位也不讲究投入产出，这类学习还算不上严格意义上的旅游。到20世纪80年代，随着国家各行各业的全面改革开放，大学生的生活水平、消费能力得到快速提升。拥有丰富红色文化教育资源的各地，凭借多年来开展革命传统教育的经

---

① 胡松，罗国华.红歌会：新形势下进行革命传统教育的好办法[J].思想政治教育研究，2010（04）：35.

② 王良举.红色旅游基本问题研究[J].生产力研究，2007（09）：43.

验，开始尝试采用市场化的方式进行旅游接待，完全免费式的接待开始打破。在这个阶段，最先开展大学生红色旅游的，并不是全国知名的革命圣地，而是知名度相对较低一些的革命纪念地、参观点，因它们所受的体制限制相对小一些，较容易进行一些改革，从而推进了大学生红色旅游由公务接待向旅游接待的转变。

2. 大学生红色旅游的初级发展阶段

20世纪90年代为我国红色旅游的初级发展阶段。在这个阶段，随着我国人民生活水平的提高、休闲时间的增多，旅游业稳健发展并成为国民经济新的增长点，全国各地发展旅游业的积极性、主动性大大增强。富含红色旅游资源的省市，逐步认识到在新的历史条件下，红色资源所蕴含的独特教育价值和旅游价值，开始自觉地将"红色"与"旅游"相结合，以旅游的形式开展爱国主义、革命传统教育来吸引游客，因而，诞生了一种新的旅游产品——红色旅游。这种旅游以承载革命历程、革命事迹和革命精神的纪念地和纪念物为主，一经推出，就因其内容厚重、形式新颖，社会效益与经济效益俱佳，并且在各方面的大力推动下，而迅速发展成为旅游的一个新亮点。同时，在一些重大纪念活动期间，如纪念中华苏维埃共和国成立60周年、纪念长征胜利60周年、纪念抗战胜利50周年、国庆50周年、纪念建党70周年等，各地加大了宣传推介力度，形成了红色文化的宣传热潮，为青年大学生开展红色之旅注入了强大的推动力。大学生红色旅游步入了初级发展阶段。党和政府加大对革命老区的投资力度，一大批革命遗址、旧居文物得到维修和保护，旅游目的地的基础设施、交通条件和接待能力得到较大改善。著名的革命圣地井冈山、延安、西柏坡、遵义、瑞金、古田等地方政府，也看到了红色旅游的发展潜力，坚定和增强了加快发展红色旅游的信心和决心，纷纷将红色旅游作为地方经济发展的重要增长点，并努力将其打造成富有地方特色的红色旅游品牌。这些地方也成为大学生红色旅游的主要目的地。

3. 大学生红色旅游的加快发展阶段

进入21世纪，随着党和政府对爱国主义教育、革命传统教育、国情教育的进一步重视，加上休闲旅游、假日旅游的蓬勃兴起，作为一种精神和物质相结合的独特的旅游样式——红色旅游，进一步受到当代大学生的欢迎，进入了加快发展的新阶段。富含红色旅游资源的井冈山、延安、瑞金、西柏坡等地，把发展红色旅游作为推动当地经济振兴发展的重要手段，按照旅游经济规律办事，实现了公务接待向旅游接待的彻底转变，红色旅游走上了又好又快的科学发展之路，使当地经济得到极大发展。以井冈山市为例，据统计，近些年，红色旅游收入有了较大的增长，井冈山市2010全年共计接待游客453.61万人次，比2009年增长10.1%，完成年度计划任务的100.8%；实现旅游总收入33.23亿元，增长12.1%，完成年度计划的102%；其中旅游门票收入超过亿元。2011全年共接待外来游客671.08万人次，实现旅游总收入49.36亿元，同比分别增长47.94%和48.52%，分别完成年度计划的135.6%和133.8%；实现门票收入2.01亿元，同比增长97.1%。[①]井冈山市到了2012年，旅游经济继续平稳增长，全年共计接待游客847.73万人次，完成年度计划任务的120.3%，同比增长26.32%。其中青年大学生游客占据了重要份额。[②]

红色旅游事业的快速发展，得益于党和政府政策的有利引导。2004年2月，李长春作出"要积极发展红色旅游"的指示。2004年3月和5月，中宣部、国家发改委、原国家旅游局等中央有关部委组成调研组，先后两次到江西、湖南等地调研红色旅游发展情况，拟订红色旅游发展规划。2004年8月，国家正式启动"红色旅游工程"，计划用5年左右的时间，在全国重点建设好"红色旅游"骨干体系，其主要内容为建设"十大红色旅游基地"，20个"红色旅游名城"，100个"红色旅游经典景区"，并将2005年确定为"红色旅游发展年"。2004年底，《2004—2010年全国红色旅游发展规划纲要》正式实施，该纲要立足实际，以科学发展观为指导，协调各方，统筹规划，就发展红色旅游的总体思路、布局以及主要措施进行了明确规定。原国家旅游局在制定2005年工作计划时，将搞好红色旅游作为各项工作任务之首，并细化政策加以支持。各地方政府，特别是红色资源富集地区联合有关高校，纷纷召开研讨会，制定发展规划，出台激励政策，推动红色旅游健康有序发展。2004年6月，由江西发起，上海、北京、福建、河北、广东、陕西六省市共同参与，签订了《七省市发展红色旅游郑

---

① 樊志明. 井冈山上杜鹃红 [N]. 金融时报，2011-05-24

② 胡涛. 井冈山市力争实现和谐全面发展 [N]. 中国产经新闻报，2013-04-25.

州宣言》，在各地引起强烈反响。随后，各高校将红色旅游作为青年大学生接受革命传统教育和爱国主义教育的重要举措，了解中国国情的重要载体，积极主动推进此项工作，使大学生红色旅游得到迅速发展。

为总结红色旅游所取得的成绩和经验、研究部署下一步工作，2011年6月15日，全国红色旅游工作会议在京召开，刘云山出席会议并发表了重要讲话，指出："发展红色旅游是党中央从继承优良革命传统、发展社会主义先进文化、巩固党的执政基础的战略高度，做出的一项重大决策、提出的一项重大任务。"[①]在肯定成绩的同时，他还深刻阐述了发展红色旅游的重大意义，他强调："发展红色旅游，用党的光辉历程和宝贵经验启示人，用党的辉煌成就和奋斗精神鼓舞人，有利于增进人们对社会主义核心价值体系的认知认同、坚定走中国特色社会主义道路的信心决心。发展红色旅游是实现旅游和文化有机融合的新创造，为优化经济结构、转变发展方式提供了新途径，为培育发展优势、促进经济社会又好又快发展提供了新支撑。发展红色旅游有助于人们在体验中感悟崇高、升华境界，在参与中怡情养志、益德益智，不断提升公民文明素养和社会文明程度。"[②]同时，刘云山对下一步如何抓好红色旅游工作，提出了明确要求，他指出："发展红色旅游必须把突出思想内涵作为基本要求，牢牢把握爱国主义和革命传统教育的主题，充分展示浴血奋斗的中国革命史、艰苦卓绝的社会主义创业史、波澜壮阔的改革开放史，使红色旅游景区景点成为党员干部了解党的历史、加强党性锻炼的重要场所，成为广大群众培养爱国情感、培育民族精神的重要阵地，成为青少年学习革命传统、陶冶道德情操的重要课堂。要以庆祝中国共产党成立90周年为契机，广泛开展重访革命圣地、重温革命传统的教育活动，精心安排群众喜闻乐见的实践体验项目，让人们更加深刻地认识到历史和人民是怎样选择了马克思主义、选择了中国共产党、选择了社会主义道路、选择了改革开放。"[③]刘云山的讲话，

---

① 班若川. 充分利用革命历史文化资源发展红色旅游　注重发挥红色旅游教育人民引导社会功能 [N]. 中国旅游报, 2011-11-08.

② 班若川. 充分利用革命历史文化资源发展红色旅游　注重发挥红色旅游教育人民引导社会功能 [N]. 中国旅游报, 2011-11-08.

③ 班若川. 充分利用革命历史文化资源发展红色旅游　注重发挥红色旅游教育人民引导社会功能 [N]. 中国旅游报, 2011-11-08.

对做好大学生红色旅游工作具有很强的指导性。会上，时任国家发展改革委员会副主任的朱之鑫介绍了相关情况，指出："中央领导同志高度重视红色旅游二期规划的编制工作，在许多方面都给予了具体指导。二期规划经中央政治局常委会审议通过并由中央办公厅、国务院办公厅印发，对"'十二五'时期红色旅游发展的指导思想、基本原则和目标任务都提出了明确要求，是今后年全国红色旅游发展工作的纲领性文件。各地各相关部门要加强领导、落实责任，努力实现红色旅游更好更快发展"[①]。2011年全国红色旅游工作会议的召开，为抓好此后五年乃至更长时间的红色旅游，指明了方向，也进一步推动了大学生红色旅游工作的深入开展。许多高校在保证安全的前提下，利用国家法定节假日和寒暑假，积极组织开展了大学生红色旅游活动，受到了当代大学生的欢迎。

（四）大学生红色文化网络教育阵地得到拓展

1994年4月，中国科学技术网（CNNEI）第一次实现了与国际互联网的全面连接，这标志着中国正式成为世界网络大家庭中的新成员，之后，互联网在我国迅速地得到普及和发展，它广泛地影响并渗透到社会政治、经济、文化生活的方方面面，给人们的思想观念、生产方式、思维方式、交往方式、生活方式和信息传播方式都带来了极大的改变。伴随着信息网络技术的发展，网络红色文化精神教育经历了从无到有、从弱到强、从不重视到重视的过程。根据大学生红色文化精神教育在网络中的融入程度，同时考虑其教育实效性，笔者将大学生网络红色文化精神教育的发展历程大致划分为"网外旁观期""初入网络期""融入网络期"等三个阶段。

1.大学生红色文化精神教育的"网外旁观期"

从1994年到1999年，高校的红色文化精神教育还没有能够进入网络，只是作为一个"旁观者"。这一时期，我国加快了网络信息"高速公路"建设，网络硬件基础设施建设成效明显，但是软件方面的建设跟不上，虚拟空间的教育环境和网络内容建设较薄弱。这一时期，随着高校校园网的开通和社会网吧的兴起，青年大学生很快便接受了这一新生事物，并且乐此不疲，成为活跃在虚拟社会的一支主力军。由于当时的红色文化精神教

---

① 班若川.充分利用革命历史文化资源发展红色旅游　注重发挥红色旅游教育人民引导社会功能
　[N].中国旅游报,2011-11-08.

育者自身不太熟悉网络这一新生事物，只是把网络简单地认为这是一种新工具，停留在"工具论"阶段，自然谈不上如何在网上与大学生交流，更多的是扮演着旁观者的角色。因而，在这一时期，严格意义上的红色文化精神教育活动少之又少。同时，由于广大民众网络基本知识的缺乏，导致了不少人只看到网络的负面作用，而对其正面的积极作用认识不够，对如何教育和引导上网者往往无计可施，甚至有些高校采取了禁止学生上网、让学生远离网络的极端做法。当时，我国提供给网络的原创信息很少，80%以上的网上信息和95%以上的服务信息由美国提供，在整个互联网的信息输入和输出流量中，美国所占比例均超过85%，而中国仅占0.1%到和0.05%。网络传播信息的不对称，使网上充斥着不良信息，一方面给大学生红色文化精神教育及至整个思想政治教育的开展带来了极大的困难，另一方面也使大学生不知所措，感到无所适从。大学生红色文化精神教育者在网外的努力，因大多未能实实在在地进入网络，走进受教育者的内心世界，使得教育的有效性大打折扣。

2. 大学生红色文化教育的"初进网络期"

从2000年到2006年，高校红色文化精神教育步入"初进网络时期"。1999年中共中央下发了《中共中央关于加强和改进思想政治教育工作的若干意见》，该意见对网络红色文化教育内容已经有所涉及。2000年前后，中国教育和科研计算机网（CERNET）的主干网建设如期完成，高校校园网建设步伐迅速加快，校园网逐步普及，大学生网民数量猛增，网络虚拟空间成为在校大学生重要的生存空间。2000年，国家教育部门为加强网络思想政治教育工作，及时下发了《教育部关于加强高等学校思想政治教育进网络工作的若干意见》。这一时期教育主管部门和各高校如何占领网络思想政治教育领地、如何建设好"红色网站"，如何推进包括红色文化精神教育在内的思想政治教育进网络成为一个热点话题。高校广大红色文化精神教育工作者加强学习，提高了自己的网络运用能力和运用意识，重视发挥网络的育人功能，主动注册电子邮箱，深入到"校园论坛"与青年大学生交流，利用网络空间与大学生互动。高校鼓励辅导员、机关干部等广大政工干部开通博客，使得广大红色文化工作者拥有了一定的网上话语权。随着网络的普及，网络已逐渐渗透到社会生活的各个领域，各类社会网站建设初具规模，大都只活跃在高校校园网上的高校红色文化教育工作者已很难主导网络话语权。各大"红色网站"的点击率普遍较低，渐渐被青年大学生抛弃，他们因某一个共同点而在社会各类网站独自"建群"，聊得不亦乐乎，在虚拟空间中使个性得以充分展现。网络的去中心化、躲避崇高、碎片化表达，使得广大红色文化教育工作者显得力不从心。各高校如何发挥网络教育的正面引导作用，提升大学生红色文化网络教育的实效性面临着严峻考验。

3. 大学生红色文化精神教育的"融入网络期"

2007年1月，胡锦涛深刻阐述了加强网络文化建设和管理的重大意义，提出加强网络文化建设和管理，充分发挥互联网在我国社会主义文化建设中的重要作用，有利于提高全民族的思想道德素质和科学文化素质，有利于扩大宣传思想工作的阵地，有利于扩大社会主义精神文明的辐射力和感染力，有利于增强我国的软实力。[①]为此，我们必须以积极的态度、创新的精神，大力发展和传播健康向上的网络文化，切实把互联网建设好、利用好、管理好[②]，并对互联网建设提出五个要求："第一，坚持社会主义先进文化的发展方向，唱响网上思想文化的主旋律。……第二，提供更多更好的网络文化产品和服务，丰富人民群众文化生活。……第三，提高网上引导水平，形成积极向上的主流舆论。……第四，营造文明健康的网络环境，营造共建共享的精神家园。……第五，坚持依法管理、科学管理、有效管理、维护家园文化信息安全。"[③]从此，红色文化精神教育抢占网络文化高地的序幕正式拉开，高校红色文化精神教育进入了"融入网络时期"。广大红色文化教育工作者改变以往只在"网上冲浪"的简单作法，加强网络知识学习，提高运用网络开展红色文化教育的本领，加强了红色文化网站的建设力度，加快了内容的更新，创新了教育方式，开发了红色文化游戏，加强了辅导员、班主任、机关干部等政工干部的博客建

---

① 胡锦涛在中共中央政治局第三十八次集体学习时强调: 以创新的精神加强网络文化建设和管理满足人民群众日益增长的精神文化需要 [N]. 人民日报, 2007-01-25.

② 胡锦涛在中共中央政治局第三十八次集体学习时强调: 以创新的精神加强网络文化建设和管理满足人民群众日益增长的精神文化需要 [N]. 人民日报, 2007-01-25.

③ 胡锦涛. 胡锦涛文选（第三卷）[M].北京: 人民出版社, 2016: 560–562.

设，掌控和引领大学生红色文化精神教育话语权的能力得到提升，并在前些年开展研究的基础上，对如何进一步深入开展好大学生网络红色文化精神教育，进行了新的理论探讨。如张再兴等所著的《网络思想政治教育研究》一书，较明确地提出了网络文化观和网络社会观，进一步明确了网络环境的内涵，对如何在网络环境下开展红色文化精神教育，提出了较独特的看法。

三、大学生红色文化精神教育的经验

新中国成立以来，我国高度重视大学生红色文化精神教育，并在全国范围内进行了积极而卓有成效的实践，取得了显著的社会效益，为青年大学生的健康成长成才作出了积极贡献。经过七十多年的努力，大学生红色文化教育已成为大学生思想政治教育的重要内容和方式之一，从整体来看，虽然存在一些失误，但是成绩是主要的，也积累了许多成功的经验。在大学生红色文化教育实效性急待提升的今天，总结过去大学生红色文化教育的历史经验，对在新形势下，如何进一步加强和改进大学生红色文化精神教育，具有重要的借鉴和参考作用。

（一）注重结合形势创新大学生红色文化精神教育

新中国成立以后，建设繁荣富强的社会主义国家，是全体中华儿女的共同心愿，更是全体青年大学生的共同期盼。党和国家结合青年大学生热情高涨、积极投身建设新中国的新形势，广泛开展了以革命英雄主义、爱国主义、革命传统教育为主要内容的红色文化教育，讴歌了一大批革命时期的模范英雄人物，向广大青年大学生宣传这些人物所代表的正确思想、优秀精神和高尚品格，并为广大青年大学生改造客观世界和主观世界提供强大的精神动力。正如毛泽东所说："人们的社会存在，决定人们的思想。而代表先进阶级的正确思想，一旦被群众掌握，就会变成改造社会、改造世界的物质力量。"[①]新中国成立初期所选树的一些学习榜样，大都是开创和保卫新中国的英雄模范人物，其所言所行，向青年大学生传递着正

---

① 毛泽东著作选读（下册）[M].北京：人民出版社，1986：839.

能量，鼓舞和激励着他们去广泛效仿和学习，激发了他们对新生活的向往和热爱，增强了他们投身社会主义建设的使命感和责任感。新中国成立初期是一段激情燃烧的岁月，有效开展的红色文化精神教育，点燃了青年大学生建设美好家园的激情：他们在物资贫乏的年代不觉得苦、不觉得累，反而觉得精神世界特别充实，浑身上下有使不完的劲。青年大学生听党的话，积极响应党和政府的号召，上山下乡，到基层去、到艰苦的地方去、到祖国最需要的地方去，学习与劳动实践相结合，与广大人民群众打成一片，促使他们意志坚定，不顾自身利益，投入到社会主义建设的洪流中。在当时特定的社会环境中，由于大学生内心深处对新生活的憧憬和对共产主义的信仰，整个大学生群体勇于改造自我，整个群体充满着革命乐观主义色彩：甚至带有一定的理想主义色彩：他们讲奉献而不讲报酬、讲整体而不讲个体、讲整齐划一而不讲个性独立。红色文化精神教育适应并强化了这种社会心理，因而取得了极大的成功，获得了良好的社会效果。

在注重结合大的社会形势开展教育的同时，大学生红色文化教育还注意结合大学生中不同群体的思想生活实际，创新方式方法，开展有针对性的教育。大学生红色文化教育能紧密结合当时中国社会的发展要求，结合青年大学生建设社会主义的思想、学习和生活实际，较科学地设定了教育目标、内容和方法，使红色文化教育与社会实际相适应，遵循并符合教育规律，突出表现在以下几个方面。一是注意加强教育的针对性。特别是针对青年大学生思想活跃、易受外界影响、世界观、人生观、价值观还未定型的特点，注重开展正面教育，注意选树榜样，重视思想政治理论学习，能根据受教育者的身心特点，开展有针对性的教育，激发了青年大学生热爱学习、热爱劳动的热情，鼓舞了他们热爱祖国、建设祖国的斗志。二是注意加强教育的艺术性。在长期的大学生红色文化教育实践中，广大教育工作者摸索总结出了调查研究、理论宣传、文艺宣传、社会宣传等多种教育形式，摸索总结出了宣传报道、英模报告会、先进事迹展、举办学习班、演讲、召开座谈会、文艺演出、拍摄影视剧、创作和阅读文学作品等多种教育方法，对青年大学生进行宣传思想教育；同时，积极引导和鼓励青年大学生谈心得体会、写读书笔记、写读后感与观后感等，使青年大学生自觉接受红色文化教育，不断加强个人修养，勤奋好学，积极向上。三是注意加强教育的实效性。大学生红色文化精神教育加强了教育的针对性和艺术性，最主要的目的是为了加强教育的实效性。高校在课堂开展大学生红色文化教育的同时，还特别重视在火热的生产和生活实践中开展红色文化精神教育，从而大大加强了教育的实效性；此外，还注意做好大学生红色文化教育的年度工作计划与总结，不断改进和完善红色文化精神教育的检查督促，加强了教育实效性的考评。

（二）重视先进人物的示范效应

中华民族历来有"见贤思齐焉，见不贤而内自省也"的优良传统。新中国成立以来，高校开展先进人物的榜样教育，就是这种传统教育思想的继承和发扬。在深入开展红色文化精神教育的过程中，高校高度重视发挥先进人物的榜样示范作用，将抓典型、树榜样，作为大学生红色文化精神教育的重要方法，不断推出学习的新榜样，同时注意选树榜样的可学性、可亲性、可敬性，使广大青年大学生学有榜样，追有目标，同时学有可能。

新中国成立初期，各类革命榜样的产生，一般都是由党委和政府选择、树立和推出，再由各级各类宣传教育部门进行广泛宣传，从而组织、发动和号召青年大学生深入进行学习。那时，榜样教育开展得红红火火，高校重视发挥榜样教育在整个学校红色文化精神教育工作中的重要作用，突出了榜样教育的重要地位，加强了对榜样教育工作的领导，强化了榜样教育的物质条件保障，把榜样教育作为大学生红色文化精神教育工作的重要抓手，积极动员人民群众投身榜样的学习、宣传和教育活动，选树了一批如张思德、白求恩等革命时代的先进典型，使榜样教育开展得生动活泼、富有成效。

改革开放以后，随着社会的发展进步，人民民主意识的增强，榜样教育的活动方式也发生了一些新变化。为纪念新中国成立60周年开展的"100位为新中国成立作出突出贡献的英雄模范人物评选"活动中，设置了群众参与评选的环节，青年大学生积极参与，从而实现了革命榜样人物产生方式的重大变革。近年来的评选活动充分说明，这种通过群众积极参与、民主评选出来的各类革命学习榜样，对青年大学生都具有较强的影响力、感染力和教育作用。在各省、市、自治区推荐出候选人后，大学生可通过发短信、发电子邮件、打电话、寄信件、网络投票等方式，表达对哪位候选人的支持。这种走群众路线、让公众广泛参与评选的过程，本身就是一种学习的过程。大众所推选出来的先进革命人物，也更能引起青年大学生的心灵共鸣和心理认同，使之更具可学性、更富公信力和更有吸引力。

（三）充分发挥媒体教育作用

红色文化能否传承，红色精神能否得到发扬光大，并不断地激励一代又一代青年大学生健康成长，内化成为社会态度和行为习惯，这在很大程度上取决于红色文化能否得到积极和正面的强化。强化红色文化的方式主要依靠各种媒体对其进行宣传和推介。新中国成立初期，高校就高度重视红色文化的宣传和教育工作，充分调动和利用校报、校广播站、电影、文学作品等宣传媒介，持续而且多层次、立体化地宣传革命英雄人物，讴歌、传播他们的伟大精神，鼓励一代又一代大学生奉献自己的青春、汗水和热血，投身于火热的社会主义建设的伟大实践当中。期间创作的一大批红色经典文艺作品，具有很高的思想性、艺术性和现实教育性，陪伴许许多多大学生度过了自己激情燃烧的岁月，影响和教育了一代又一代的大学生。改革开放以来，特别是进入网络时代之后，高校在重视发挥校报、校广播电台、电影、文学艺术作品等媒介作用的同时，注意发挥电视和网络等媒体的作用，尤其重视网络媒体作用的发挥。近些年来，各高校纷纷开展了形式多样、内涵丰富的红色文化进校园活动，不少高校创办了红色网站，并不断提升红色网站的文化内涵、教育内涵，增强红色网站的思想性、教育性和艺术性，吸引了不少大学生网民。

当前，我们要在总结过去利用各种传媒手段，开展大学生红色文化精神教育的宝贵经验的基础上，进一步发挥校报、广播电台、宣传栏、影视作品、网络、文艺作品等各种媒介的积极作用，加强英雄模范、先进人物事迹的宣传，营造良好的社会舆论氛围，使广大青年大学生在潜移默化中受到影响，从而促进其健康成长，以发挥红色文化教育人、鼓舞人、引导人的独特作用。

第四章

大学生红色文化精神教育的现状及问题分析

延安是中国革命的圣地，老一辈革命家和老一代共产党人在延安时期培育形成的延安精神是我们党的宝贵精神财富。希望同志们在新的历史条件下，坚持正确政治方向，服务党和国家工作大局，深入研究、大力宣传、认真践行延安精神，努力为全面建成小康社会、乘势而上开启全面建设社会主义现代化国家新征程提供强大精神动力。

——节选自习近平2020年9月4日致中国延安精神研究会第六次会员大会的贺信。

为较全面地掌握大学生红色文化精神教育的现状，更好地发挥红色文化精神在大学生思想政治教育中的积极作用，笔者研读了大量的文献资料，采用文献研究法和比较分析法，对大学生红色文化精神教育现状、存在问题及原因进行比较和分析，在此基础上，笔者选择了全国不同地区的7所本科院校作为样本，对在校学生进行了一次较大规模的调查，与文献研究合并，掌握了目前高校开展红色文化精神教育的大量第一手资料，力求科学、客观地反映大学生红色文化精神教育的现实情况，为进一步探讨大学生红色文化精神教育的目标、内容、方法和路径提供现实依据。

笔者通过网络对7所不同类型的高校发放调查问卷 600 份，回收有效问卷 589 份，有效回收率 98.2%。在有效回收的问卷中男生占 38.48%，女生占 61.52%，其中大一大二的学生占 34.15%，大三学生占 22.18%，大四学生占 23.15%，研究生及以上占 20.52%。在学科类别中，文史类占55.63%，理工类占 30.13%，艺术类占 8.28%，体育类占5.96%。在开展问卷调查的同时，为保证调查结果的全面性和完整性，笔者还对以上高校随机选择一部分同学和老师进行网络访谈和交流，从而更深入地了解了大学生对红色文化精神教育的看法。通过分析发现，各大高校对红色文化精神教育还是非常重视的，可以说红色文化精神教育还是取得了一定的成效，但也存在着一些问题。

一、大学生红色文化精神教育取得的成效

（一）高度重视红色文化精神教育

深入开展红色文化精神教育，是高校推动中国特色社会主义文化繁荣兴盛，牢牢掌握意识形态工作领导权的必然要求。2013年，教育部与中共中央党史研究室联合成立高等学校中国共产党革命精神与文化资源研究中心，在复旦大学、嘉兴学院、湘潭大学等8所高校设立首批研究基地。该研究中心的成立旨在加强高校党史和革命精神研究以及红色文化资源开发利用的交流与合作，也体现了各高校重视革命传统教育宣传，促进革命文化传承创新的良好氛围。笔者的调查结果显示，24.1%的大学生十分了解红色文化；67.4%的大学生基本了解红色文化；仅有8.5%的大学生不了解。针

对高校是否重视学生的红色文化教育的调查，75.6%的大学生肯定高校红色文化教育工作，认为学校开展红色文化育人的氛围较为浓厚；仅有11.1%的大学生认为高校不重视红色文化精神教育工作；还有13.2%的大学生持模棱两可的态度——不太了解。调查结果表明，红色文化作为一种内涵丰富、题材广泛、形式多样的优质育人资源，被各高校深入挖掘其价值内涵并转化为立德树人的教育资源，将红色文化精神融入高校学科专业建设、课程教材建设、实践育人等方面，高校红色文化精神教育的氛围比较浓厚。各高校高度重视红色基因传承教育，积极推动红色文化理论成果进课堂、进教材、进头脑，取得了一些实实在在的成效，也形成了一些具有自身特色的教育经验和做法。"我国红色文化资源分布较广，许多高校也利用自身的区域优势，结合本地红色文化，与国家课程相对应，将资源优势转化为教育优势。"①笔者所调查的盐城工学院、盐城师范学院两所高校地处盐阜革命老区，具有丰富的红色文化资源。盐城工学院在校园内树立"铁军精神"宣传牌、命名"铁军路"、建设"铁军文化"广场和新四军领导人群雕等，凸显新四军的"铁军精神"，加强学生的爱国主义教育。盐城师范学院依托"铁军精神"办学育人，开设"铁军精神"大讲堂，邀请新四军老战士宣讲革命故事，传播革命精神。

笔者通过对重庆高校的大学生红色文化精神教育的相关资料研究发现，重庆高校普遍将红色文化精神教育纳入大学生的培养计划之中，这充分说明重庆高校对红色文化的教育较为重视，使红色文化走进大学生的课堂和学生的生活实践中，让红色文化精神时刻影响着大学生学习、生活的各个方面，使红色文化所蕴含的丰富精神内涵时刻鞭策着大学生的一言一行。

一方面，重庆各高校将红色文化运用到大学生的教学之中。一直以来，各高校都将红色文化融入思想政治理论课中，尤其是"中国近代史纲要"这门课程的开设，将重庆本土红色文化与这门课程相结合，理论联系实际，使历史和现实形成鲜明的对比，增进大学生的了解，从而提升大学生的历史责任感和民族自豪感。例如，重庆师范大学成立红色社团，把红

---

① 常婷. 高校红色文化教育的现状及提升路径研究[D]. 中北大学, 2017: 20.

色文化渗透到大学校园文化建设中，以传承和弘扬红岩精神；为了适应新时期大学生成长的需要，重庆邮电大学自 2000 年开始以红岩精神为内核，开办集政治性、思想性、教育性、服务性、娱乐性为一体的综合性素质教育平台——"红岩网校"。

另一方面，重庆各高校都注重与当地红色文化教育基地的沟通合作。各高校都能够积极利用重庆的红色文化教育资源组织大学生开展相关的社会实践活动。例如，重庆师范大学每年都组织学生参观红岩博物馆，清明节在歌乐山烈士陵园、红岩魂广场进行扫墓活动，等等。部分高校的老师也表示，在每年的重大纪念日期间会开展以红色文化（红岩精神）为主题的校园活动，以增强大学生对红色文化的认知，使红色文化能够走进大学生的头脑，从而潜移默化地影响着大学生身心健康的发展。重庆师范大学马克思主义学院每年都会组织学生参观红岩博物馆、白公馆以及渣滓洞等红色文化教育基地，纪念和瞻仰为赢得革命胜利而英勇牺牲的革命烈士，通过参观式、体验式和情景式教学，使大学生深入了解和学习红色文化。

针对高校思想政治理论课教师是否具有扎实的红色文化理论水平的调查，74%的大学生认为思政课老师的红色文化理论水平扎实；11.8%的大学生认为理论水平比较低；还有13.2%的学生不了解。调查结果间接说明了高校对红色文化精神教育师资队伍的建设较为重视，培养了一批政治立场坚定、理论水平扎实的教师队伍，有效加强了高校红色文化精神教育工作。高校教师是学生成长成才的引路人，思想政治理论课教师、专业课教师以及其他教育工作者都是高校红色文化精神教育和传播的重要力量，起着关键的主导作用。"为组建红色文化资源育人的创新团队，各高校按照'开放、流动、竞争、合作'的理念，通过专兼职相结合、校内外相结合、长短期相结合，采取科学研究、联合培养、柔性引进等方式，汇聚和培养一批政治素质高、业务能力强、治学严谨、团结合作的学术队伍。"[①]一些高校利用党日活动组织教师到革命老区、革命纪念馆进行实地参观和考察，在学术交流活动中邀请红色文化教育资深专家对教师进行培训，通过这些举措来加强教师红色文化理论知识的积累，提升教师红色文化精神教育的

---

① 王炳林, 张泰城. 高校红色文化资源育人发展报告2016 [M]. 北京: 人民出版社, 2017: 190.

教学能力，更好地引导学生加深对红色文化精神的理解。

（二）教育形式日趋多样化

在调查中，笔者发现多样化的红色文化精神教育形式已经融入大学生思想政治教育中。首先，在学校，红色文化精神教育形式直接依赖于思想政治理论课的学习，有 57.68% 的大学生表示课堂中会涉及红色文化，有 28.14% 的大学生表示，思想政治理论课的老师或辅导员会在课外社会实践活动中介绍和宣传红色文化。其次，宣传的方式多样化。第一，通过校园文化开展宣传。例如，重庆邮电大学为加强该校的红色文化教育，提高学生的整体思想道德素质而专门成立了网上思想政治工作阵地——"红岩网校"，以红岩雕像为背景的网站主页，标注着"团结、奋斗、爱国、奉献"的红岩精神内涵。"红岩网校"的成立以围绕学校工作、贴近学生需求、尊重学生创意和发挥学生的专长为主线，将红岩精神和大学生思想政治教育紧密地结合在一起。第二，推出红色文化进校园活动。例如，高校通过开展红色文化主题观影活动来宣传红色文化。第三，组织学生参观红色文化教育实践基地。重庆师范大学马克思主义学院定期组织学生参观红岩村、红岩博物馆、渣滓洞、白公馆等红色教育基地，使大学生受到红色文化的洗礼，提高思想政治教育的实效性。

在问及"你主要是通过哪些途径了解红色文化的？（可多选）"，结果显示，有 63.78% 的大学生通过课堂教学了解红色文化，有 78.62% 的大学生通过网络媒体了解红色文化，有 58.43% 的大学生通过杂志了解红色文化，有 57.58% 的大学生通过影视作品了解红色文化。由此可见，大学生除了通过课堂教学了解红色文化之外，还能够借助其他形式进行红色文化的学习。从多个方面宣传红色文化，从而拓展了大学生红色文化精神教育的途径。

从以上可以看出，各高校能够将传统的理论教学与现代化的实践教学相结合。多样化的教学形式，能够生动、直观、形象地将红色文化的精神内涵渗透进大学生的头脑，使大学生从单方面、枯燥乏味的被动学习转变为自主学习，积极思考，增强大学生的现实感悟，从而提高大学生红色文化精神教育的实效性。

（三）大学生对红色文化的总体认同较好

对于"红色文化是优质教育资源吗？"这一问题，78.3%的大学生认为红色文化体现了中国共产党人为共产主义事业奋斗终身的崇高理想信念，有利于提高自身思想道德素质，对自己成长成才具有引导作用；10.5%的大学生态度模糊，对红色文化的精神内涵缺乏深刻认知；11.2%的大学生持否定态度，认为红色文化对提高自身素质没有帮助。总体上看，当前大学生的政治理论素养比较高，主流思想是积极、健康、向上的，他们拥护中国共产党的领导、热爱祖国，满怀报效祖国、建设社会主义强国的信心和动力，积极看待红色文化，认为红色文化的精神内涵对自己的成长有帮助。因此，大学生群体对红色文化的理解在整体上是基本正确的。

近年来，一些优秀红色电视剧、电影、纪录片纷纷上映，比如《建国大业》《建党伟业》《我的长征》《复兴之路》等在社会上，尤其是在大学生群体中获得了不错反响，引起了大学生的强烈共鸣。这表明红色文化没有过时，只要表现手法新颖、恰当，对大学生有着强大的吸引力。对于"红色文化是实现中华民族伟大复兴中国梦的精神动力吗？"这一问题，78.3%的大学生政治立场坚定，拥护党的路线、方针、政策，对中国发展道路的选择有清晰的历史认知，坚定不移走中国特色社会主义道路；9.5%的大学生不清楚自己的观点，对中国现当代历史的基本问题缺乏了解；有12.2%的大学生持否定态度。

对于"红色文化的继承与发扬"的问题，69.3%的大学生认为红色文化是中华民族的精神宝库，当代青年大学生有责任传承和发扬优秀革命传统，积极投身于宣传和践行红色文化精神的实践中；12.2%的大学生对红色文化精神是否要发扬光大的立场不坚定，18.5%的大学生则认为没有必要弘扬红色文化。调查结果表明，作为祖国的未来，民族的希望，当代大学生基本认可红色文化的价值内涵，认为诞生于革命时期的红色文化给人们提供了宝贵的精神财富与坚定信念，大部分人能认识到自己肩负的历史使命，有责任和义务为中华民族伟大复兴和国家的繁荣昌盛贡献自己的一份力量。"当代大学生对红色文化普遍怀有朴素的情感，有理想化的认识，大学生对保护和传承红色文化具有强烈的责任感，视传承红色文化为己任。"①但同时也不能忽视，有一小部分大学生消极看待红色文化，对红色文化的精神内涵持错误观点，高校仍需提高重视程度，加强关心和教育这些学生。

二、大学生红色文化精神教育存在的问题

回顾新中国成立以来特别是改革开放以来，大学生红色文化精神教育所走过的艰辛历程，我们在看到所取得的巨大成绩的同时，也要清醒地认识到，受来自社会、高校、家庭、大学生自身等内外因素的影响，大学生红色文化精神教育与党和政府的希望、与新时代的要求、与青年大学生的期待，还存在不小的差距。我们要认真分析存在的问题，结合调研资料与问卷，深入查找问题产生的原因，从而为今后有效开展大学生红色文化精神教育，提供有益的借鉴和参考。

（一）作为施教主体的高校存在的问题

1.重视教育的社会价值而忽视个体价值

长期以来，大学生红色文化精神教育的价值取向偏重于关注社会需要，强调红色文化精神教育首先要满足社会政治运动的需要。改革开放以后，整个社会坚持以经济建设为中心，大学生红色文化精神教育又偏重于服务经济建设。这很大程度上是为了适应新时代新形势发展的需要，但客观上，对教育的精神文化价值和大学生的发展价值关注不够，忽视了作为个体的大学生自身内在的合理发展需求，重视教育的功利性和效益性，忽视了教育的理想性和导向性，重视教育的社会性而忽视教育的自我完善性。大学生红色文化精神教育关注于整个社会体系中对物的诸要素的价值和功能，而忽视教育在人的本质、价值、精神、思想塑造上的价值和功能。大学生红色文化精神教育的定位，将自身作为依附于政治和经济的工具，把满足于某种外在的需要作为德育之本，而没有将大学生作为红色文化精神教育的逻辑起点，使人的主体性没有得到充分的尊重和激发。从大学生红色文化精神教育的价值取向和最终目标来看，大学生红色文化精神

① 罗盛齐, 王超, 郑清支.《大学生对高校红色文化教育认同与要求》的调查及启示[J]. 上海教育评估研究, 2016（05）：56.

教育一方面要主动为社会政治、经济、文化发展服务，另一方面也要为实现大学生的自我价值、开发大学生的潜能、发展大学生的个性、实现其梦想而服务。我们要努力将社会价值和个体价值在实践中有机统一起来，只有这样，大学生红色文化精神教育的整体价值才能得以较好地实现，从而有力地推动个人发展与社会发展的和谐统一、健康有序。

2.教育与青年大学生的身心发展不相适应

在长期开展大学生色文化精神教育的过程中，我们发现和较熟练地运用了榜样教育，取得了较显著的效果。近些年来，随着社会主义市场经济的深入推进和经济全球化进程的加快，青年大学生的思想认识已经发生了较为深刻的变化，但由于长期以来受榜样必须"完美化""模式化"认识的误导，许多用于施教的榜样缺乏代表性、可学性和亲近性，影响了青年大学生对榜样的认识和态度，弱化了他们的信任和接受。我们要注意防止榜样的过度包装化、理想化和神圣化，把活生生的榜样异化为完美无缺的圣人，把榜样变成了缺乏人性的"他物"，使青年大学生觉得可学而不可亲，甚至敬而远之。红色文化精神教育与青年大学生的身心发展水平不够契合，红色文化教育者对青年大学生的所思所想，关注不多，研究探讨不多，对教育对象的了解也不深。毛泽东曾指出："人们要想得到工作的胜利即得到预想的结果，一定要使自己的思想合于客观世界的规律性，如果不合，就会在实践中失败。"[①]只有把握了青年大学生的身心发展规律，教育的实效才可能取得。

因此，我们在对大学生开展红色文化教育时，要清醒地认识到，榜样的先进性、革命精神、奉献精神等红色文化教育要素，是具有一定的时代特征的。从精神价值来看，榜样身上的精神是具有永恒性的，是值得大学生长期学习的，但是，榜样的作用要真正能够发挥出来，就必须赋予其时代内涵，使其所代表的价值与当代的社会主流文化价值观相符合，与时代的社会道德发展方向相一致，从而尽可能地引起青年大学生的心灵共鸣，从"要我学"变为"我要学"。特别值得注意的是，要在选树革命年代不怕苦、不怕死、英勇献身的革命英雄榜样的同时，注意选树爱学习、爱创

---

① 毛泽东选集（第一卷）［M］．北京：人民出版社，1991：284．

造、注重个人品德修养、善于合作、乐于奉献的革命英雄人物。在开展理想信念、艰苦奋斗、顽强拼搏等红色文化教育时，要尽可能掌握并遵循大学生的身心发展规律。

3.教育方法较为单一

当前，经济全球化、社会信息化迅速发展，人们获取资讯的方式发生了巨大的变化，思维方式、行为方式和生活方式发生了深刻的变革。对大学生进行红色文化精神教育，运用的思想政治教育方法也应是多种多样的，并且根据学生的不同状况、不同的教育教学环境等随时调整教育方法，以达到更好的教学效果，实现不同的教学目标。然而，在实际的教学过程中，不论是课堂教学还是实践教学，都存在着教育方法单一的问题。

首先，课堂教学方法单一。调查发现，课堂教学主要依靠教师的讲授。当前大学生获取知识的最直接办法就是教师的课堂授课，那么如果学生仅仅依靠教师的讲授，很容易造成思想上的倦怠，最终不能达到良好的教育效果。在被问及"您较为喜欢的红色文化精神教育课程的形式有哪些？（多选）"时，仍有 52.16%的学生选择了"教师授课"。据学生反映，在红色文化精神教育或是大学生思想政治教育方面，大多数教师采取的还是填鸭式的单向灌输。教师在授课过程中，过分地依赖于多媒体，将红色文化相关的理论知识、红色历史等直接从课本或是其他资料中剪切、粘贴到 PPT 上，机械地将这些知识灌输给学生，缺乏对红色文化精神内涵和价值深度的挖掘与探究。有的学生甚至说："从小学的语文课本一直到大学生的思想政治理论课，不同的教师一直都是沿用类似的语气、类似的语言、神态讲述着差不多的革命故事，耳朵都听出老茧来了，真的是听腻了。"这种刻板化、碎片化的学习方式已经与当前大学生的接受方式不相适应。不可否认的是，大学生思想政治教育的确需要正面的教学方式，同时，红色文化这些较为正面的内容也需要大学生以一种端正的学习态度去学习。结合当前大学生的特点，思想政治教育这样流于形式，这种填鸭式的教学方式更会引起学生的反感，难以引起大学生对于红色文化的情感共鸣和价值认同，这便导致大学生红色文化精神教育的教育效果不佳。

其次，实践教学方法单一。理论要运用到实践、知识应用到生活中才是有意义的。红色文化是中国共产党在革命、建设和改革过程中的历史积淀，本身就是实践的成果。"各高校正是将红色文化资源融入实践育人，充分发挥学生的主体性作用，让学生身临其境，凭借情感、直觉、灵性等投入实践之中，去发现、去感受、去体验、去思考、去领悟，使学生的学习能力、实践能力和创新能力都得到提高，从而实现学生的全面发展。"①调查显示，各高校普遍组织一些红色文化实践活动，比如参观革命纪念馆，去革命烈士陵园扫墓等。将红色文化融入实践育人中是红色文化精神教育的主要方式，是学生加深认知红色文化精神、提升理论运用能力、增强实践动手能力的重要环节。我国红色文化资源丰富，分布广泛，一些战争遗址、革命人物故居、烈士纪念馆、革命纪念碑等都可以作为大学生爱国主义教育的实践基地。

调查显示，高校红色文化实践教学还存在一些不足：62.3%的学生反映实践活动形式老旧，不够新颖，未能引起他们的兴趣；71.86%的大学生认为实践活动大多流于形式，为了完成上级的任务而实践，实践活动大多只是走过场，拍个集体照，不重视挖掘和提炼红色文化资源的实质性内涵，忽视了实践教育活动的目的是更好地使红色文化精神入脑入心；75.64%的学生反映高校在红色文化精神教育实践活动中只是简单地组织学生参观革命纪念馆和名人故居等，往往只是走马观花、浅尝辄止，并没有深入地了解和体会红色文化的精髓，而且缺少专业老师对红色文化精神进行实践教育，不注重让学生思考参观后的感悟，学生也没有把红色文化内涵融入于自身的知识储备当中，造成"有活动却无体会"的现象。

比如每年的三月，各高校都会组织学习雷锋的系列活动，但往往是开展活动时热热闹闹，活动结束后就冷冷清清，没有把学习雷锋活动作为一项常态化教育来抓，这就容易让学生感觉学习雷锋只是形式大于内容的活动，雷锋精神也没有真正入心。调查结果显示，目前高校对红色文化实践教学的重视程度还不够、经费来源有限，投入不足，造成红色文化精神教育"重理论、轻实践"。而即便有实践环节，也只是在重要节日、纪念日举办一些实践活动，平时革命纪念馆、烈士陵园等爱国主义教育基地往往冷冷清清，少有人去，红色文化资源未能有效利用，造成了资源的浪费，

---

① 王炳林，张泰城. 高校红色文化资源育人发展报告2016［M］. 北京：人民出版社，2017：129.

客观上不利于红色文化的传承和弘扬。这种一阵风似的活动扭曲了红色文化的宣传教育，让教育陷入形式主义，流于表面，缺乏应有的深度。开展红色文化精神教育实践活动必须坚持常态化，注重实效性，才能使学生在教育过程中受益匪浅。

最后，高校较少运用新媒体技术、自媒体技术。新媒体、自媒体技术早已走进大学校园。在高校的红色文化精神教育中，采用自媒体技术对大学生红色文化精神教育的授课内容进行传播，正好能够满足大学生的兴趣和需求。因此，如果将传统的教学方法同自媒体等新技术相融合，这样在方便教师授课的同时也实现了红色文化精神教育教学方式的新突破。

（二）作为受教主体的大学生存在的问题

1.红色文化认同有待提高

大学生对红色文化的认同应当建立在对红色文化基本内容认知的基础上。然而，当前大学生对红色文化的认知认同相对来说是比较模糊的。调查结果显示，对红色文化表示"了解一点"和"不了解"的同学分别占58.94%和8.16%，而对"红船精神"表示"不了解"的同学高达40.57%。同时，在对红色文化具体内容的了解中，同学们的选项也不够全面和具体。这深刻说明大学生对红色文化的认知认同较为模糊。一方面大学生虽然对红色文化表示了解与认同，但是对于红色文化的基本内容、基本特征、核心要义等基础性问题处于一知半解的状态，甚至是不了解；另一方面，部分大学生虽然对红色文化虽然有一定的了解，但是了解得不够全面、不够具体，不够科学，不够客观，有的甚至误解、曲解与误读。对红色文化的基本认知是增强红色文化认同的前提，因此，要加强大学生红色文化精神教育，就必须先处理和解决大学生对红色文化认知模糊的问题。

2.学生学习运用红色文化的主动性不足

笔者在调查中发现，现在的大学生学习主动性不强，不喜欢主动思考，不善于发现问题，不善于主动去探索，依赖于教师课堂上的单向灌输，被动地接受知识。还有部分学生认为现在的道德标准跟以往不一样了，过去的优良传统作风已经过时，对当前的学习生活没有指导意义了。由此可见，当代大学生对红色文化的价值认同不够。

首先，部分学生认为红色文化已经落伍，不适应当前社会的主流，与当前差距较大。现在的大学生大部分都属于"00后"，他们生活的年代远离艰苦卓绝的革命年代，这使得现在的大学生无法感知和理解红色文化所蕴含的丰富精神内涵。还有学生认为革命精神已经过时，学习这些革命精神并没有什么实际意义。这些大学生由于过于追求物质利益，很少将红色文化的精神内涵与自己的理想信念和价值观结合起来，普遍认为红色文化与自己的理想目标关系不大。因此，如果没有教师课堂上的单向灌输，学生根本不会去主动研究和学习。

其次，学生缺乏探究和实践的主动性。受传统教育方式的影响，学生会在短时间内有所收获，但没有吸收和内化，缺乏对红色文化知识的主动探究和深化，因此使得红色文化精神教育没有达到良好的效果。在访谈交流中，大多数学生表示，自己会按照学校要求参加有关于红色文化教育的社会实践活动，在活动期间或多或少地能够学到一些与红色文化相关的知识。但若没有学校或老师的硬性要求，自己并不愿意主动去参观、游览相关的红色景点，了解相关的知识，这就影响了红色文化精神教育的作用发挥。

最后，大学生存在知行脱节的倾向。大学生思想政治教育是一个将知识内化与外化双向进行的过程，在进行思想政治教育的过程中，高校要引导大学生将红色文化所倡导的价值观念内化为自身理想信念，做到思想和行动的统一，用红色文化丰富的内涵规范自己的一言一行，即既要为实现中华民族伟大复兴中国梦和个人梦而努力奋斗，又要以革命优良传统规范自己的行为。但是，随着经济全球化、文化多元化的飞速发展，各种错误社会思潮的涌入以及各类扭曲价值观的影响，部分大学生认同"享乐主义""拜金主义"，过于注重物质和现实，只顾追逐个人利益，从而轻视了集体主义，缺乏社会主义责任感，导致知行存在严重的脱节。

三、大学生红色文化精神教育存在问题的原因分析

（一）社会原因

1.西方文化的大量渗透

西方不良思潮的侵入对高校红色文化精神教育的实效性，对大学生正确认识红色文化的当代价值都造成了负面影响。冷战结束后，世界思想文

化领域里的斗争变得更为复杂，意识形态安全问题变得越来越突出。西方发达国家已经把意识形态作为实现其国家利益的重要手段。在国际上，西方发达国家强化其意识形态的霸权地位，极力丑化中国共产党的领导和中国的社会主义制度，极力影响和动摇社会主义国家人民的信念，侵蚀社会主义的基础，对社会主义主流思想构成严重冲击；同时利用经济手段进行文化植入，依托网络信息技术的发达在互联网平台上宣扬资产阶级的世界观、人生观、价值观，以看似和平的方式加强文化渗透和文化输出，以达到"和平演变"的目的。"红色文化是一种先进的文化，网络上不良信息的泛滥会挤压红色文化的生存空间，进而侵蚀红色精神家园，大大削弱了红色文化的育人效果。"[①]调查显示，31.1%的大学生了解"和平演变"的含义；45.2%的大学生听说过；还有23.7%对此没有认知。当东西方两种截然不同的意识形态激烈争夺对抗时，大学生如果不能提高甄别能力，或者对西方隐藏包装的"和平演变"方式未能提高警惕性，就容易被西方价值观所迷惑，从而逐渐对以红色文化为代表的社会主义主流价值观产生怀疑。

随着中国对外贸易的发展和与世界各国之间经济来往的增多，以西方文化为题材的电视剧、电影、书籍资料、网络游戏等大量地涌入我国，73.6%的大学生表示看过其中含有否定中国共产党领导内容的文艺作品；81.8%的大学生接触过西方的"普世价值"；62.4%的大学生接触过丑化党和国家领导人、戏说或恶搞革命英雄人物的言论；54.6%的大学生被灌输过马克思主义过时论、社会主义失败论。由于西方影视作品的包装比较时尚潮流，吸引了一部分大学生盲目推崇西方文化，享乐主义、拜金主义、极端个人主义抬头，这样会逐渐削弱大学生对本民族文化的认同，动摇大学生对马克思主义的信仰和共产主义的信念。如"历史虚无主义"思潮借助文化产品的包装渗透到大学生群体中，歪曲和篡改中国近现代史，诋毁中国共产党的领导，极力抹黑革命历史人物，严重危害了红色文化精神教育的效果，冲击了马克思主义主流意识形态的指导地位，影响了大学生对红色文化的正确认识，动摇了大学生的理想信念。当大学生看到、听到的

---

① 马静. 红色文化教育理论与实践研究 [M]. 天津: 南开大学出版社, 2015: 163.

和他们在校园里学到的有出入，甚至完全不符，大相径庭时，容易使他们对所学内容产生怀疑，致使一些大学生的理想信念发生动摇，甚至完全否定，从而对红色文化的认识陷入自我迷失与困顿之中，无法自拔。

由于受到各种文化观念和社会思潮的诱惑，加上自身因学业、生活等多方面的压力，一些大学生对红色文化的认识趋向功利主义，其观察问题"更多地采用生产力标准，而不是意识形态的标准；更多地采用具体利益的标准，而不是抽象的政治标准；更多地采用市场经济的标准，而不是传统的道德标准；更多地采用批判的标准，而不是建设的标准；更多地采用'与国际接轨'的标准，而不是'中国特色'的标准。"①

2. 市场经济弊端的干扰

市场经济本身存在的弊端容易导致一定的负面现象，而这些负面现象与高校红色文化精神教育的内容格格不入。理论和现实的矛盾会造成学生对红色文化的疑惑和不信，进而对高校红色文化精神教育工作带来挑战，也会对学生正确认识红色文化的当代价值产生干扰。市场经济追求利益最大化，其趋利性的特点容易使人们只顾眼前利益，推崇物质利益至上，淡化人格精神，甚至出现极端利己主义的错误倾向。改革开放四十多年以来，我国经济建设取得了巨大的成就，城乡居民的生活水平得到了明显的改善。整个社会从经济基础到上层建筑诸方面都在发生巨大的变化，社会经济迅速发展，思想观念也随之发生变化。市场经济促进了生产力的发展，但因其逐利性导致一些人对物质利益过分追求，只尊崇物质价值而忽视精神价值，拜金主义、利己主义成为一些人的行为准则，一些突破社会道德底线的事件时有发生。

调查结果显示，75.8%的大学生表示不择手段追逐金钱，只注重个人利益最大化，完全忽略集体利益的社会不良风气严重影响红色文化所倡导的集体主义价值观；56.7%的大学生认为社会诚信意识滑坡，假冒伪劣产品鱼目混珠，人与人之间信任感偏低，"老赖""碰瓷"现象时有出现，这和红色文化提倡的诚实守信、严守纪律相违背；81.7%的大学生表示一些政府官员贪污腐败弱化了他们对党和政府的信任感，权力不为人民谋福祉，却

---

① 田建国. 关于高校德育环境和对象的变化 [N]. 中国教育报，2004-10-26.

成了替自己谋利谋财的工具，这严重冲击了为人民服务的公仆形象；61.3%的大学生认为文化市场消极现象的存在也会给大学生带来不利影响。一些影视作品歪曲革命历史，夸大历史事实，篡改革命历史：在经济利益的刺激下，这些不良作品只为追求文化产品的利润，满足观众的感官刺激，消解了红色文化的崇高性，全然不顾历史的严肃性，低俗、庸俗和媚俗的倾向严重。比如一些影视作品出现"手撕鬼子"的夸张剧情，红色革命电视剧变成爱情偶像剧，剧本创作与历史事实严重不符等。还有一些红色旅游景区采取市场化、形式化、低俗化的手段包装红色文化，歪曲红色文化资源的精神内涵。

大学生从课本学到的革命历史知识与市场经济条件下的现实生活出现的矛盾，不利于高校红色文化精神教育工作的开展。"市场经济是一种利益驱动，经济利益最大化法则往往导致红色文化的世俗化，也给红色文化的价值观造成了冲击，从一定程度上干扰了红色文化育人功能和价值的深度发挥和顺利实现。"[①]市场经济的发展是一把"双刃剑"，一方面激发和调动人们创造物质财富的积极性和主动性，另一方面其天然具有的弊端给人的全面发展带来消极影响。高校推动红色文化精神教育的目标是立德树人，促进大学生的全面发展，社会现实如果与高校的知识教育相符合，步调一致，这显然会增强高校教育的有效性，而一旦学生在学校习得的知识、培养的品德与社会现实相矛盾、相抵触，甚至使学生遭受挫折，这就会使学生怀疑在学校学习的知识是否有用，是否真实，动摇学生原本坚定的理想信念。因此，市场经济的弊端导致的不良现象严重削弱了高校红色文化精神教育的有效性。

3. 红色文化网络传播影响力不足

加强红色文化的网络传播能力是推进红色文化进校园的重要途径，但是如今却呈现出红色文化网络传播影响力不足的局面，直接影响了红色文化在大学生群体中的传播与传承，从而影响了高校思想政治教育工作的时效性。

一是传播内容缺乏吸引力。一些网站的传播内容过于强调政治教化的

---

① 马静. 红色文化教育理论与实践研究 [M]. 天津: 南开大学出版社, 2015: 154.

功能，传播内容仅仅局限于马列主义、毛泽东思想等与党史相关的内容，主题单一，更新速度慢。而大学生感兴趣和关心的时事热点问题反而没有充分体现，因此造成难以吸引大学生注意力、访问量有限的局面。

二是传播形式过于追求商业化。还有些红色文化网站只注重网站的外在包装而忽略了红色文化的内在本质。这些网站不是靠红色文化本身的魅力来吸引广大网民来提高点击率，而是靠流行音乐等娱乐节目对红色文化进行商业的包装，造成红色文化本身的价值缺失。

三是对红色文化的网络监管不到位。红色文化的网络监管工作需要既精通网络技术又掌握红色文化知识的网络人才。由于人才的欠缺，加之关于网络传播的法律法规不健全，造成网络传播信息的鱼龙混杂、良莠不齐，在一定程度上弱化了红色文化的价值导向，甚至损害了红色文化的精神内核。

（二）高校原因

1. 高校思想政治教育对红色文化资源的开发和利用不足

首先，高校在思想政治理论课上对红色文化资源的开发和利用不足。高校对大学生进行思想政治教育的主阵地是课堂，但是平时疏于对红色文化教育的重视，无法很好地利用红色文化进行思想政治教育，导致思想政治教育的实效性大打折扣。平时在课堂上，思想政治理论课教师只是将书本中的知识单一地讲授给大学生，完成教学目标即可，拓展内容较少，缺乏对大学生价值观念的培养。这种情况下，对于大学生来说，红色文化没有办法发挥其特有优势，降低了实效性。

其次，高校在日常管理中对红色文化资源的开发和利用不足。高校对大学生进行思想政治教育大多数采用行为管理。组织大学生开展主题活动时，以红色文化为主题的活动较少，并且开展方式也只是简单地走过场，对大学生毫无吸引力，就更谈不上感染力，教育目的无法有效实现。

再次，高校及其教育主管部门在红色文化资源方面的开发和利用不足。他们没有重视红色文化这个宝贵资源，传播红色文化的方法过于陈旧。因为没有配套的应对机制，想要打破这个局面，更是难上加难。高校未能开发出适合教育的红色文化资源，就不能发挥出红色文化特有的教育功能。此外，教育者、教育环境也会影响到红色文化在高校思想政治教育中的作用。

最后，高校在教育体系方面不够成熟，对红色文化资源的开发和利用不足。因为高校的教育方式仍然是单一对大学生进行灌输式教学，大学生对红色文化没有兴趣，红色文化就更吸引不了大学生，教育价值无法实现。高校能否将枯燥的理论灌输式教学与实际情况联系起来，提高大学生的学习积极性还有待研究。高校在思想政治教育这个领域，制定出的相关考核体系也不够完善。关于红色文化方面的教育，还没有编写出专门教材、制定实施方案以及明确、合理的目标。高校在教学和管理上，更没有完善的运行保障机制和监督体制，关于红色文化的教育落实不到位。这些不完善都造成对红色文化资源无法充分开发和利用。

2.教育内容不适应大学生实际需要

（1）红色文化所宣传塑造的英雄榜样不完全适应大学生的现实需要

当前，在繁荣红色文化过程中，我们宣传塑造了一大批革命英雄榜样，他们那种"政治化""英雄化""完美化"的英雄形象，与当代青年大学生的现实生活有一定的距离；他们在各方面的完美，使得当代大学生觉得自己可望而不可即，太过完美反而在一定程度上打击了他们的上进心。另外，在文化多元的时代，当代青年大学生心中的榜样，可能是优秀企业家、管理者、金融家，也可能是体育明星、影视明星、歌星等。教育者用心宣传塑造的英雄榜样，与受教育者心中真正认可的榜样存在某种错位。如何挖掘革命先辈身上丰富的、值得学习的元素，加强与当代大学生心中所认可的榜样身上可学元素的对接，是值得我们深入思考探讨的一个课题。

（2）高校红色文化精神教育不完全适应受教育者价值观念的变化

改革开放以来，青年大学生价值观念的变革是全方位的、深刻而持久的，是群体性的。青年大学生思想观念的变革必然引起世界观、人生观、价值观的变化，并随后具体传导、影响到婚恋观、幸福观、义利观、荣辱观、苦乐观、英雄观等的变化。在信息化、工业化、城镇化加速推进的现代社会，特别是网络虚拟社会的快速发展，青年大学生的内在心理与他们的前辈相比，已发生了深刻的变革。他们的梦想追求、人生信仰、价值判断、情感需求、交往方式、兴趣爱好、分析判断问题的方式方法等，都发生了深刻的变化。他们对所开展的红色文化精神教育，有自己的分析判断和价值追求，往往自我独立意识较强，对革命先辈、英雄模范有自己的看法和理解。他们不拒绝崇高，但反对将崇高强加于自身。我们要清醒地看到，一方面红色文化的教育对象，其价值观念已发生深刻的变革；但另一方面，我们还较习惯于传统的教育模式，未能在深入分析青年大学生这个群体对象的基础上，不断与时俱进，不断改革创新，使教育理念、教育方法与受教育者实现无缝对接，从而影响了红色文化精神教育的深入开展。

（3）高校红色文化精神教育内容与受教育者不完全相适应

在改革开放的社会，人们的价值追求是多元化的，受教育者自我发展、自我实现的方式也越来越多元化。高校红色文化精神教育内容长期以来比较单一，传承的价值也相对来说比较单一，未能做到根据受教育者的身心发展水平，因材施教。目前，大学与中小学的红色文化精神教育内容大同小异，所以对大学生缺乏新鲜感和较强的吸引力。因此，我们要不断根据新形势的发展变化，在坚守革命精神教育的大前提下，尽可能融合新时代的各种积极健康的教育元素，吸收古今中外的优秀价值观作为教育内容，丰富教育内涵，不断满足青年大学生的学习需求和内在价值追求。

3. 教育方式不遵循规律

高校在过去长期的红色文化精神教育实践中，积累了许多好的经验和做法，但也存在许多问题。仔细分析，主要是不能遵循红色文化精神教育规律、思想道德形成规律和人的成长发展规律。我们知道，高校红色文化精神教育主要是运用在新民主主义革命、社会主义建设和改革时期的人、事、物、精神等有形或无形的物质财富，通过科学有效的方法和手段，对大学生进行正面的价值引导和启发，激发他们的内在动力，使其能自觉自主地内化为自己的思想品德。革命先辈、革命精神的外部引导力量必须作用于受教育者主体，使青年大学生自我教育的主观能动性能充分地发挥出来，做到"见贤思齐焉，见不贤而内自省也"，从简单地仿效言行上升到学习思想品德、传承革命精神。红色文化精神教育作为思想政治教育的重要组成部分，它具有很强的规律性，这些规律性需要我们牢牢把握。但是，我们过去的许多做法恰恰违背了教育的规律性，致使教育效果受到很大影响，具体表现在以下几个方面。

（1）没能遵循道德发展的一般规律

我们知道，个体品德的形成是一个知、情、意、行相统一的有机过程，它是一个循序渐进、由量变到质变的过程，高校习惯于在重大节庆日，如建党节、建军节、国庆节、五四青年节等纪念日，开展一些轰轰烈烈的活动，甚至于把开展红色文化精神教育等同于纪念活动，期望通过这些活动达到提升受教育者思想品德的作用。事实证明，这不仅是不可能的，也是不现实的，因为它违背了道德教育的一般规律。思想政治教育基本原理告诉我们，良好思想道德的形成，是学习主体自我内化和自主建构的，是教育和自我教育、自我内化的有机统一。一阵风式的教育，短时间内可能有较强的教育效果，但是随着教育活动的结束，教育效果就会减退，而且减退的速度还会很快，在教育的过程中如果不注意方式方法，还可能使教育效果与教育目的相冲突。

（2）没能遵循红色文化精神教育规律

在红色文化精神教育过程中，适当地运用灌输式的教育方法，不但是可行的，也是必要的。它对于普及红色文化知识，增进青年大学生对中国历史特别是现代革命历史的了解，是非常有帮助的。但是，过分依赖灌输式的教育方法，不重视启发式的教育方法的运用，往往难以激发受教育者的内在共鸣和认同，因为"人的道德发展和思想品德形成是内在因素和外部引导的双重作用的结果，是教育者引导和受教育者自主建构的统一"[①]。我们知道，在单向、灌输式的教育过程中，教育者是处于绝对支配地位的主体，受教育者是被动接受教育的客体，教育者往往从自己的主观臆断出发，不考虑或者很少考虑受教育者的内心需求、主观感受，采用发号施令式的教育模式。这种要求整齐划一地统一思想、统一意志、统一行动的教育模式，压抑了学习者的主观能动性，抑制了学习者的个性自由，既不利于学习者的个性发展，也不利于学习者的道德成人。

（3）不遵循人的正常的身心成长发展规律

道德的教育发展过程，是一个知、情、意、行由简单到复杂、由低级到高级、由不自觉到自觉的发展的连续统一，是一个由量变到质变再到新

[①] 袁文斌. 当代中国榜样教育研究 [D]. 河北师范大学, 2010: 179.

旳量变的螺旋式的向上发展过程。人的道德不仅是发展的，而且是分阶段的，各阶段之间有着本质的差异和自己的独特性。可见，一个人从其能认知事物开始，到形成比较成熟稳定的心理素质，经历了一个比较漫长的发展阶段。我们开展红色文化精神教育，要针对不同年龄段大学生的特点，有针对性地开展教育，要改变大学四年红色文化精神教育内容、方法雷同的问题，改变教育不分对象、不分目标、不顾现实条件的、粗线条式的教育，实施差异化的分层次教育，从而尽可能契合当代大学生的心理特点，遵循他们的正常身心发展规律。

4.育人机制不健全

高校作为红色文化精神教育的主体，要想达到理想的教育效果，除了在教师层面、学校层面以及学生本身的身心发展特点上下功夫，让红色文化精神教育进课堂、进教材进而渗透进学生的头脑，还应该健全红色文化育人机制。然而，新时期的高校，尤其是一些理工类的大学，都片面地注重培养学生的技术技能，而不注重学生人格魅力的培养，缺乏总体上的教育定位，没有构建全面的、健全的、长效的红色文化育人机制。高校红色文化育人是一个系统工程，教学目标的设定、教学行为的规范、教学质量的考核、教学信息的反馈、教学成果的总结是一个庞大复杂的体系工程。红色文化育人需要载体，红色文化精神的宣传需要教育资源作为支撑。目前看来，高校尚未形成一套系统、科学、完善的红色文化育人机制，这也是高校红色文化育人课堂教学形式单一、社会实践流于形式的主要原因。

红色文化精神教育在高校主要依托思想政治理论课的教学，人员也主要依靠思想政治理论课教师以及专职辅导员，缺乏制度体系保障，难以形成全课程育人、全员育人的合力，从而造成当前高校红色文化育人渠道单一的局面。高校有严格的教师考勤制度来保障教学时间，依靠教学制度来规范教学内容，但无法保障教育形式的新颖有吸引力、不枯燥单一，也没有制度体系保障教师能够运用丰富的教育资源教育学生，在调动大学生学习红色文化的积极性方面也缺乏相应的激励机制。这也使得红色文化教学过于重视理论灌输，未能激发学生学习的积极性。教学过程中缺乏完善的教育信息反馈机制，教师对个体学生实际的思想情况、知识的掌握程度无法做到明确的认识，也就不能因材施教，对特定的学生采取有针对性的教学方式，教学内容不能有效契合学生的实际需求。"目前高校红色文化教育实施过于随机，缺乏有效的评价、检讨机制。各项活动的开展只有活动的细则，缺少红色文化教育指标化的考核体系。"[①]教学评价是对教学质量的评估和分析，没有完善的教学评估机制，高校就不能对教师、学生以及整个教育过程做出科学合理的评估，提出有针对性的意见，影响了红色文化育人的实效性。红色文化资源主要分布在校外，目前看来缺少有效的体制机制保障社会、学校、家庭形成联动，形成全方位的育人体系。如何将校外的红色文化资源引入校园，如何让社会、家庭重视并参与到学校的红色文化育人体系中，如何解决纪念馆、烈士陵园等爱国主义教育基地只在纪念日、节假日热闹，平时冷清，红色文化资源未能得到有效利用、出现实质性浪费的难题，这些都需要系统合理的体制机制作保障。同时由于历史因素，红色文化资源一般集中于革命老区，在地理上呈现出集中在某一区域的特点，因而一些高校能够利用所在区域红色文化资源丰富的优势开展丰富多彩的育人实践，但一些红色文化资源相对匮乏地区的高校就缺少育人的资源载体。这就需要制定相应的合作机制，加强不同地区、不同高校之间红色文化教育的交流与合作，共享文化资源。

高校在红色文化育人过程中还缺乏长期规划和制度保障。上级部门出台专门文件，高校才被动加强红色文化教育，或是在特殊的纪念日、节庆日等才开展一阵风式的教育实践活动，简单地把纪念日活动等同于红色文化教育。短期的活动教育或许能加强教育效果，但这种一时轰轰烈烈的活动结束后，学生的热情又会快速减退，教育的目的未能完全达成，教育的效果也不能持久。长此以往，就会造成红色文化育人实践活动浮于表面，重形式、轻内容，学生在实践活动中未能真正理解红色文化。高校如果不能建立起常态化的红色文化教育机制，对红色文化的价值内涵进行长期、深入的宣传，使学生从广度上和深度上把握红色文化的实质，其育人效果往往会大打折扣。

① 潘莎莎. 大学生红色文化教育研究 [D]. 江西理工大学, 2015: 20.

（三）家庭原因

中国传统的家庭教育有许多值得继承的优良传统，中国现在的家庭教育也有许多值得肯定的好的地方。但是，在改革开放以来多元文化发展背景下的今天，中国的家庭教育存在着一些明显的问题和不足。

1、对读书目的的教育存在偏差

中国传统的家庭教育与学校教育、社会教育一样，教育青少年刻苦学习的目的，大多是为了中举做官、衣锦还乡、光宗耀祖、名利双收等。比如，"天子重英豪，文章教尔曹；万般皆下品，唯有读书高""书中自有颜如玉，书中自有黄金屋"等诗句，这些不仅对历史上的文人而且对当代大学生中的一些人都产生了极大的影响。其实，任何时代的官员一般都接受过良好的教育。我国现在招考、选拔公务员也强调文化科学素质。当今一些家庭比较注重"读书才能做官"的教育，而忽视对做官目的的教育，忽视做官首先要有民族精神，换句话说，做官的前提应当是热爱、报效自己的祖国。新中国成立以来，中国共产党十分重视对人民进行爱国主义教育，而且把热爱新中国与热爱中国共产党、热爱人民的教育结合起来，把忠于祖国与忠于党、忠于人民的教育结合起来。因此，爱党、爱国、爱人民，忠于党、忠于祖国、忠于人民，这些完全是一致的。我们的家庭教育必须把爱国主义教育与爱中国共产党、爱人民的教育融为一体；必须教育孩子将学习与忠于党、忠于祖国、忠于人民结合起来。家庭教育要告诉孩子刻苦读书的目的是什么。在新时代，我们的家长应当鼓励孩子刻苦学习，也鼓励他们学成后报考公务员或从事其他行业，我们的社会也要正确宣传通过刻苦学习改善个人的、家庭的生活状况和命运的案例，教育鼓励孩子、鼓励青年人刻苦学习，是为了建设社会主义的祖国。因此，孩子无论将来做什么工作，都是为建设社会主义国家服务、为人民服务。国家建设好了，个人的、家庭的生活才会得到改善。

2.家庭教育意识比较淡薄

父母自身缺乏对子女进行红色文化精神教育的意识。红色文化精神的价值主要在精神层面对人产生积极的引导作用，在一些家庭，父母仅仅关注满足整个家庭基本的物质生活保障，往往忽视了对子女精神层面的教育和培养，对孩子学习内容以外的东西很少过问，缺乏主动向子女灌输红色文化精神的意识。在一些家庭，家长对孩子的养育意识较强，而缺少教育意识或教育意识比较淡薄。他们只管孩子的吃穿冷暖，而不太管孩子的教育。这部分家长有三种情况：一是思想认识不到位，认为"父母管吃穿，学校管教育"；二是忙于生计，主要是外出务工人员；三是图清闲，只顾自己的工作，而忽略了对孩子应有的教育。

3. "三重""三轻"现象比较普遍

由于受应试教育的影响，现在的家庭教育中普遍存在着重智育轻德育、重知识轻能力、重物质营养轻精神营养的"三重""三轻"现象。"中国父母最关心孩子求知的占 85.95%，而关心孩子实践能力培养的占 40.86%，关心孩子创新能力培养的占 39.24%，关心孩子审美能力培养的仅占36.80%。"①

4、教育方法不够得当

其一，简单粗暴。简单粗暴的教育方法的一个表现就是经常打骂、体罚孩子。有的家长认为，"嘴巴子、棍棒子、铁链子"是教育孩子的"三大法宝"。这类家长往往对子女的期望过高，急于求成，看到孩子的缺点和问题多，发现孩子的优点和进步少；在教育过程中主观武断，性情急躁，不允许孩子发表自己的意见。简单粗暴教育方法的另一个表现就是对孩子的心理惩罚。比如，对孩子干涉过多、批评过重、限制过严、压力过大、期望过高，等等。简单粗暴的家庭教育，使孩子或者过分胆小懦弱，或者独立性差、无主见；或者性格过于内向、不善交往；或者过分胆大、粗野、狡猾；或者为了逃避惩罚而经常撒谎，当面一套，背后一套。这对培育孩子是极为不利的。

其二，娇惯溺爱，即家长对孩子无原则地、过分地溺爱，其具体表现为"五个过"：一是家长对孩子的事包办过多，孩子能做的事也不让孩子自己做；二是家长对孩子提出的要求过分迁就顺从，明知孩子的要求不合理也满足；三是家长对孩子的健康和安全保护过度，该让孩子参加的锻炼和集体活动不敢让孩子参加；四是家长对孩子的缺点和错误庇护过分，明知孩子错了也不批评教育，而是采取包庇纵容的态度；五是家长对孩子的

---

① 袁振国等. 中央教育科学研究所 70 周年所庆调研报告集［M］. 北京: 教育出版社, 2011: 264.

生活照顾过分，甚至不该让孩子享受的也让孩子享受。在娇惯溺爱中长大的孩子，或者缺乏独立自主的意识与能力；或者缺乏对家庭和社会的责任感与义务感。他们只知向父母、向他人、向社会索取，不知为父母、为他人、为社会作贡献。这就难免养成自私、任性、骄横及唯我独尊的习性。这对培育孩子也是极为不利的。

其三，放任自流。有的家长认为，"树大自然直，儿大自成才"，对孩子不需要多管教，他们长大就懂事了。因此，他们对子女既缺少关心爱护，又疏于教育培养，让其自生、自长、自成才。在这种家庭中长大的孩子，性格上的优点是有较强的独立性，比较开朗和外向，缺点是情感比较淡薄，缺乏良好的生活习惯与文明礼貌，责任感和义务感及辨别是非的能力比较低。放任自流的另一种表现是，有的父母长期不直接担负教育儿女的责任，而是把孩子寄养在祖辈或其他亲友家中。这种长期由祖辈或亲友抚养和教育的孩子，与父母比较疏远，也容易沾染不良习气。这对培育孩子同样是极为不利的。

其四，言行不端。个别家长自己本身就言行不端、作风不正，或者世界观、人生观、价值观不正，还有意无意地把自己的错误观点灌输给孩子。更为严重的是，有极个别家长自己不遵纪守法，他们甚至还教唆、利诱、胁迫、怂恿孩子进行违法犯罪活动。据有关部门的调查，20%左右的青少年犯罪，主要就是受家长不良思想言行的影响。家庭教育与一切教育一样，要想取得良好的教育效果，教育者不但要有高度的责任心，而且要按教育规律办事，用正确的方法施教。大量事实说明，正确的教育培养人，错误的教育只会贻误人甚至摧残人。错误的教育抓得越紧，对受教育者的伤害就越大。

家庭是社会的细胞，家庭教育有着社会和学校教育根本无法替代的作用，大学生红色文化精神教育需要融入家庭教育中，需要家庭教育的主动配合和家长的积极参与。在家庭中进行红色文化教育有如下特点。一方面是持久性和继承性。大学生在各自家庭中受到红色文化的感染和熏陶之后就会受用终生，当各自成家立业之后就会以同样的方式方法将红色文化的内容和精髓传授给他们的后代，形成代代相传的家风，影响深远。另一方面具有潜移默化性。家长对于孩子的言行举止都起着潜移默化的影响，家长的处事方式、家庭成员间和睦融洽的关系、家庭成员勤俭节约的生活作风等，都会使大学生耳濡目染。因此，将红色文化融入大学生的家庭教育中，使得家庭教育与社会和高校相互配合，定能增强红色文化精神教育的效果。

（四）大学生个人原因

社会主义先进文化和红色文化的学习在高校课程中均有体现，然而课余之外，部分大学生学习社会主义先进文化和红色文化的积极性不高，这不仅仅因为理论知识枯燥复杂，更重要的是部分大学生的关注点偏离以及在受教育过程中更关心切身利益。部分大学生学习红色文化的积极性不强，更多的是因为并未亲身经历过这段历史以及对红色文化的了解不够。

1. 大学生学习关注点偏离

部分大学生学习红色文化积极性不强的原因之一是，大学生在考入大学后，其学习关注点偏离。大学的教育和生活同之前的基础教育模式大相径庭，更加注重自主学习，时间安排方面也相对较为自由，这也就为大学生创造出了许多闲暇时间，他们可以利用闲暇时间做自己想做的事情。时间的充裕有利有弊，能够使大学生在闲暇时间做自己想做的事，尽情地享受大学生活，但是同时带来的是逐渐会造成大学生的学习关注点偏离。在闲暇时间，学习不再是大学生的唯一选择，部分大学生更愿意将时间交给游戏、网购等，极少数大学生在空闲时间会主动学习红色文化，主动学习了解其理论精髓并将之运用于社会实践当中。部分大学生在求学过程中，逐渐地忘记了自己作为一名学生的首要任务是学习，自由和懒散带来的快乐会让大学生不断消沉、学习重心偏离。

2. 大学生更关心切身利益

部分大学生学习红色文化积极性不强的另一个原因是，大学生在考入大学后，更加关心切身利益。部分大学生在入学后相对于思想道德素质的提升更加关注自身能力的提升，这同当今社会较大的就业压力有关系。一部分学生热衷于参加各类证件的考试，即便这些证件对于他们来说用处并不大。另一部分学生热衷于参加各类社团活动，积极争取操行分，因为这些与奖助学金挂钩。以上种种现象都是同大学生切身利益相关的，他们更加关心同自身切身利益相关的东西。关心切身利益无可厚非，但是作为当代大学生，只关心切身利益而忽略国家和社会、民族和文化，将会是整个社会的悲哀。

3. 大学生缺乏学习红色文化的精神动力

大学生学习红色文化的积极性不强，主要是因为大学生缺乏学习红色文化的精神动力。第一，处在新时代的大学生，大多数出生在21世纪初，他们热衷于新鲜的事物，自身的辨别能力尚未成熟。红色文化产生和发展的历史阶段他们没有经历过，因此，难以对红色文化产生切身的认识并发自内心地去认可红色文化。第二，新时代大学生的父母大多数也没有亲身经历过红色文化产生和发展的历史阶段，对红色文化和红色精神并没有老一辈那样有深厚的感情，也没有深入了解红色文化的精神内涵，这对于大学生的成长教育也存在一定的影响。第三，当代大学生对于红色文化及其具体的精神内涵的了解主要来源于课本或电影、电视剧里的情节，对红色文化的了解不够全面，而且，这些内容并不能吸引大学生的注意力，激发起大学生学习红色文化的积极性。

总之，红色文化是一种独特的精神文明，也是一种具有实践特色的文化样态，它传承历史、启蒙当下、唤醒未来，为弘扬和发展时代精神提供了意识形态指导。而目前在大学生红色文化精神教育中，受制于多方因素的制约和限制，还存在一些问题，影响了红色文化的时代价值发挥和教育实效性。大学生红色文化精神教育的全过程，需要政府、社会、学校、家庭、大学生个人同心协力，构建全方位覆盖、多渠道渗透、立体化网络、情与理交融的、相互衔接、彼此互补的教育新模式，大力弘扬红色文化的精神内涵，充分发掘和运用红色文化的内在价值，创造性地扩展红色文化的教育功能，做到全方位育人、全学科育人、全员育人，为培养全面发展的社会主义建设者和接班人、构建和谐社会和发展、建设社会主义先进文化提供精神支持。

第五章

大学生红色文化精神教育的目标和内容

中国人民在抗日战争的壮阔进程中孕育出伟大抗战精神，向世界展示了天下兴亡、匹夫有责的爱国情怀，视死如归、宁死不屈的民族气节，不畏强暴、血战到底的英雄气概，百折不挠、坚忍不拔的必胜信念。伟大抗战精神，是中国人民弥足珍贵的精神财富，将永远激励中国人民克服一切艰难险阻、为实现中华民族伟大复兴而奋斗。

鉴往事，知来者。全党全军全国各族人民，海内外所有中华儿女，要更加紧密地团结起来，弘扬伟大抗战精神，向着中华民族伟大复兴的光辉彼岸奋勇前进。这是对为夺取中国人民抗日战争胜利献出生命的所有先烈、对为中华民族独立和中国人民解放献出生命的所有英灵的最好告慰。

——节选自习近平2020年9月3日在纪念中国人民抗日战争暨世界反法西斯战争胜利75周年座谈会上的讲话。

红色文化是在马克思主义指导下，中国共产党领导中国人民在革命、建设和改革的伟大实践中创造的积极进步的文化。当代大学生是中国特色社会主义事业的建设者和接班人，肩负实现中华民族伟大复兴中国梦的时代责任与历史使命。红色文化蕴含丰富的精神财富，彰显了中国共产党人的理想信念、革命意志、家国情怀和价值追求，对大学生思想信念、价值理念、道德观念形成和发展具有不可替代的作用。

在全国高校思想政治工作会上，习近平明确提出："要坚持把立德树人作为中心环节，把思想政治工作贯穿教育教学全过程，实现全程育人、全方位人。"[①]新时代高校把立德树人作为根本任务，因为立德树人是培养德才兼备、高素质人才的本质要求。因此，高校思想政治教育必须紧紧围绕"立德树人"这一高校教育的根本任务，创造性地开展大学生思想政治教育工作，进一步提升综合育人水平。红色文化作为是先进的革命文化，孕育着强大的思想政治教育元素。因此，开展大学生红色文化精神教育，把红色文化运用于大学生思想政治教育中，发挥红色文化特有的育人功能，从而有利于发挥红色文化的时代价值，用人们熟悉的文化氛围潜移默化地感染学生，以获得"入芝兰之室久而自芳"的教育成效，从而更好地满足新时代大学生的成长需要，帮助大学生树立坚定地理想信念，形成良好的个人道德素质，最终实现"立德树人"的目标，将大学生培养成为德智体美劳全面发展的合格的社会主义时代新人。大学生红色文化精神教育目标的设定和内容的完善是大学生红色文化精神教育全局的关键，关系到教育全局的方向性和科学性。

一、大学生红色文化精神教育的目标设定

教育目标是带有根本性、方向性、全局性的问题，关系到事物发展的全局和整个发展过程，决定着事物发展的各要素和各个环节。新中国成立以来，我国开展大学生红色文化精神教育已有较长的时间，在每个历史时期，都有着不同的目标定位和价值取向。今天，我们站在历史的新起点，

---

① 习近平在全国高校思想政治工作会议上强调: 把思想政治工作贯穿教育教学全过程 开创我国高等教育事业发展新局面 [N]. 人民日报, 2016–12–09.

要想取得大学生红色文化精神教育的新成效，就必须与时俱进，科学设定大学生红色文化教育的新目标。

（一）大学生红色文化精神教育目标的价值取向

我们以往对大学生开展红色文化精神教育，往往重视他们的德性发展，而忽视他们的全面发展；注重培育他们的社会性，而忽视他们的个性发展；注重品质塑造，而忽视他们创造力的培育和激发。在改革开放的新时代，我们要科学设定大学生红色文化精神教育目标，努力做到实现德性发展与全面发展的有机融合，实现社会性与个性发展的有机融合，实现品质塑造与激发创造力的有机融合。

1.实现德性发展与全面发展的融合

新中国成立七十多年以来，高校红色文化精神教育的目标指向，也在不同的历史阶段有不同的价值指向。在新中国成立之初，百废待兴，高校红色文化精神教育的价值指向是培养具有高尚的无产阶级道德觉悟的"道德人"；随着"左"倾路线的发展，特别是在"文化大革命"期间，红色文化教育的目标是培养无限忠于党、忠于毛主席的"政治人"；改革开放以后，党中央确立了以经济建设为中心，果断抛弃了以阶级斗争为纲的错误政治路线，社会面貌焕然一新。高校红色文化精神教育的方式方法也发生了新变化，红色旅游方兴未艾，不少人将红色文化精神教育与红色旅游画等号，看中的是红色文化旅游的经济价值，教育的目标指向是培养适应以经济建设为中心的"经济人"。高校红色文化精神教育的价值指向从"道德人""政治人"到"经济人"，经历一个较漫长的历史发展时期，是不同历史阶段社会发展的产物，这是一种单向度的人格培育，是不完善的，甚至是错误的价值取向。我们要反思高校红色文化精神教育的历史，以中国特色社会主义理论为指导，为实现中华民族的伟大复兴中国梦而贡献力量。胡锦涛曾指出，科学发展观的内涵就是"坚持以人为本，树立全面、协调、可持续的发展观，促进经济社会和人的全面发展"①，具体来说，"坚持以人为本，就是要以实现人的全面发展为目标"②。我们自觉树立和落实科学发展观，坚持以人的全面发展为目标，坚决抛弃过去"道德

---

① 胡锦涛.在中央人口资源环境工作座谈会上的讲话[N].人民日报，2004-04-05.

② 胡锦涛.在中央人口资源环境工作座谈会上的讲话[N].人民日报，2004-04-05.

人""政治人""经济人"的教育价值指向，在实现中华民族伟大复兴的今天，高校红色文化精神教育的价值指向，要由培育单向度的人变为培育全面发展的"社会人"，全面助推青年大学生实现全面、协调、可持续发展，在红色文化精神教育过程中，实现注重德性发展与全面发展的有机融合。

2. 实现社会发展与个性发展的融合

作为社会中的人是具有个体性和社会性双重特征的，大学生红色文化精神教育发展到今天，我们也应该将其目的由过去单纯满足社会需要转变为实现社会发展需要与满足人的发展需要相融合。过去的大学生红色文化精神教育，片面强调人的社会责任，缺乏对生命个体的尊重与关怀，不愿意关注人自身发展的需要，没有充分认识到社会发展与个性发展的辩证统一。《共产党宣言》明确指出，每个人自由发展是一切人的自由发展的条件。社会发展不是空中楼阁，它是由具体的一个又一个的个体发展所组成，没有个人的自由全面发展，自然也没有社会的全面发展，人的自由发展是社会发展的内在动力，也是可靠保证。今天，我们对大学生开展红色文化精神教育，应当将其定位于个性自由全面发展的基础之上，而不能以社会发展片面地取代个性发展，甚至于借口社会发展而压制个性发展，要将个性发展引导到推进社会发展的轨道上来，从而实现社会发展与个性发展的有机融合。具体来说，要努力做好以下几方面工作。

首先，要合理肯定大学生的正当诉求。在发展社会主义市场经济的今天，大学生群体的正当诉求，是推动经济社会发展、推动高等教育改革的重要动力之一，满足人的正当诉求也是发展经济的目的之所在。我们不能将大学生的正当诉求，统统归结为人性本恶的范畴，只要这种诉求不违反法律，不违背社会公德，不损害他人利益，就应当得到充分尊重和满足。只有这种正当诉求得到合理的满足，他们的内在发展动力才能进一步被激发，社会才能真正可持续地得到发展。

其次，推动物质文明、政治文明、精神文明和生态文明的发展。在马克思眼里，社会有机体是人们的交互作用的产物。"社会不是由个人构成，而是表示这些个人彼此发生的那些联系和关系的总和。"[①]这句话，深

---

① 中共中央马克思恩格斯列宁斯大林著作编译局编译. 马克思恩格斯全集（第30卷）[M]. 北京: 人民出版社, 1995: 221.

刻地揭示了社会是人类实践过程中发生和形成的社会关系的总和。随着人们对人、自然和社会的认识不断深化，人们对社会有机体的四维结构——物质文明、政治文明、精神文明和生态文明，有了更深刻的认识。从社会层面来看，我们发展社会主义的根本目的，就是要满足人民日益增长的物质和文化生活需要。从社会成员的个体角度来看，人类的一切活动最终还是为了满足物质和精神的基本需要，这是由人的本质属性所决定的。扩展开来说，我们对大学生开展红色文化精神教育，也应当以满足大学生的物质和精神需要为前提，大力推动社会物质文明、政治文明、精神文明和生态文明建设。只有这四个文明建设水平提高了，大学生红色文化精神教育才能说真正取得了实效，反过来，这四个文明提高了，又能在更高层次上进一步提升红色文化教育水平。

最后，要将社会发展与个性发展有机融入社会实践之中。我们对大学生开展红色文化精神教育的目的之一，就是要统一个体思想，整合个体力量，培育大学生的社会责任意识和担当精神，协调个体内心想法与行为之间、个体与社会之间、个体相互之间的矛盾，使之成为和谐校园、和谐社会的有机组成，推动高校乃至社会的和谐发展。红色文化精神教育赋予大学生一定的奉献精神、责任意识和道德自律，使其能自觉履行社会义务、推动社会进步和发展，能自觉地将社会发展与个性发展有机融入社会实践之中，追求一种社会发展与个体发展的和谐平衡，达到两者最大限度的融合，这既是大学生红色文化教育的目的之所在，也是实现大学生红色文化精神教育目标的客观要求。

（二）大学生红色文化精神教育目标的科学设定

在看到过去高校红色文化精神教育取得重大成绩的同时，我们也要清醒地看到存在的不足。这种不足之一在于，过去对大学生的红色文化精神教育，目标设定普遍过高，设定的是普通人所难以达到的目标，习惯于将革命先辈特定时代条件下所产生的思想和行为，要求普通大学生在一般条件下也能做到，将未来可能实现的理想作为当下的言行规范要求大学生遵从，严重脱离大学生的思想和社会生活现实，其教育结果往往是事与愿违。因此，我们要勇于改变过去的教育目标，从当今经济社会发展水平的现状出发，讲究主动性，把握规律性，富于创造性，科学地设定教育目标，建立动态适应机制，不断修正教育目标，循序渐进、由近及远地科学调整教育目标，从而不断向理想目标迈进。当前，大学生红色文化精神教育的目标主要是，增强大学生对红色文化的认知、感受与认同，弘扬革命精神，培育社会主义核心价值观。在实现教育目标的过程中，具体来说，要把握以下几点原则。

1. 目标定位要以生为本

著名思想家哈贝马斯认为，人类进入现代性的社会中时，不能把发展生产力作为奋斗目标，社会发展应当体现为以人为中心的可持续发展。政府在衡量社会的全面发展状况时，不仅应重视经济增长质量和社会福利增量的基本方面，更要在发展中优先考虑社会发展、人类福祉和人类尊严，把人的发展置于发展的中心。[①]党的十六届三中全会正式提出了"以人为本、全面协调可持续发展"的科学思想，将"以人为本"的发展理念，第一次正式写入了党的文件，并将其作为必须长期坚持的发展指导思想。具体到大学生红色文化教育活动来说，我们要坚持"以师为尊、以生为本"的教育思想。过去的红色文化精神教育，大学生大都处在一个静态的客体的地位，往往导致主体脱离客体，理论脱离实际，以至于不能从实际出发有针对性地、富有成效地开展好红色文化教育。我们要在教育活动中坚持以人为本，关键是要坚持"以生为本"，充分尊重大学生的主体地位，真正做到理解人、尊重人、关心人。过去，高校红色文化精神教育往往陷入两个误区：一是为活动而活动，搞形式主义、走过场式的活动较多，忽视实践教育活动的"育人"之根本目的；二是过度强调和重视红色文化精神教育实践活动的社会影响，追求表面上的轰轰烈烈，而对大学生在活动中的意志、品质、情感方面的收获，关注不够，导致活动常常陷入"本末倒置"的误区。我们要改变认识上的误区，在教育活动的各个细节上都充分体现大学生的主体性，坚持"为了一切学生、一切为了学生、为了学生一切"。

首先，以人为本中的"人"必须是"现实的人"。这里的人是现实的人，是处在一定社会关系之中的大学生，是具有一定利益需求的鲜活的生

---

① 转引自丁元竹. 建设健康和谐社会 [M]. 北京：中国经济出版社，2005：10.

命个体，是自然属性与社会属性相结合的产物。红色文化精神教育的出发点和落脚点，都是现实中的大学生，而不能是想象中的、抽象的大学生。可见，我们在教育实践活动中，从目标的设定、主题的选择、过程的设置、活动的实施到最终结果的考评，都要充分体现立足于"现实的人"，从学生的成人成才发展需要、思想品德养成等方面出发，将"以生为本"具体化、实践化。

其次，要切实保证大学生的主体地位。大学生红色文化精神教育目标的提出，是基于对大学生成人成才的内在需求、品德养成的心理机制、教育教学基本规律深刻把握的基础之上的，因而，在大学生红色文化精神教育的整体建构之中，都必须遵循教育基本原则，切实保证大学生的教育主体地位。在教育整个过程中，应树立一切从大学生实际出发的理念，在尊重大学生的前提下，适当运用有效的教育方法加以引导，充分调动和激发大学生的主动性、参与性、创造性，以实现大学生全面发展之目的。

最后，要突出大学生接受红色文化精神教育的教育性。要将高校开展红色文化精神教育的宗旨归结到"育人"二字上，始终围绕教育目标开展各种社会实践活动和各种校园文化活动，使大学生增长见识、陶冶情操、积蓄正能量，为日后担任社会主义的建设者和接班人奠定坚实的思想道德基础。

2. 目标定位要层次分明

由于受教育者的思想层次不同，我们开展红色文化精神教育就需要针对不同思想层次的人，有针对性地提出不同的目标定位，并要根据这些不同的定位，来考核评估红色文化精神教育的效果。目标的层次性，首先是基于受教育者本身在思想道德素质、文化知识素质等方面具有层次性。我们要求增强教育的针对性，就是要因材施教，坚持从大学生的实际出发，设定不同的教育目标，选择不同的教育内容，运用不同的教育方法。我们对大学生开展红色文化精神教育，针对不同年级大学生身心发展的差异，应有不同的目标设定、不同的教育内容和教育方法：大一、大二学生主要是守纪律、讲文明、讲奉献、养成良好的行为习惯方面的教育，而对于大三、大四学生，因其思想更加成熟、文化层次更高、行为更加自觉，自然应提出更高的要求，主要应在大一、大二阶段养成良好行为习惯的基础上，重点以学习革命先辈的精神品格为目标。目前，大学每个年级的目标定位还不够清晰，不少目标定位相互错位。我们要针对不同年级大学生群体的身心特点，科学设定红色文化精神教育目标，从而使教育更有针对性和实效性。

3. 目标定位要贴近现实生活

革命先辈是在火热的新民主主义革命实践中锻炼成长起来的，他们是当时现实生活的学习榜样。今天，我们对大学生开展红色文化精神教育，青年大学生则是生活在改革开放新时代的活生生的生命个体。现实生活是开展红色文化精神教育的主渠道，也是教育目标设定的基础和现实前提。脱离现实生活，教育将成无源之水、无本之木。我们要贴近现实生活，尽可能多地了解生活的本质和真谛，才能根据当今鲜活现实生活的实际，科学设定教育目标。胡塞尔曾说过："生活世界是永远事先给予的、永远事先存在的世界……一切目标以它为前提，即使在科学真理中被认知的普遍目标也以它为前提。"[①]胡塞尔的话语，含义深刻，高校广大教育工作者要深入理解并自觉遵循，要多深入大学生群体的现实生活，多贴近他们的思想、学习和生活实际，了解他们的所思、所想、所感、所惑，从大学生群体的现实学习生活入手，科学设计红色文化精神教育目标、内容、方法和实施步骤，使教育尽可能与大学生的生活实际相吻合。

二、大学生红色文化精神教育的基本内容

目前，从大学生红色文化精神教育所选择的教育资源的存在形态来分类，可分为物质类红色文化教育资源和非物质类红色文化教育资源。而物质类红色文化教育资源，以其存在形态来看，具体来说，主要包括遗址遗迹类红色文化教育资源、建筑设施与文物类红色文化教育资源、革命文艺作品类红色文化教育资源和制度文化类红色文化教育资源。非物质类红色文化教育资源，通俗地讲，就是红色精神，它是中国共产党领导中国人民进行新民主主义革命和社会主义建设以及改革实践的经验总结，是宝贵的

---

① ［德］胡塞尔.生活世界现象学［M］.倪梁康，张廷国，译.上海：上海译文出版社，2002：53.

精神财富，是中国红色文化的精髓和核心所在，也是对大学生开展红色文化精神教育的重点所在。它凝聚着中国共产党人的理想、追求、信念和信仰，这种精神力量，以其独特的魅力吸引着千千万万的先进分子和普通民众，为了新中国而奉献自己的一切甚至是最宝贵的生命。

在每个历史时期，中国共产党都凝练成了对应的红色精神，主要有：红船精神、井冈山精神、苏区精神、长征精神、延安精神、西柏坡精神等。这六种精神是构成非物质类红色文化教育资源的主体。除了这六种主要的红色精神之外，非物质类红色文化教育资源还包括以下内容：一是从中国共产党成立到井冈山时期，与红船精神同时代的其他红色精神，如安源精神、"二七"精神、"八一"精神等；二是从井冈山时期到西柏坡时期同时代的其他精神，如苏区时期形成的"兴国干部好作风"，长征时期的遵义精神，延安时期的南泥湾精神、白求恩精神、张思德精神、整风精神、愚公移山精神等；三是中国共产党领导的其他根据地、解放区所形成的红色精神，如百色精神、沂蒙精神等；四是中国共产党人在国民党反动派统治的区域，同敌人进行地下斗争所形成的红色精神，如红岩精神。另外，还包括在社会主义革命和建设初期以及在改革开放过程中形成的其他精神，如大庆精神、雷锋精神、"两弹一星"精神、创新精神、开放精神、抗洪精神、抗震救灾精神等。

由于历史条件的不同，红色精神在不同历史阶段表现出不同的历史形态，各自形成了其独特的内涵，但是，这些红色精神的本质是一致的，都是用实事求是、百折不挠、艰苦奋斗、开拓创新、忠于信仰、乐于奉献、生生不息这条主线，用推翻"三座大山"、建立新中国、建设中国特色社会主义、实现共产主义这个大目标而将其紧密联系在一起的。下面，我们重点分析开展大学生红色文化精神教育，常用的非物质类红色文化教育资源，笔者将其划分为三个历史阶段，作为大学生红色文化精神教育的基本内容进行阐释。

（一）革命战争时期的红色文化精神教育内容

1.红船精神

1917 年，在列宁的领导下，俄国十月革命取得了胜利，创建了第一个社会主义国家，为中国送来了马克思列宁主义，这对于中国尝试无产阶级革命运动有了尤为重要的借鉴意义。1919 年五四运动爆发，中国人民特别是先进知识分子有了新的觉醒。以李大钊、陈独秀为主要代表的先进分子，他们充分认识到马克思主义的真理力量，借鉴俄国十月革命的胜利经验，用马克思主义改造中国，并建立由无产阶级领导的革命政党。五四运动后，在李大钊、陈独秀等人的大力宣传下，马克思主义得到了迅速而广泛的传播，为中国共产党的创建奠基了理论根源和思想准备。随着马克思主义在中国的广泛传播，以及工人运动的蓬勃兴起，建立一个新的无产阶级政党提上了日程。经过一段时间的酝酿和筹备，第一个共产党早期组织——上海共产党早期组织于 1920 年 8 月成立。上海共产党早期组织的建立推动了各地共产党早期组织的成立，各地共产党早期组织相继成立后，一大批革命分子通过出版杂志、报纸，编译各类书籍，大力宣传马克思主义思想。同时，革命分子积极推动成立青年团组织、产业工会……努力促进马克思主义与工人运动相结合。这样，正式成立中国共产党的条件基本具备了。中国共产党第一次全国代表大会于 1921 年 7 月 23 日在上海法租界举行，7 月 24 日—29 日期间举行了四次会议，这四次会议详细探讨了党的纲领和决议等重大问题。7 月 30 日举行第六次会议，会议开始不久便受到法租界巡捕房的侵扰而被迫中断，会议转至浙江省嘉兴市南湖的一艘小船上继续召开。中共一大南湖会议讨论通过了中国共产党的纲领，确定党的名称为"中国共产党"，宣布了中国共产党的成立。

中共一大南湖会议虽然只有短暂的一天时间，却完成了会议的所有议程，见证了中国共产党的诞生，而南湖这艘小船——"红船"由此载入中国革命伟大史册，它"见证了中国革命史上开天辟地的大事变，成为中国革命源头的象征"[①]。"中国共产党的诞生标志着红船精神的形成。"[②]正如习近平所言："中国共产党……在南湖红船宣告成立，从此使中国革命的历史翻开了崭新的一页。南湖红船点燃的星星之火，形成了中国革命的燎原之势……"[③]中国共产党的成立，谱写了中国社会发展的新篇章，从此领导中国人民进行革命、改革、建设，在历史长河中创造了一个又一个奇

---

① 习近平. 弘扬"红船精神" 走在时代前列 [N]. 人民日报, 2017-12-01.

② 张政主编. 红船初心——"红船精神"的理论与实践 [M]. 北京: 人民出版社, 2019: 30.

③ 习近平. 弘扬"红船精神" 走在时代前列 [N]. 人民日报, 2017-12-01.

迹，从站起来到富起来，再到强起来，使中国民族以更加昂扬的姿态屹立于世界民族之林。

"开天辟地、敢为人先的首创精神，坚定理想、百折不挠的奋斗精神，立党为公、忠诚为民的奉献精神，是中国革命精神之源，是'红船精神'的深刻内涵。"①其中，"首创精神是灵魂，是动力之源；奋斗精神是支柱，是胜利之本；奉献精神是本质，是执政之基。"②习近平认为"红船精神"是中国革命精神的源头，是中国革命精神的逻辑起点，和井冈山精神、长征精神等一系列中国革命精神一同构成了完整的中国革命精神体系，在中国革命、改革、建设过程中不断激励着中华民族和中国人民，是我们不断夺取新胜利的强大精神力量。

（1）开天辟地、敢为人先的首创精神

"红船精神"中的开天辟地、敢为人先的首创精神集中体现在：近代中国面临山河破碎的民族危机，在经历农民阶级、地主阶级、资产阶级等各界仁人志士探索救亡图存方案失败之后，无产阶级先进分子敢于开辟新的救国道路，敢于追求真理之路，开启了传播马克思主义的先河，创建了中国共产党，开创了中国革命新道路，给身处水深火热的中华民族和中国人民带来了光明和希望。无产阶级先进分子善于认清革命发展形势和把握时代发展规律，敢于创新，在中国近代史上创造了数多个"第一"，充分彰显了开天辟地、敢为人先的首创精神。

①开启了传播马克思主义的先河

俄国十月革命胜利后，以陈独秀、李大钊等为代表的无产阶级先进分子审时度势，充分认识到马克思主义的真理力量，想通过思想变革开创中国革命新局面，于是便通过各种方式和途径大力宣传马克思主义思想。第一，利用《新青年》宣传马克思主义思想。《新青年》是宣传马克思主义的重要阵地。陈独秀、李大钊等无产阶级先进分子利用《新青年》出版专号特刊传播马克思主义思想，以及设立专栏全面介绍苏俄革命思想，全面介绍马克思主义思想和俄国苏维埃的政权、政策、经济、文化以及列宁的系列思想，这些先进思想的传播在社会产生了巨大反响。第二，开创组

---

① 习近平. 弘扬"红船精神" 走在时代前列 [N]. 人民日报, 2017–12–01.

② 戴钢书. 德育环境研究 [M]. 北京：人民出版社, 2002.

织马克思主义研究团队的先河。为了进一步学习、研究和传播马克思主义理论，以李大钊、陈独秀等为代表的中国先进分子开创性地建立了马克思主义学说研究组织。李大钊、陈独秀等中国先进分子充分发挥这一研究组织的作用，建立马克思主义著作资料和档案室，编译和刊印马克思主义著作，开展马克思主义专题研究以及主办演讲会等，这一系列活动进一步宣传了马克思主义思想，为中国共产党早期组织的成立奠定了理论基础。第三，首次翻译《共产党宣言》。1848 年《共产党宣言》的问世给世界无产阶级探索社会主义革命带来了福音，成为无产阶级革命的理论基础和行动指南。陈望道是第一位翻译《共产党宣言》的无产阶级先进分子，他为中国革命借取了马克思主义革命思想的"火种"，为开创中国革命新局面奠定了思想基础。由于当时条件艰辛，陈望道克服重重困难，经过 5 个月艰苦卓绝的努力，终于在 1920 年 4 月底完成了翻译工作。正是《共产党宣言》这部著作，后来如同燎原之火燃遍了中国大地，开创了中国革命新道路。

②创建了中国共产党

无产阶级先进分子以开拓进取的勇气探索共产党早期组织的建立，并在攻坚克难中建立了中国共产党，通过了《中国共产党的第一个纲领》和《中国共产党的第一个决议》，顺利召开了中国共产党第一次全国代表大会，开启了中国共产党跨世纪的伟大航程。这充分彰显了开天辟地、敢为人先的首创精神。

1920 年初，李大钊、陈独秀等最早开始了筹建共产党的工作，史称"南陈北李、相约建党"。1920 年 6 月，在共产国际和苏俄的援助下，在陈独秀、李汉俊、俞秀松、陈公培等人的共同努力下，第一个共产党早期组织，即上海共产党早期组织于 8 月在《新青年》编辑部正式创立，命名为"中国共产党"。随后，建立了北京共产党早期组织，这是在北方建立的第一个共产党早期组织。在上海和北京建立共产党早期组织后，李大钊和陈独秀一致认为要加快建党的进程，加快建立各地共产党早期组织，为创建中国共产党这一全国性的无产阶级政党奠定了牢固的组织基础。随着各地共产党早期组织的建立，各地还建立了社会主义青年团，发展了一大批团员，使青年团成为革命运动的后备军，极大推进了中国早期共产主义运动。1921 年 3 月，在共产国际的援助下，成功召开了各共产主义小组代表会议，公开发表了党的宗旨，初步确定了党的工作部署，为中国共产党的成立做了充分准备。1921 年 7 月 23 日—30 日，中国共产党第一次全国代表大会在上海召开，直到 7 月 30 日举行第六次会议，会议开始不久便受到法租界巡捕房的侵扰而被迫中断，转至浙江嘉兴南湖的一艘小船上继续召开。中共一大南湖会议确定党的名称为"中国共产党"，会议讨论通过了《中国共产党的第一个纲领》和《中国共产党的第一个决议》，最后在"共产党万岁"等口号中胜利完成了中国共产党第一次全国代表大会。

③开创了中国革命新道路

中国先进分子一方面吸取先前各大阶级探索救国图存道路的历史教训，一方面又具有国际视野，善于借鉴俄国十月革命胜利的经验，并在共产国际的援助下建立了中国共产党，成为中国历史上开天辟地的大事件，使中国革命有了坚定的领导力量，为中华民族和中国人民点亮了前进的灯塔，开启了中国革命的新道路，最后完成新民主主义革命，建立了新中国，这充分体现了开天辟地、敢为人先的首创精神。中国共产党自成立之日起就把实现共产主义作为党的最高理想和最终目标，把人民解放、民族独立、国家富强作为党的初心和历史任务。特别是在毛泽东同志的伟大领导下，大革命失败后在实践中探索出一条以农村包围城市、武装夺取政权的具有中国特色的正确革命道路。在此后的革命斗争中，毛泽东同志根据中国具体国情、中国具体实践和中国传统文化的实践情况，创造性把马克思主义普遍原理和中国具体实际相结合，深刻分析了中国革命的性质、动力、任务等问题，制定了新民主主义革命总路线，开辟新民主主义革命道路，实现了马克思主义中国化的第一次历史飞跃。在以毛泽东同志为代表的中国共产党的领导下，进行了 28 年的浴血奋战，推翻了帝国主义、封建主义和官僚资本主义"三座大山"，完成新民主主义革命，建立了中华人民共和国，开辟了中国历史的新纪元，中国人民从此站起来，成为国家的主人。

（2）坚定理想、百折不挠的奋斗精神

中国共产党成立之时形成的"红船精神"体现了早期共产党人对马克思主义坚定的理想信仰、对社会主义和共产主义坚定的理想信念，体现了在探索马克思主义真理和创建共产党过程中的不畏艰险、不惧强敌、百折不挠、一往无前的奋斗精神。中国共产党诞生于黑暗势力的强压下，经历了一个坎坷险阻的悲壮过程，是用中国先进分子坚定理想、百折不挠的奋斗精神所换取。在经历辛亥革命失败、五四运动受阻，帝国主义、封建军阀猖狂压迫，以及部分民众麻木不仁、苟延残喘的形势下，以陈独秀、李大钊、毛泽东为代表的中国先进分子坚信马克思主义的真理力量，坚定对马克思主义的信仰，不顾黑暗势力的百般阻挠，在高压封锁中想方设法广泛宣传、传播马克思主义思想，并勇于借取马克思主义的"火种"，善于运用马克思主义立场观点方法分析当时中国革命的形势，为中国共产党的创建奠定了理论根基。他们不顾生命危险，不惧险阻，毅然决然地在各地组建共产主义小组和各地共产党早期组织，在共产国际的援助下成立了中国共产党。中国共产党的建立充分表明了一批中国先进分子为了探索救国救民道路，坚定理想信念，不惧艰难困苦，敢于与一切黑暗势力作斗争，誓死捍卫真理，捍卫国家和民族的前途，诠释了"革命理想高于天"的精神。

在中国共产党建立过程中，涌现了一大批早期共产党人，他们在艰苦环境中坚定理想，在高压封锁中传递信仰，在白色恐怖中捍卫真理，彰显了坚定理想、百折不挠的奋斗精神，李大钊就是其中的一位重要代表。李大钊作为中国共产主义运动的先驱，在传播马克思主义思想，发展新文化运动，领导五四爱国主义运动，创建中国共产党等一系列革命运动中建立了不可磨灭的功勋。"铁肩担道义，妙手著文章"则是李大钊一生的光辉写照。俄国十月革命胜利后，李大钊高瞻远瞩，把这场革命视为"照见新人生的道路"，视为"世界革命新纪元"，于是便全力投身于研究和传播马克思主义，发表了《我的马克思主义观》《再论问题和主义》等数十篇宣传马克思主义的文章，全面介绍了马克思主义基本理论，推动了马克思主义在中国的广泛传播，在当时的思想文化界引起了巨大反响。被誉为"南陈北李、相约建党"的李大钊，在中国共产党的建立过程中发挥着重要作用，为捍卫中国共产党不惜牺牲生命。1927年4月，在北洋军阀统治的白色恐怖中，李大钊被捕入狱，在狱中受尽各种酷刑拷问，却始终宁死不屈、临危不惧，用生命捍卫了中国革命事业。

（3）立党为公、忠诚为民的奉献精神

中国共产党从诞生的那一天起，就把实现共产主义作为党的最高理想和最终目标，把人民解放、民族独立、国家富强作为党的历史任务，把为民族谋复兴、为人民谋幸福作为党的初心，把以全心全意为人民服务作为党的根本宗旨。中国共产党除了为广大人民群众谋利益之外，没有任何的私利可求，这充分体现了立党为公、忠诚为民的奉献精神。中国早期共产党人在筹备建立共产党的时候，就紧密围绕"立党为公、忠诚为民"来讨论建党目的、党的性质、指导思想、奋斗目标等问题。陈独秀认为："对于一切拥护少数人私利或一阶级利益，眼中没有全社会幸福的政党，永远不忍加入。"[1]李达也认为："共产党是无产阶级的柱石，是无产阶级的头脑……"[2]可见，早期共产党人一致认为无产阶级政党就要为全民族、全社会谋利益，为全体中国人民谋幸福，而不是仅仅为少数人谋利益，更不是为自己谋私利。立党为公、忠诚为民的奉献精神还体现在中国共产党的早期纲领中。1921年7月，中国共产党第一次全国代表大会通过的《中国共产党的第一个纲领》指出：党的奋斗目标是推翻资本家阶级的政权，消灭资本家私有制，直到社会阶级区分消除。1922年7月召开的中共"二大"指出中国共产党是为代表中国无产阶级及贫苦农民群众的利益而奋斗的先锋军。由此可见，早期共产党人的建党思想和中国共产党的早期纲领都充分彰显了立党为公、忠诚为民的奉献精神，中国共产党的成立绝不是为了谋取私利，而是把全心全意为人民谋福利作为奋斗目标。

2.井冈山精神

1928年4月，朱德、陈毅等率南昌起义保存下来的部队和湘南农军登上了敌人力量相对薄弱的井冈山，与毛泽东领导的工农革命军会师。5月，合编为中国工农革命军第四军（6月，改称工农红军第四军），开辟了中国第一个农村革命根据地，探寻到了"以农村包围城市，武装夺取政权"的正确革命道路。井冈山革命根据地孕育了井冈山革命精神，它是我们党的共产主义理想、信念的集中体现，是党的性质、宗旨的生动反映，是党的优良传统作风的高度概括，为中国红色精神的形成和发展奠定了坚实的

---

① 丘桑主编.我们断然有救[M].北京：东方出版社，1998：144.

② 《李达文集》编写组编.李达文集（第一卷）[M].北京：人民出版社，1980：134.

基础。2016年春节前夕，习近平赴江西看望慰问广大干部群众和驻赣部队时指出："井冈山是中国革命的摇篮。井冈山时期留给我们最为宝贵的财富，就是跨越时空的井冈山精神。今天，我们要结合新的时代条件，坚持坚定执着追理想、实事求是闯新路、艰苦奋斗攻难关、依靠群众求胜利，让井冈山精神放射出新的时代光芒。"①正如习近平所讲，井冈山是革命的山，战斗的山，也是英雄的山，光荣的山。红军之所以能取得一次次胜利，是因为在斗争实践中创造形成了"坚定执着追理想、实事求是创新路、艰苦奋斗攻难关、依靠群众求胜利"为主要内容的井冈山精神。

（1）坚定执着追理想

井冈山精神的精髓，就是对革命理想信念的坚定不移和不懈追求。大革命失败后，毛泽东领导的秋收起义部队之所以能在井冈山创立第一个农村革命根据地，战胜"红旗到底能打多久"的悲观思想，使"工农武装割据"的星星之火终成燎原之势，就在于红军指战员能够坚定理想信念、艰苦奋斗。当年，毛泽东同志面对处于极端困难的革命低潮，充满信心，坚信中国革命的高潮就要到来："它是站在海岸遥望海中已经看见桅杆尖头了的一只航船，它是立于高山之巅远看东方已见光芒四射喷薄欲出的一轮朝日，它是躁动于母腹中的快要成熟了的一个婴儿。"②正是靠着这种对中国革命光明前途的坚定信念，红军才能在敌军层层封锁包围、轮番"进剿""会剿"的恶劣艰苦环境下坚持下来，用步枪、大刀、长矛等同装备精良、人多势众的反动军队在战场上顽强拼搏，浴血奋战，英勇杀敌，将自己的鲜血洒在了红土地上。据不完全统计，井冈山根据地有八万多名红军指战员和革命群众光荣牺牲，仅在小井红军医院旧址，就掩埋着130多个红军重伤员的忠骨……他们至死都未曾动摇对革命必胜的信念。在井冈山的行洲村，至今还保存着当年红军写下的醒目标语，其中就有"实现共产主义"。当时的莲花县委书记刘仁堪面对敌人剖腹剜心的酷刑，视死如归，舌头被割下，他就用脚趾蘸着自己身上淌下的鲜血写下"革命成功万岁"六个大字，最后慷慨就义。这些都是当年井冈山军民坚定理想信念、

① 习近平春节前夕赴江西看望慰问广大干部群众：祝全国各族人民健康快乐吉祥　祝改革发展人民生活蒸蒸日上[N].人民日报，2016-02-04.

② 毛泽东选集（第一卷）[M].北京：人民出版社，1991：106.

高擎火炬勇往直前的生动写照。

（2）实事求是闯新路

井冈山根据地建立于革命低潮时期，当时，敌我力量对比悬殊，革命条件异常艰苦，面对轰轰烈烈的大革命遭受挫折，难免有人悲观失望，特别是对于在中国这样一个农民占绝大多数人口的半殖民地半封建的东方大国如何进行革命，怎样开展武装斗争，马列著作中并无现成答案。是像俄国十月革命那样，走以城市为中心的革命道路，还是从实际出发，结合中国的国情走自己的路？毛泽东等中国共产党人正是坚持了实事求是的思想路线，深入调查研究，科学分析近代中国国情，把马克思主义普遍原理同中国实际相结合，开辟了一条以武装斗争为主要形式，以土地革命为中心内容，以农村根据地为根本依托，开展"工农武装割据"的农村包围城市、武装夺取政权的革命新道路，建立了新型革命政权——工农兵政府，并提出了治党治军的一系列重要主张。如，"三湾改编"确立了支部建在连上的制度，保证了党对军队的绝对领导；创立了"敌进我退，敌驻我扰，敌疲我打，敌退我追"等适合红军的游击战争的指导原则和作战方针，有效增强了战斗力。这些都是实事求是闯新路精神在建军原则和战略战术上的重要创造。

（3）艰苦奋斗攻难关

艰难困苦，玉汝于成。艰苦奋斗是中华民族生生不息的优良传统，是中国共产党及其领导的人民军队的政治本色，也是井冈山精神的重要内容。当年的井冈山，"人口不满两千，产谷不满万担"，山上没有像样的路，没有学校，更没有工业，红军没有可以补给的物资，特别是国民党反动派军队对井冈山革命根据地不仅进行军事上的"进剿"和"会剿"，还实行严密的经济封锁，斗争环境之艰苦难以想象。如何在这样极度困难的条件下坚持斗争、求生存求发展？没有坚强的意志和艰苦奋斗的精神显然是不行的。根据地的军民以惊人的革命毅力和顽强的斗争精神勇克难关：吃的是"红米饭、南瓜汤，野菜野果当干粮"；盖的是"金丝被"（干稻草）；住则"天当房，地作床"。前委书记、军党代表毛泽东、军长朱德等以身作则，与士兵和群众同甘共苦，带领大家吃大苦耐大劳，自己动手种菜、挑粮、编草鞋、挖草药、熬硝盐，自力更生办起了军械所、造币厂、被服厂等，以旺盛的革命斗志和坚忍不拔的顽强毅力克服了种种困难，坚持斗争。

（4）依靠群众求胜利

一切为了群众，一切依靠群众，坚持群众路线，这是井冈山精神的又一重要内涵，也是中国共产党人最大的政治优势。与人民群众血肉相连，"有盐同咸，无盐同淡"，我们党以此赢得了民心，赢得了人民的拥护和支持。井冈山斗争时期确定的工农红军"三大任务"之一就是做群众工作。通过群众工作，启发群众觉悟，了解群众诉求，发动群众，组织群众，凝聚群众的力量支援革命。回望历史，在井冈山革命斗争的战火硝烟中，在那极其艰难的环境里，星星之火之所以终成燎原之势，燃遍中华大地，正是因为有了人民群众的力量，人民群众的大力支持；人民群众之所以拥护共产党及其领导的军队，就在于共产党及其领导的军队关心、保护他们的利益。如，广大农民深受少地无地之苦，毛泽东认为，红军要在井冈山站住脚、扎下根，那就一定要解决农民的土地问题。据此，他领导制定了《井冈山土地法》，发动农民打土豪、分田地，开展土地革命，使深受地主压迫的农民实现了"耕者有其田"；还有，毛泽东亲自提出和制定的"三大纪律，六项注意"便是针对老百姓所痛恨的旧军队抓大、派差、拿东西不付钱、随便打骂人等恶习。工农红军还经常主动帮助群众干农活，为群众分忧解难，解决群众实际问题。一次，红军打土豪缴获了一些食盐，就立即分发给因敌人封锁而十分缺盐的群众。茨坪群众李尚发得到一罐食盐后，非常珍惜，一直藏在树洞里不肯食用。这个感人的故事见证了浓浓的军民鱼水深情，也充分说明了为什么在艰苦的井冈山斗争时期，群众的积极性会被极大地调动起来，涌现出父亲送儿子、妻子送丈夫参军参战、支援前线的热烈场面，军民团结，结成坚固的铜墙铁壁，为革命事业甘愿抛头颅、洒热血，浴血奋战，粉碎了敌人一次次军事进攻。

3. 苏区精神

苏区精神是井冈山精神的继承和发展，也是长征精神的重要来源。2011年，习近平提出了要"大力弘扬苏区精神"，第一次科学概括了苏区精神的内涵。2012年6月，国务院印发了《国务院关于支持赣南等原中央苏区振兴发展的若干意见》，提出要进一步弘扬苏区精神，加大对赣南振兴发展的扶持力度。

苏区精神诞生于大革命失败后，进入民主革命阶段历时最长的土地革命战争时期。1929 年 1 月，毛泽东朱德等人率军离开井冈山，转战赣南闽西后，苏区革命不断发展壮大，至 1934 年 10 月，中共中央和红一方面军撤出中央苏区、开始长征。在此期间，苏区军民在毛泽东、朱德、周恩来等人的带领下，对"农村包围城市"的革命道路进行不断探索，在苏区成立了中华苏维埃临时中央政府和各级苏维埃政权，开始了共产党人的首次局部执政。此次局部执政，是中国共产党人第一次治国理政的伟大尝试，执政过程中，党中央始终坚持以人民当家作主作为治理主线，全心全意为人民服务，赢得了广泛的群众基础，因此在后来的反"围剿"斗争中，苏区群众无私奉献各种粮食物资，购买公债，参加红军，随时准备为革命献出生命。这些革命斗争中形成的具有典型时代特色的思想观念与行为模式成为苏区精神的主要内涵。

（1）苏区精神的本质灵魂：一心为民、坚定信念

"吃水不忘挖井人，时刻想念毛主席。"这句话不仅刻印在红井的石碑上，更印刻在每一个中华儿女的心里。位于沙洲坝革命旧址群的红井就是党和政府坚定信念一心为民的重要历史见证。

在临时中央政府从叶坪搬到沙洲坝以前，沙洲坝流传着这么一首民谣："沙洲坝，沙洲坝，没有水来洗手帕，三天无雨地开岔，天一下雨土搬家。"临时中央政府搬来后，毛泽东同志便把解决群众饮水难问题放在了心上，1933 年 9 月，他带着警卫员小吴拿着锄头铁锹寻找水源，一位早起的老乡看见了毛主席的身影，于是"毛主席大清早就带领警卫员去挖水井"的事瞬间传入了沙洲坝的人民耳中。只一会儿工夫，很多群众就来到了挖井现场。众人拾柴火焰高，在毛泽东的带领下，一口直径 85 厘米，深约 5 米的水井不一会儿就挖好了。为了使井水更清澈，毛主席又亲自下到井底铺沙石、垫木炭。

毛泽东用实际行动为机关干部和沙洲坝群众树立了榜样，一时间挖水井的热潮在中央各机关开始兴起。从此，沙洲坝人民彻底结束了饮用脏塘水的历史，开始喝上了清澈井水。为了牢记以毛泽东为代表的党中央一心为民、坚持为人民服务的精神，这口水井被命名为"红井"，并激励着一

代又一代的青年学子报效祖国。

（2）苏区精神的精髓要义：求真务实、艰苦奋斗

中央执行委员会旧址位于沙洲坝革命旧址群中很不起眼的位置，是破产地主杨衍兰的私祠，具有客家民居的典型特色，被称为元太屋。1933年4月，中央执行委员会从叶坪迁驻到这里。这里几经风霜，房屋破损严重，但就是在这里，中央执行委员会召开了第一次全国苏维埃代表大会和第二次全国苏维埃代表大会，《土地法》《劳动法》《婚姻条例》《征税条例》等上百个法律条例在此诞生。毛泽东、何叔衡、徐特立、谢觉哉等领导人就是在如此艰苦的条件下共同奋斗，携手合作，为后来发展经济奠定了坚实基础，除毛泽东外，其他三位与林伯渠、董必武一起被人们尊称为"苏区五老"。

（3）苏区精神的特质：清正廉洁、争创一流

在1931年11月的第一次全国苏维埃代表大会中，中央执行委员会诞生，委员会由63名委员组成。1934年1月，第二次全国苏维埃代表大会选举175人为正式中央执行委员，36人为候补委员，组成新的中央执行委员会，这个委员会就成为全苏大会闭幕后的最高权力机关。在此居住期间，毛泽东经常深入群众，了解关心群众生产生活，经过对长冈乡、才溪乡的实地考察，先后写下了《必须注意经济工作》《怎样分析农村阶级》《我们的经济政策》《关心群众生活，注意工作方法》等文章，对我国后来经济发展和干部培养提供了重要的理论依据。

（4）苏区精神的内核：无私奉献

在瑞金中央革命根据地历史博物馆中，还存有许多土地革命时期战士们留下的生活用品。有趣的是，这里陈列的大部分展品都是农具及衣物，军事装备较少。通过了解，这里的大部分房屋多由当时的红一方面军的战士们帮助修缮，军民生活融为一体，不论是中央领导人还是红军战士，都在为了苏区群众更好地生活而默默奉献。

展示柜中，有一个形状奇怪的铁器，铁器通身都是铁锈，相较于其他物品，这个铁器无法一眼辨别出它的用途。通过询问，了解到这是一位红军战士留下的特殊铁钩，由当地一户人家捐赠。据捐赠人回忆，土地革命时期，家中人口较少，且多为老弱病残，生活条件极为艰苦。当时红军在

这里驻扎下来，每天都有不同的战士来帮助她们解决吃饭问题，这个铁钩就是其中一位战士为了方便她们以后打井水特意给他们定制的，后来来帮忙的战友告诉他们，那位战士为了一个铁钩，日夜不停地做了大半个月。

无私奉献，是共产党人应有的精神追求，也是我们党始终保持先进性的必然要求。苏区时期以无私奉献精神的强大力量，托起了苏维埃共和国的脊梁，形成了毛泽东思想，有力地推进了中国革命的历史进程。在全面建成小康社会、开创中国特色社会主义事业新局面的征程中，仍然要大力弘扬无私奉献精神，才能有所建树、有所成就，才能不辜负党和人民的重托，不辱崇高使命。

在纪念中央革命根据地创建暨中华苏维埃共和国成立 80 周年座谈会上，习近平用"坚定信念、求真务实、一心为民、清正廉洁、艰苦奋斗、争创一流、无私奉献"28个字对苏区精神进行了精确概括。

4.长征精神

1933年10月，蒋介石在前面四次"围剿"失败后，又调集50余万军队，对中央革命根据地进行了第五次"围剿"。这时，以王明为代表的"左"倾冒险主义完全占据了党中央领导地位。他们主张采取进攻中的冒险主义，"御敌于国门之外"，命令红军"全线出击"，"左"倾冒险主义者在军事指挥上的一系列重大严重错误，使红军在反"围剿"中完全陷入被动地位，导致战争失败。1934年10月红军主力被迫长征。长征开始后，"左"倾领导人仍主张死拼硬打，把希望寄托在中央红军与策应中央红军的二、六军团会合上，面对蒋介石在长征路上设置的重重封锁线，红军面临全军覆没的危险。在危急关头，毛泽东提出改向敌人力量比较薄弱的贵州前进，这一正确主张得到大多数领导人的赞同。1935年1月，红军强渡乌江天险，占领了遵义城，摆脱了敌人大部队的围追堵截。党中央在遵义召开了政治局扩大会议，果断清算了"左"倾路线在军事指挥上的错误，确立了毛泽东在中央和红军的领导地位，这是中国革命的一个历史转折点，在极端危险的情况下，挽救了党、挽救了红军、挽救了中国革命。遵义会议后，全党全军精神大振，采取灵活机动的战略战术，四渡赤水河，巧渡金沙江，强渡大渡河，飞夺泸定桥，转战乌蒙山，激战嘉陵江，血战独树镇，爬雪山，过草地。中央红军用自己的双脚走完了二万五千里，于1935年10月到达陕北，胜利地完成了长征。1936年10月，红二、四方面军完成长征，红军三大主力在甘肃会宁胜利会师，完成了具有伟大历史意义的长征。毛泽东曾高度评价了长征的伟大历史作用，指出："长征是历史纪录上的第一次，长征是宣言书，长征是宣传队，长征是播种机。"①

长征是人类历史上的伟大壮举，中国共产党人和红军将士用生命和鲜血铸就而成的长征精神是留给我们最宝贵的精神财富。2016 年 10 月 21 日，习近平在纪念长征胜利 80 周年大会上指出："伟大长征精神，就是把全国人民和中华民族的根本利益看得高于一切，坚定革命的理想和信念，坚信正义事业必然胜利的精神；就是为了救国救民，不怕任何艰难险阻，不惜付出一切牺牲的精神；就是坚持独立自主、实事求是，一切从实际出发的精神；就是顾全大局、严守纪律、紧密团结的精神；就是紧紧依靠人民群众，同人民群众生死相依、患难与共、艰苦奋斗的精神。"②习近平对长征精神的科学内涵概括得全面、具体、科学、生动、深刻。不仅如此，在庆祝建党 95 周年的讲话中，习近平多次提及"不忘初心，继续前进"，希望党员同志牢记长征时的初心。此外，习近平还在其他各种会议上提及长征、强调长征精神。长征精神为中国特色社会主义事业建设提供了精神支柱、强大动力和思想指导。

笔者研读了大量的文献资料，综合国内外研究和江泽民、胡锦涛、习近平对长征精神科学内涵的概括，以习近平同志的概括为主，将长征精神的科学内涵界定为五个方面：坚定革命的理想信念是其核心；顽强拼搏、不怕牺牲、艰苦奋斗是其品质；独立自主、实事求是是其精髓；顾全大局、严守纪律、紧密团结、互助友爱是其表征；同人民群众生死相依、患难与共是其宗旨。

（1）坚定革命的理想信念是长征精神的核心

红军面对恶劣的自然环境，敌人的围追堵截，各种各样的困难，即便是在陷入绝境之时，仍始终不渝地奋勇前行，这背后支撑着他们的就是这种坚定的理想信念。这种救国救民的理想信念，就成为红军爬雪山、过草地、走完长征的精神财富。参加长征的红军指战员，都有着远大的理想和

---

① 毛泽东选集（第一卷）[M]. 北京：人民出版社，1991：149-150.

② 习近平. 在纪念红军长征胜利 80 周年大会上的讲话 [N]. 人民日报，2016-10-22.

抱负，知道红军是为了打土豪，分田地，解放中下层贫民，为了实现共产主义，实现世界各族人民的平等与和平等。长征开始时，他们并不知道、也不清楚这次长途行军到什么时候结束，只知道自己的行动是为了解放中国劳苦大众。正是在实现这一理想信念的过程中，无数先烈战死沙场，很多烈士临终前深情地说："为革命而死，死而无憾。""这样的理想，使这支红色大军区别于中国历史上的任何一支军队。"①正是这种坚定革命的崇高理想信念，使中国共产党领导的中国工农红军在极其恶劣的环境中继续着中国革命的事业，并最终走向胜利。

（2）顽强拼搏、不怕牺牲、艰苦奋斗是长征精神的品质

顽强拼搏、不怕牺牲、艰苦奋斗是长征精神最重要的内涵，是长征精神的集中表现。"一不怕苦，二不怕死"的革命大无畏英雄主义是长征精神与其他革命精神的最显著的区别。

长征中的战役战斗，是双方精神意志的大较量。一边是中国工农红军为北上抗日、救国救民而战，目的明确，尽管装备落后，但是意志坚定，士气高昂，服从命令，不怕牺牲，用鲜血和生命铺就胜利的道路；另一边是国民党反动派军队，为剥削阶级卖命，兵无斗志，军纪涣散。两种军队，两种状态，精神意志迥然不同，战役战斗的结果也不相同。正如毛泽东所说，长征以我们的胜利和敌人的失败而告结束②。长征战役战斗的胜利，是红军不怕牺牲、勇往直前的革命英雄主义精神的胜利。"红军都是英雄汉"，战役战斗中，红军无论面临多么强大的敌人，面对多么严重的困难，广大官兵都临危不惧，奋不顾身，视死如生，体现了红军惊天地、泣鬼神的英雄气概，展示了共产党人和红军战士顽强战斗的品格。正是有了这种伟大的精神，红军才弥补了武器装备的落后、物质条件的匮乏，创造出了伟大的奇迹。

艰苦奋斗是长征精神永恒的动力。"人创造环境，同样环境也创造人。"③长征不是一般意义上的行军，也不是通常意义的打仗，而是在极

---

① 张啸. 浅析共产主义信念对长征精神的意义 [J]. 传承, 2013（07）：50–51.

② 聂荣臻回忆录（上册）[M]. 北京：战士出版社，1983：286.

③ 中共中央马克思恩格斯列宁斯大林著作编译局编译. 马克思恩格斯选集（第一卷）[M]. 北京：人民出版社，1972：43.

度残酷的条件下实施战略撤退。红军将士们经历的困难与折磨，超越了人类心理与生理上的极限。红军指战员凭着对革命理想的执着追求，对革命必胜的坚定信念，面对凶恶强大的敌人和重重险山恶水，以舍生忘死、压倒一切敌人、战胜一切困难的英雄气概，迈开双脚，边行军，边筹粮，边打仗。一路上，天当房，地当床，日晒雨淋，风餐露宿；以坚强的毅力、不胜不休的意志，忍受着伤痛、饥饿和严寒的煎熬，战胜了人间罕见的艰险，一往无前。据中国共产党新闻网资料统计，红军一、二、四方面军和25 军总共有 20 多万人参加长征，到达陕北时仅剩 33400 人。长征中，每前进 70 米就有一名红军战士牺牲。

人类的精神一旦被唤起，其威力是无穷的。马克思强调实践的作用，实践能最大程度地发挥人的主观能动性，产生巨大的精神能量和改造世界的能力。恶劣环境中的斗争实践培养了红军战士们吃苦耐劳的革命作风，铸就了他们钢铁般的意志和毫不动摇的政治信念，形成在动态的作战环境中大无畏的英雄主义，形成了艰苦奋斗的长征精神，这是长征精神"不怕苦不怕死"的状态，也是长征精神科学内涵的集中体现。

（3）独立自主、实事求是是长征精神的精髓

长征中，中国共产党领导的中国工农红军与苏联共产国际失去联系，客观上使红军被迫独立自主地解决自身的革命问题，1935 年 12 月，遵义会议召开，这是党的历史上的一次重大转折，在极端危急的时刻，挽救了党和红军。遵义会议开辟了我们党独立自主解决问题的道路，结束了"左"倾教条主义的领导，确立了毛泽东同志的领导地位，遵义会议之后，红军屡屡克敌，"毛主席用兵真如神"正是毛泽东用马克思主义的立场、观点和方法，对战役和战斗进行了具体问题具体分析，做到了一切从实际出发的写照。红军在以毛泽东为核心的党中央的正确领导下，根据不断变化的情况，采取灵活机动的战略战术，取得了四渡赤水河、巧渡金沙江、强渡大河、飞夺泸定桥等一个又一个重大战役的胜利，使红军转危为安、反败为胜，胜利地到达陕北。

（4）顾全大局、严守纪律、紧密团结、互助友爱是长征精神的表征

中国共产党是无产阶级的政党，在我们党的领导下，中国工农红军有着严格的组织性和纪律性。在长征中，红军将士们考虑整体局势、服从大

局、严格遵守纪律、紧密团结和互助友爱，因此，具有伟大的凝聚力和战斗力。长征时先后有四支军队参加，红军能够取得最终的胜利，正是这四支军队的互相接应、配合和支援的结果。这四支军队的互相支持、配合、接应在长征的初始阶段和最后阶段的表现尤为突出。

毛泽东同志是顾全大局的榜样。长征初期，由于受"左"倾错误影响，毛泽东一直受到排挤，他的正确军事主张得不到贯彻，使得红军遭受了巨大的伤亡。然而，他并未因此而对党和红军的命运置之不理，而是不计较个人恩怨和得失，对中央领导层的每个同志耐心地做说服工作，甚至还积极协助周恩来制定军事路线、军事策略，最终使中央采纳了自己的建议，及时改变了军事计划和行军路线，使红军的命运转危为安。毛泽东耐心地用事实说服，使大多数同志相信、支持、拥护他，可以说是维护中央团结统一的具体体现。

广大红军将士的集体主义精神，则无时不在，无处不在。官兵上下之间，兵兵之间同甘共苦，互助友爱、生死与共。马克思在《德意志意识形态》里中指出："共产主义者不向人们提出道德上的要求，……他们清楚地知道，无论利己主义还是自我牺牲，都是一定条件下个人自我实现的一种必要形式。"[①]长征精神里蕴含的这种自我牺牲，是一种自我实现的必要形式。以毛泽东为核心的党中央，实现了红军的大团结，这种巨大的凝聚力使红军队伍打不垮、拖不烂，在极其艰难困苦的条件下取得胜利。在长征中，中国工农红军无论是领导干部还是普通士兵均表现出来顾全大局、严守纪律、紧密团结、互助友爱的集体主义精神，能转化为巨大的凝聚力和战斗力。

（5）同人民群众生死相依、患难与共是长征精神的宗旨

中国共产党自建党之初就立下"立党为公，执政为民"的宗旨。长征中，中国共产党领导的中国工农红军发扬"紧紧依靠人民群众""同人民群众生死相依、患难与共"的精神，进而在行军路上受到了人民群众的欢迎、得到了人民群众的支持。人民群众的积极参与形成了长征精神的外部保障，保证了长征最后取得胜利。中国工农红军走的群众路线也传播了长

---

① 中共中央马克思恩格斯列宁斯大林著作编译局编译. 马克思恩格斯全集(第 3 卷) [M]. 北京: 人民出版社, 1960: 275.

征精神、发展了长征精神。

群众路线是我们党的基本路线，红军是一支来源于人民的军队，来自人民，服务于人民，忠实践行着全心全意为人民服务的宗旨，时刻遵守"三大纪律八项注意"。人民群众的拥护和依靠，是红军最终取得胜利的根本。据不完全统计，从第二次国内革命战争开始到主力红军长征为止，仅兴国县约38万人口中，就有8万人参加了红军。[①]中央红军通过大凉山彝族区时，尊重少数民族的风俗习惯，耐心细致地做彝族首领小叶丹的工作，最终小叶丹为红军的真诚和严明的军纪所感动，让红军顺利通过，并愿意与红军结盟。随后，刘伯承和小叶丹叔侄歃血结盟，彝族群众手拿红旗，欢迎红军到来，并自觉为红军带路。长征中，中国共产党从中国革命的具体实际出发，展开深入细致的思想政治工作，尊重群众、爱护群众、一切以群众的利益为重，进一步加强了党群联系，为红军的革命斗争提供了坚实的群众基础，铸就了同人民群众生死相依、患难与共的长征精神。最终取得了红军长征的伟大胜利。

5.延安精神

1935年10月，中央红军经过长征，胜利到达了陕北。从此，延安和陕甘宁边区成为党中央的所在地。以毛泽东为核心的党中央在延安战斗生活了13年，领导全国人民进行了伟大的抗日战争和解放战争，打败了日本帝国主义，推翻了国民党反动统治。毛泽东在这里写下了《实践论》《矛盾论》《论持久战》等16篇马克思主义理论著作。延安时期，是中国革命走向胜利的新起点，是我们党壮大力量、实现转折、走向新胜利的伟大时期，是党和人民坚定信念、艰苦创业的伟大时期，也是毛泽东思想全面发展并走向成熟的时期。在这段历史时期，全党、全军和边区人民继承和发扬了井冈山精神、苏区精神和长征精神，并创造孕育了延安精神。延安精神内涵十分丰富，可主要概括为以下内容。[②]

（1）解放思想，勇于创新

在延安时期，毛泽东深入实际调查研究中国现状，从中国革命的实际出发，解放思想，勇于创新，把马克思主义与中国革命实际相结合，探索

① 韩延明.红色文化与社会主义核心价值体系建设研究[M].北京：人民出版社，2013：73.

② 韩延明.红色文化与社会主义核心价值体系建设研究[M].北京：人民出版社，2013：76.

出了适合中国革命实际的正确道路。毛泽东指出："中国共产党人只有在他们善于应用马克思列宁主义的立场、观点和方法，善于应用列宁斯大林关于中国革命的学说，进一步地从中国的历史实际和革命实际的认真研究中，在各方面作出合乎中国需要的理论性的创造，才叫做理论和实际相联系。"①毛泽东在长期抗日战争和解放战争的斗争实际中，不断总结中国革命斗争的实践经验，写出了《实践论》等一批经典著作，进一步丰富了新民主主义革命理论、党的建设理论、军事斗争理论、根据地建设理论、统一战线理论等，在理论和实践相结合的基础上，创造性地发展了马克思列宁主义，诞生了马克思列宁主义中国化的伟大成果——毛泽东思想。毛泽东思想的诞生，是毛泽东个人智慧和中国共产党人集体智慧的结晶，是中国共产党走向成熟的重要标志。

（2）调查研究，实事求是

延安时期，毛泽东经常教导各级领导同志，要深入实际、深入基层，开展调查研究。要在党内大兴调查研究之风，多掌握实情，减少主观臆断，根据实际制定出正确可行、群众拥护的路线方针政策。1941年，毛泽东明确指出，没有调查就没有发言权，并对"实事求是"的深刻内涵做了具体阐述："'实事'就是客观存在着的一切事物，'是'就是客观事物的内部联系，即规律性，'求'就是我们去研究。我们要从国内外、省内外、县内外、区内外的实际情况出发，从其中引出其固有的而不是臆造的规律性，即找出周围事变的内部联系，作为我们行动的向导。"②毛泽东还为中央党校题写了校训——"实事求是"，从此，"实事求是"便一直成为各级领导干部和广大民众工作的行动指南。

（3）自力更生，艰苦奋斗

抗日战争时期，日本帝国主义对解放区实行严酷的杀光、烧光、抢光的"三光"政策，妄图将八路军困死、饿死在革命根据地。同时，国民党反动派也调集几十万军队，对革命根据地进行军事、经济封锁。加上陕甘宁边区又遭受严重自然灾害，边区军民的吃饭、穿衣等日常生活非常困难。在严重的困难面前，延安军民发扬自力更生、艰苦奋斗

---

① 毛泽东选集（第三卷）[M]. 北京：人民出版社，1991：820.

② 毛泽东选集（第三卷）[M]. 北京：人民出版社，1991：801.

的革命精神，积极开展大生产运动。毛泽东、朱德、周恩来等领导带头参加生产劳动，极大地鼓舞了军民士气。在大生产运动中，王震率领的三五九旅到南泥湾开垦荒地，硬是将往日荒凉的南泥湾变成了陕北的"好江南"。在开展大生产运动的同时，边区军民还积极开展节约运动，节约每一粒粮食、每一张纸、每一寸布，杜绝各种浪费。毛泽东坚持同边区军民一样，住土窑洞、穿粗布衣、点小油灯。延安时期，解放区普遍形成了军民一致、上下一致、官兵一致的好风气，形成了自力更生、艰苦奋斗、反对浪费的好作风。

（4）依靠群众，服务群众

坚持群众路线，依靠群众，相信群众，服务群众，全心全意为人民服务，是延安精神的重要内涵。在延安时期，毛泽东和其他中央领导经常深入到群众中去，了解情况，发现问题并及时解决问题。1940年，他在征收公粮中得知群众有怨言，立即进行了深刻反思，并要求边区政府立即整改，减少公粮收购任务。在延安，毛泽东对涌现出来的先进典型，撰文表扬，写下了《为人民服务》《纪念白求恩》两篇文章，号召全党、全军向张思德和白求恩同志学习，学习他们全心全意为人民服务的精神，学习他们公而忘私、为革命事业而英勇献身的精神。群众路线的正确确立与执行，极大地调动了人民群众支持革命的热情。"据有关部门不完全统计，1947年3月至1948年2月，仅边区支前民工就达200万人次，边区妇女做军鞋92.9万多双，极大地支援了人民军队，当时陕北部队仅2万多人，却打垮了敌人23万多人的进攻。"①这种深厚的军民鱼水情正是中国革命能够取得胜利的根本原因之所在。

6. 西柏坡精神

1947年4月，中央工作委员会书记刘少奇和朱德总司令来到晋察冀解放区，5月来到平山县的西柏坡村，1948年5月，毛泽东率领中共中央和人民解放军总部机关也来到该村，随后，这个小山村便成为当时中国革命的领导中心。在这里，中国共产党颁布了《中国土地法大纲》，指挥了著名的三大战役，召开了七届二中全会。党中央在西柏坡不仅领导新民主主义革

---

① 韩延明. 红色文化与社会主义核心价值体系建设研究 [M]. 北京: 人民出版社, 2013: 80.

命取得全国胜利，而且为实现党的工作重心从农村到城市、从战争到建设的转变，奠定了坚实的思想基础，开辟了新民主主义向社会主义过渡的新道路，从而孕育了伟大的西柏坡精神。

（1）两个"敢于"的进取精神

在西柏坡时期，党中央面对蒋介石反动势力的疯狂"围剿"，为解放全中国，让广大劳动人民翻身做主人，所以中国共产党面临的生死抉择就是"两个敢于"——敢于斗争，敢于胜利。中国共产党领导人敏捷地把握实际，分析敌情，在西柏坡作出重要的战略决策，根据敌情分布接连指挥了震惊中外的辽沈战役、淮海战役和平津战役三大战役，历时四个多月共歼灭和改编国民党反动派军队155万余人，大大挫伤了国民党反动势力的锐气和军事力量，致使国民党军队再无法与中国共产党对抗，中国革命取得战略性胜利，为建立新中国奠定了坚实的基础。当蒋介石提出《元旦文告》、妄图以和平的名义分裂祖国时，毛泽东适时戳穿蒋介石的阴谋论，作出"将革命进行到底"的英明决策，这一行动彰显了中国共产党敢于斗争、敢于胜利的大无畏革命精神，在当时复杂的国际环境下这一决断彰显了"两个敢于"的西柏坡精神。解放战争时期的辽沈战役、淮海战役和平津战役三大战役的胜利标志着以毛泽东为核心的党中央的正确指挥，也是我党"两个敢于"精深的良好体现，三大战役的胜利也为建立新中国奠定了坚实的基础。

（2）两个"依靠"的民主精神

两个"依靠"指的是紧紧依靠人民群众、紧紧依靠全党和全国人民的大团结。西柏坡时期，中国革命正处于两种命运和两种前途进行最后决战的关键时期，又是承前启后、实现伟大历史转折的重要时期，军事、政治、经济、文化等领域的斗争异常激烈、复杂，革命新形势的迅速发展，要求中国共产党人以革命的新姿态，"充分发挥依靠群众、团结统一的民主精神，调动全党全军全国人民和各方面人士的积极性，为打倒蒋介石，建设新中国而努力奋斗"[①]。坚持紧紧依靠人民群众，坚持紧紧依靠全党和全国人民的大团结，始终坚持军民一致、官兵一致、军政一致，这种民主

---

① 韩延明. 红色文化与社会主义核心价值体系建设研究 [M]. 北京：人民出版社，2013：83-84.

务实的作风，是党的群众路线和民主作风在西柏坡时期的传承和发展，是西柏坡精神的重要内涵之一。

（3）两个"善于"的科学精神

中国共产党在西柏坡那段时期是历史上伟大的转折期，当时中国正处于由战争转向和平的过渡期，当时国内的政治、经济、文化等建设都处于百废待兴的状态，广大人民群众最期待的就是执政党能结束长期的战争局面，将人民群众挽救与水火之中，维持和平局势，加快开展经济建设。结合以往的实践经验，毛泽东提出："我们不但善于破坏一个旧世界，我们还将善于建设一个新世界。中国人民不但可以不要向帝国主义者讨乞也能活下去，而且还将活得比帝国主义国家要好些。"[1]正是这铿锵有力的话语和对未来社会主义建设的坚定信念成为广大党员干部和人民群众进行解放战争、建立新中国的强大精神指引。

"两个善于"就是"善于破坏旧世界，善于建设新世界的科学精神"[2]，从根本上体现了党中央看待问题能够从中国的实际出发，不是一味模仿、照搬照抄马克思主义理论，从中国具体国情出发，了解客观实际，并能尊重客观规律。这是中国革命能取得胜利的一个重要因素，也是形成具有中国特色社会主义道路的完美体现，"两个善于"是中国共产党在建设新中国时秉承实事求是原则的重要体现。

（4）两个"务必"的创业精神

两个"务必"具体指的是："务必使同志们继续地保持谦虚、谨慎、不骄、不躁的作风，务必使同志们继续地保持艰苦奋斗的作风。"[3]西柏坡时期是中国革命即将胜利，中国共产党即将经受执政考验的历史时期，中国共产党能否避免历史周期律的束缚，不做现代李自成，这事关革命的成功，事关中国的前途和命运。毛泽东在党的七届二中全会上郑重告诫全党、全军：因为胜利，党内的骄傲情绪，以功臣自居的情绪，停顿起来不求进步的情绪，贪图享乐不愿再过艰苦生活的情绪，可能生长。为此，要做到两个"务必"，要认识到"夺取全国胜利，这只是万里长征走完了第

---

① 毛泽东选集（第四卷）[M].北京：人民出版社，1991：1439.

② 夏静雷.西柏坡精神的基本内涵及其社会效应[J].重庆社会科学院，2012（11）：93.

③ 毛泽东选集（第四卷）[M].北京：人民出版社，1991：1439.

一步……但革命以后的路程更长，工作更伟大、更艰苦"①。要丢掉不良作风，保持优良作风。新中国成立初期，在毛泽东、周恩来、朱德等老一辈无产阶级革命家的积极倡导和身体力行下，全党上下、全军上下、全国人民始终坚持和发扬优良革命传统，坚持艰苦奋斗、勤俭建国，从而巩固了新生政权，开辟了社会主义建设新道路。

（二）社会主义革命和建设初期的红色文化精神教育内容

1949年10月1日，毛泽东向全世界庄严宣布新中国成立了。中国革命取得了巨大的胜利，建立了无产阶级政权，人民从此翻身做主人。社会的主要矛盾也由革命战争变为社会主义建设，长征精神被赋予了新的内容和意义。这一时期党的工作中心从农村转移到城市，主要任务是以经济建设为中心，大力发展社会生产力。我们党把新民主主义革命时期的红色精神融入社会主义改造、"一五"计划、"大跃进"和人民公社运动中。红色精神在社会主义建设的潮流中延续着，集体主义、艰苦奋斗的精神为这段时期的核心。20世纪50年代，中国的社会主义建设取得显著成绩的原因，正是继承和弘扬红色精神。广大党员和人民群众坚持理想信念、爱党爱国爱社会主义、严守纪律、为人民服务。这一时期比较有代表性的红色精神有大庆精神、雷锋精神、焦裕禄精神、"两弹一星"精神、红旗渠精神、北大荒精神等。在这里笔者主要阐述大庆精神、雷锋精神和"两弹一星"精神。

1. 大庆精神

在特殊的历史和特殊的环境下形成的大庆精神，是马克思列宁主义、毛泽东思想和大庆石油会战的实际相结合的产物，是中国工人阶级形象的集中体现，是中国共产党的革命精神在新中国、在社会主义经济建设中的延伸。面对着经济建设需要大量石油而中国却长期被国外称为"贫油国"这一矛盾，面对着国外对中国的能源封锁，王进喜带领着大庆石油工人发出了"有条件要上，没有条件创造条件也要上"的誓言；激情澎湃地吼出了"宁肯少活二十年，拼命也要拿下大油田"的壮语。正是在这种无私奉献、敢闯敢干精神的激励下，"铁人"和工人们一同拿下了大油田，为新

---

① 毛泽东选集（第四卷）[M].北京：人民出版社，1991：1439.

中国的经济发展提供了急需的能源；用他们的誓言和血汗践行着"为国分忧、无私奉献"的爱国理念，同时也培育了大庆精神。

1981年12月，中共中央在转发国家经委党组《关于工业学大庆问题的报告》中，首次将大庆精神进行概括："发愤图强，自力更生，以实际行动为中国人民争气的爱国主义精神和民族自豪感。无所畏惧，勇挑重担，靠自己的双手创业的革命精神。一丝不苟，认真负责，讲究科学，三老四严，脚踏实地地做好本职工作的求实精神。胸怀全局，忘我劳动，为国家分担困难，不计较个人得失的献身精神。"[①] 1990年初，江泽民同志视察大庆，把"爱国、创业、求实、奉献"作为对大庆精神的概括。大庆精神的这八个字具体解释为："为国争光、为民族争气的爱国主义精神；独立自主、自力更生的艰苦创业精神；讲究科学，'三老四严'的求实精神；胸怀全局、为国分忧的奉献精神。"[②]在石油大会战的艰苦环境中孕育、形成的大庆精神激励着无数中华儿女战胜千辛万苦，百折不挠，勇往直前。

2.雷锋精神

作为一名普通的战士，雷锋同志把自己视为社会主义建设中的一分子，将自己看作一枚平凡而又渺小的"螺丝钉"，用自己平凡而又简单的一生践行着无私奉献的优良革命传统。"把有限的生命投入到无限的为人民服务之中去"，雷锋同志实现了传统革命精神向时代精神的转化。

雷锋精神体现的无私奉献、为人民服务的集体主义精神主要有如下的思想内涵：首先是处理好集体利益和个人利益的关系，努力保持好两者的协调一致，只有这样才能激发、践行"为人民服务"这一原则。其次是要优先考虑集体利益，将之置于首要地位，尤其是当两者冲突时。最后是要注意和肯定个人利益的合理性。基于个人存在的现实，尊重个人的价值、保护个人的合法利益、促进个人能力的全面提升，是雷锋精神所秉持的集体主义原则中的意义。

可见，雷锋精神传承了红色精神里马克思主义的先进的世界观、人生观、价值观，传承了红色精神的集体主义，形成了无私奉献、全心全意为人民服务的优良品格，倡导为人民做更多的贡献。雷锋同志崇高的品德和

---

① 转引自朱小丹. 筑牢共产党人拒腐防变的思想道德防线 [J]. 红旗文稿, 2007 (16)：2.

② 石仲泉. 十八大发展了的中国特色社会主义与"中国梦" [J]. 中国特色社会主义研究, 2013 (03)：8.

辉煌的事迹，形成一种言行合一的革命精神，这种以公为大，无私忘我的共产主义思想和品格，正是长征精神的集体主义观在社会主义建设初期的高度体现。

中共中央办公厅2012年3月2日印发的《关于深入开展学雷锋活动的意见》指出，当前，主要"大力弘扬雷锋热爱党、热爱祖国、热爱社会主义的崇高理想和坚定信念，弘扬雷锋服务人民、助人为乐的奉献精神，弘扬雷锋干一行爱一行、专一行精一行的敬业精神，弘扬雷锋锐意进取、自强不息的创新精神，弘扬雷锋艰苦奋斗、勤俭节约的创业精神"[①]。这是新时期雷锋精神的基本内涵。在雷锋身上所体现的热爱党、热爱祖国、热爱社会主义的崇高理想和坚定信念、服务人民、助人为乐的奉献精神、干一行爱一行、专一行精一行的敬业精神、锐意进取、自强不息的创新精神以及艰苦奋斗、勤俭节约的创业精神等，凝练而成雷锋精神，教育和影响了一代又代雷锋式的先进人物，他们用自己的先进思想和行为传承了雷锋精神，不计个人得失，在自己平凡的职业岗位上兢兢业业，刻苦钻研，做出了不平凡的工作业绩，为社会主义建设事业添砖加瓦。

3. "两弹一星"精神

在国际风云变幻的20世纪五六十年代，在面临着霸权国家的战争威胁与国际上的日益孤立，为维护国家安全，在国内经济比较困难的条件下，党中央作出了发展"两弹一星"这一对国内外具有重大影响的决策。之后，在许多老一代科学家、科技工作者的努力工作下，在他们的默默付出中，技术上的难关一个个被突破，各种政治经济困难被克服，终于，他们获得了成功，取得了令祖国骄傲的伟大成就。1964 年 10 月 16 日，原子弹爆炸成功；1966 年 10 月 27 日，导弹核试验成功；1970 年 4 月 24 日，人造卫星发射成功。

热爱祖国、无私奉献，自力更生、艰苦奋斗，大力协同、勇于登攀的"两弹一星"精神是红色精神中的爱国主义精神的体现、集体主义的反映，是新时代科学精神的证明。中华民族不欺侮别人，也绝不受别人欺侮。老一代科学家和广大研制人员深沉坚定的爱国主义，是他们创造、开

---

① 中共中央办公厅印发关于深入开展学雷锋活动的意见 [EB/OL]. http://www. gov. cn/jrzg/2012–03/02/content_2081558. htm.

拓的动力，也是他们战胜一切困难的精神支柱。正是有了这样艰苦奋斗、无私奉献的精神，他们不怕狂风飞沙，不惧严寒酷暑，没有条件，创造条件；没有仪器，自己制造；缺少资料，刻苦钻研。他们克服种种困难，忍受种种的压力与艰辛，终于研发出了"两弹一星"。他们运用自己的智慧，在很短的时间内成功发射了"两弹一星"，举世瞩目，为中华民族赢得了世界的尊重。

我国"两弹一星"的事业是集体的事业，它取得的每一次成功，都凝聚着千万人的奋斗和创造，辉煌和光荣属于每一个在这条战线上的大力协同、勇于登攀的无名英雄，属于全体中国人民，属于自强不息的中华民族！

（三）建设中国特色社会主义"新长征"时期的红色文化精神教育内容

1978 年 12 月，中国共产党第十一届中央委员会第三次全体会议成为中国共产党的第三个重大转折点，逐渐消除了党内和国内长期以来的"左"的错误所造成的巨大影响，突破了长期由个人崇拜、个人迷信所导致的思想僵化局面，从而使得国家建设进入了一个新时期、新阶段。会议重新将经济建设置于国家各项事业中的中心位置，提出解放思想、实事求是是用来扫除存在于当时中国社会以及人们脑海中的落后观念的一大法宝。邓小平在《解放思想，实事求是，团结一致向前看》中更是极富睿智且意味深长地提出"新长征"，从而迈出了通过改革开放来进行社会主义现代化建设的重要步伐。创新精神、开放精神、发展精神、创业精神、抗洪精神以及抗震救灾精神等是这一时期红色精神的主要表现。

1. 创新精神

改革在中华民族悠久的历史发展过程中，可谓史不绝书。中国的马克思主义者是伟大的爱国者和民族解放的先驱，也是最具活力、最具正气和创新精神的改革创新者。中国是在各种条件还不具备的客观历史条件下进入社会主义道路，每一步都体现了艰苦的努力和伟大的创造力，是"突出重围"并"杀出一条血路"。改革开放四十多年以来，中国共产党、中国人民和国家的面貌都经历了历史性的巨大变化。中国人民在社会主义现代化建设中创造了令世界瞩目的巨大经济成就的同时，也通过传承独立自主的长征精神而形成创新精神。创新精神是极具特色和创造性的伟大时代精神，是长征精神在社会主义改革开放新时期的阶段性表现。创新精神是当代中国改革的灵魂。改革开放使我们党对创新的重要性的认识得到前所未有的改善。习近平强调要大力发扬与时俱进、开拓进取、勤奋探索、勇于实践的改革创新精神，努力成为改革坚定的支持者和积极的实践者，用自己的努力在改革实践中创造更多幸福生活。随着时代的推进，要审时度势，抓住改革的脉搏，真正使改革达到实际的效果。

自 1978 年以来，改革开放后的中国打破了前所未有的态势。几十年的改革开放，促进了我国经济社会科技等各方面的快速增长，我国不仅成为世界的第二大市场，同时在计算机、载人航天、通信工程等科学技术领域取得了巨大成绩，医疗、卫生、教育也取得了很大成绩。中国的改革开放实践，不仅向世人证明了只有不断地进行国内改革、对外不断地开放才能发展自己这一真理，同时也向世界展示了创新精神已成为当代中华儿女的共同精神风貌。创新精神，是对红色精神的传承与升华，这主要体现在两者在精神内涵方面的相似性和一致性。虽然新民主主义革命时期与当今改革开放新时期属于不同的历史时期，但是在这两个时期的中国共产党人都善于学习、注重实践，不拘泥于理论，都是将理论的运用联系到国家和现实的实际当中，通过将两者创造性结合，从而获得了巨大的成功。创新精神是我国打破各种旧思想、旧精神以及各种旧观念的束缚，进而顺利进行经济建设的重要原因，也是我国能够实现经济和社会转型的关键。

2.抗洪精神

自然灾害，是对一个国家综合国力的考验，更是对一个民族凝聚力的考验。抗洪精神的提出，缘于 1998 年的那场特大洪水，全党全军全国人民紧急行动起来，团结奋战，力挽狂澜，确保了人民生命财产的安全，使这场特大自然灾害的损失减少到最小。围绕着与这场斗争所焕发出的伟大抗洪精神，成为中华民族无比珍贵的精神财富。

万众一心、众志成城。在抗洪斗争的过程中，全国上下团结一心，前方后方齐心协力，从千里长堤到首都北京，从大江南北到长城内外，从沿海省市到边疆地区，中华儿女的力量迅速集结在一起在灾害面前，全国人民展现出了超凡的凝聚力。

不怕困难、顽强拼搏。空军某高炮团一连指导员高建成在洪流中把生的希望让给群众和战友，自己壮烈牺牲。1998年8月12日，中央军委签发命令，授予高建成"抗洪英雄"荣誉称号，并号召全军官兵向他学习。一个英雄倒下去，千万个英雄站起来。这种慷慨赴难、视死如归的大无畏气概，天地为之动容，世人为之赞叹。有了这种英雄主义的鼓舞，中国人民就能始终坚强地屹立于世界民族之林。

坚忍不拔、敢于胜利。在特大洪水面前，广大军民以勇敢的气魄和坚定的毅力誓与洪水决一死战，迎着困难和危险奋力前进，越是情况危急，广大军民越是不屈不挠，一次又一次顽强地战胜了洪峰，始终牢牢挺立在滔滔洪水的前面。

1998年抗洪抢险斗争取得胜利的原因是多方面的，全体抗洪军民和整个中华民族在这场斗争中所展现出来的伟大精神力量，无疑是其中一个极其重要的原因。在特大自然灾害面前，一个人的力量是无法抵挡滔滔洪水的。但是，当伟大的精神力量把全国人民紧紧地凝聚在一起时，就会形成抵御风浪、战胜困难的基础和动力。

1998年9月28日，江泽民在全国抗洪抢险总结表彰大会上指出："在同洪水的搏斗中，我们的民族和人民展示出了一种十分崇高的精神。这就是万众一心、众志成城，不怕困难、顽强拼搏，坚韧不拔、敢于胜利的伟大抗洪精神。"[①]这是对中华儿女在这场抗洪抢险斗争中所表现出来的伟大精神力量的高度概括和科学总结。

3. 抗震救灾精神

改革开放四十多年以来，在中国共产党的领导下，中华儿女继承和发扬顽强拼搏、自强不息的红色精神，先后战胜了1998年的特大洪水，击败了"非典"危机和2008年年初的南方雨雪灾害。尤其是面对2008年的5·12汶川大地震，开展了强有力的抗震救灾行动，铸就了伟大的抗震救灾精神。

抗震救灾精神尤其体现了红色精神中蕴含的集体主义精神，是红色精神在当代中国的集中体现，是对红色精神的传承和升华。在抗震救灾中，全国各部门各地区的以救灾任务为最高使命，紧急行动，努力支持，无私

---

① 江泽民. 在全国抗洪抢险总结表彰大会上的讲话 [N]. 人民日报, 1998-09-29.

奉献，共同克服，展现了巨大的动员力量。官兵和人民群众不畏艰险，哪里有灾难就往哪里赶，哪里有死亡的考验就往哪里前进，充分展示了当年红军将士们不怕一切艰难困苦、不惧一切危险的超人勇气，体现了红军士将士们顽强拼搏、不怕牺牲的红色精神。

抗震救灾精神是以人民利益为重、坚持实事求是科学思维的红色精神在当代中国的阶段性表现。抗震救灾所反映的将生命安全看得高于一切，坚持最大限度地拯救人民群众的生命，组织一切力量尤其是充分利用各种科技手段来抢险、救人，使得科学的思维和科技的力量成为这次抗震救灾的有力支撑。

知识服务人民、爱心奉献祖国。这场大灾难不仅没有抹杀"80 后"对祖国的热爱，反而增强了更多的新一代大学生投身祖国、为祖国服务的理想信念，他们展现出甘愿牺牲生命奉献祖国的宝贵品质和报效祖国的志愿精神。许多"80后"和社会人士不仅举行捐款和献爱心活动，甚至还亲身参与行动。这种行动是以民族利益为重、坚定崇高理想信念的红色精神在志愿者、特别是"80 后"志愿者身上延续、传承的最好表现。

可以看出，在抗震救灾的实践中，以民族、国家的利益为重，红色精神的力量得到了极大的传承、发扬。多难兴邦、忧患砺党，伟大的抗震救灾精神升华了红色精神，伟大的红色精神将激励中国共产党和中国人民战胜一切艰难险阻。

第六章

大学生红色文化精神教育的方法与路径

抗美援朝战争锻造形成的伟大抗美援朝精神，是弥足珍贵的精神财富，必将激励中国人民和中华民族克服一切艰难险阻、战胜一切强大敌人。要深入学习宣传中国人民志愿军的英雄事迹和革命精神，学好党史、新中国史、改革开放史、社会主义发展史，激励全党全军全国各族人民更加紧密地团结在党中央周围，牢记初心使命，坚定必胜信念，发扬斗争精神，增强斗争本领，为决胜全面建成小康社会、夺取新时代中国特色社会主义伟大胜利、实现中国梦强军梦不懈奋斗，为维护世界和平、推动构建人类命运共同体作出更大贡献。

——节选自习近平2020年10月19日在参观"铭记伟大胜利　捍卫和平正义——纪念中国人民志愿军抗美援朝出国作战70周年主题展览"时的讲话。

伴随着社会主义市场经济的深入推进，整个社会的政治、经济、文化、教育乃至日常生活，都发生着重大而深刻的变革。面对新的时代环境，面对大学生红色文化精神教育所面临的严峻挑战，在积极探索红色文化精神教育路径的同时，我们要大胆创新红色文化精神教育方法，这是大学生红色文化精神教育创新的关键所在。邓小平指出："我们政治工作的根本的任务、根本的内容没有变，我们的优良传统也还是那一些。但是，时间不同了，条件不同了，对象不同了，因此解决问题的方法也不同。"①我们开展红色文化精神教育，必须不断适应社会发展变化的新形势，抛弃不切实际、不合时宜的传统做法，借鉴思想政治教育现有的方法并加以创新。

一、创新大学生红色文化精神教育方法

（一）潜移默化法

潜移默化法的一个有效方式和前提条件是优化环境。和谐优美的环境容易使人与人和谐相处，相互理解、相互交融，在和谐的气氛中进行教育，能使人心情愉快，更能激发人的学习欲望，也更能调动人的学习潜能。青年大学生思想活跃，感情丰富而易变，具有一定的文化知识，学习能力、适应能力强，乐于接受新生事物并且接受能力较强，容易受外界环境因素的影响，其学习动机更容易诱导。我们要善于把握青年大学生的心理特点，不断优化教育环境，发挥环境熏陶育人的作用。

1.加强革命先烈榜样塑造。在新民主主义革命、社会主义建设时期和改革开放年代，涌现出了一大批优秀的革命者和英雄人物，他们至今仍然是我们学习的好榜样。我们要以他们的思想道德行为方式为参照，以他们生动感人的典型事迹感染、激励、教育青年大学生，帮助青年大学生树立正确的认识问题、分析问题、解决问题的方法，树立正确的世界观、人生观、价值观。我们要充分认识到可学可敬的革命榜样，其力量是无穷的，对受教育者的感染力也是最直接最快捷的。

---

① 邓小平.邓小平文选（第二卷）[M].北京：人民出版社，1994：119.

（2）繁荣红色文化艺术。我们要鼓励广大文艺工作者解放思想、深入生活、积极创作，尽可能创作出更多更好的适合青年大学生的文艺作品。要充分运用网络、报纸、广播、宣传栏等宣传载体，运用电影、电视、戏剧、舞蹈、小说、诗歌等文艺形式，将英雄人物、模范人物生动地再现在文艺作品中，用生动的文学艺术教育形式感染、激励、教育青年大学生，并在青年大学生中开展广泛的文艺作品评论鉴赏活动，使青年大学生接受良好文艺形象的感染、熏陶和影响。各高校要积极组织大学生参加全国大学生艺术展演等活动，并在艺术专题讲座、文艺演出、音乐会、美术作品展等活动中，在可能的情况下，将红色文化元素有机融入进去。

（3）抓好红色文化"三进"工作。高校则要着力抓好校园环境的建设和管理，重点抓好红色文化"三进"工作，即进教材、进课堂、进头脑工作。做好"三进"工作，必须紧密联系青年大学生的思想实际、大力弘扬理论联系实际的学风。要把这项工作做实做好，关键在于教师的思想认识和教学水平，我们必须不断提高教师的思想政治素质和道德素质、专业水平和教学能力。我们还要善于充分运用各种理论学习载体和社会实践活动方式，积极培养大学生了解、学习、研究红色文化的兴趣，帮助他们提高运用马克思主义立场、观点、方法解决现实问题和干事创业的能力。

（二）比较学习法

在新民主主义革命和社会主义建设时期，在我党我军和广大人民群众当中，涌现了一大批先进人物，他们为新中国的诞生和祖国的建设奉献了自己的心血、汗水甚至生命，是最可爱可敬的人。他们身上所体现出来的革命精神、高贵品质、坚强意志，永远不会过时，是青年大学生学习的好榜样。今天在社会主义和平建设时期，我们要引导大学生深入剖析榜样，结合自身实际，运用"比较学习法"，在思想、言语和行动上加以对照比较，在比较中发现问题、找出差距、改正不足，从而认真学习。由于榜样的思想行为具有先进性、超越性和突破性，作为学习者的青年大学生与榜样在这方面存在着一定的差距，如果教育引导得好，就会激发起学习者迎头赶上的欲望，促使学习者将自身与榜样相比较，寻找两者间的共性，寻找理想信念、价值观、行为规范等方面的契合点，从而不断激励自我、完善自我、提升自我，不断克服学习工作中的困难，不断坚定中国特色社会主义理想信念，不断增强责任意识和担当精神。

在选择英雄人物和模范人作作为学习榜样时，还要注意所选榜样的多样性，既要选树作战勇敢、不怕牺牲的榜样，又要选树善于学习、运筹帷幄的榜样；既要注意挖掘榜样中大公无私、严格要求的一面，又要注意挖掘关爱战友、关爱亲人的可亲可敬的一面。要通过深入剖析多样化的榜样和同一个榜样的多面性，让学习者能够从中选择与自己价值追求相契合的榜样，使榜样教育的效益最大化，尽可能调动更多的青年大学生来学习。此外，我们还要注意抓好反面典型的深入剖析，消解其负面作用，帮助青年大学生认识真善美，辨别假恶丑，树立正确的社会主义荣辱观，从而取得良好的教育效果，全面提高受教育者的思想政治素质和道德文化素质。

（三）红色旅游体验法

许多高校主动与红色景区加强联系，将红色景区确定为自己的爱国主义教育基地，将课堂搬到爱国主义教育基地。红色景区管理部门还通过减免门票等方法，尽可能为青年大学生提供方便，调动了青年大学生的参观学习热情，推动了红色旅游活动的有效开展。红色旅游、角色体验等"旅游体验法"目前深受青年大学生的欢迎。

当前，我们在运用"红色旅游体验法"时，要注意坚持把教育的社会效益放在首位的原则，把突出思想内涵作为基本要求，牢牢把握爱国主义和革命传统教育的主题，充分展示浴血奋斗的中国革命史，使红色旅游景区景点成为青年大学生了解中国革命史的重要场所，成为培养爱国情感、培育民族精神的重要阵地。要坚持统筹协调、多方参与的原则，正确处理好旅游体验与专业学习的关系，处理好红色旅游与其他旅游的关系，处理好旅游体验与思想道德教育的关系，调动学校党政、教师与学生各方推动红色旅游体验的积极性。重点是加强宣传引导，加强安全管理，通过设立有关专项经费、社会资助与个人自筹相结合的办法，加强经费保障，推动大学生红色旅游体验活动的科学有序开展。

（四）理论灌输与实践锻炼结合法

理论和实践相结合可以解决当前高校红色文化课堂教学中过于重视理论灌输，忽视对学生的启发教育以及教学内容与学生实际生活相脱节的问题。大学生喜欢生动活泼的红色文化精神教育，迫切要求坚持理论与实践的相结合。许多高校成功的教育实践也证明，红色文化如果不与现实相结合便是空头理论。现在的大学生并不是不喜爱红色文化，也不是不关心理论，只是他们对单调的理论说教不感兴趣。这就要求红色文化精神教育在注重理论灌输的同时，还要坚持理论与实践的统一，这主要体现在两方面：一是红色文化精神教育绝不能单就理论讲理论，应从人文历史、社会经济的结合上还原红色文化的本质内涵，引导大学生透过现实生活中看得见、摸得着的红色文化资源，去理解和感受中国革命的历史进程、优良的革命传统和深厚的文化精神，加深大学生对红色文化基本概念的丰富内涵的理解把握。要通过丰富多彩的红色文化实践活动、增加活动地点、丰富文化的载体，让大学生在潜移默化、耳濡目染中感悟真实、得到启迪、获得成长。二是红色文化精神教育要正视并正确回答大学生提出的疑问，解决他们的实际问题，理论只有运用于实践，解决问题才是有意义的。当代大学生受多元文化和价值观的影响，教育者在教育过程中听到不同的声音并不奇怪，这是就需要教育者发挥引导作用，在平时善于总结大学生遇到的难点、热点问题，积累经验，在遇到不同看法甚至是错误见解时，能够对大学生作出正面、积极的解答，既体现教育者的引导力和影响力，也使得学生在主动交流沟通，思想碰撞中接受主流价值观的洗礼，从而形成共识，产生共鸣。

教育者在阐述红色文化理论时需要把理论与实践相结合，以丰富的史实加强学生对理论的理解，及时回应学生的疑问，解决学生现实生活中遇到的难题。与此同时，红色文化产生于革命实践过程中，本身就是实践的成果。大学生一方面要加强红色文化理论学习，另一方面也要参与到实践活动中来。因此，红色文化精神教育不能游离于生动丰富的社会生活之外。实践教育基地是实践教学的基本保障，高校要重视红色文化实践教育基地的建设。实践基地拥有大量的体现民族精神和时代精神的红色教育资源，浓缩了革命先进文化和中华民族的理想与追求，高校可以在假期组织学生在实践基地开展夏令营、冬令营等活动，使大学生更加全面系统地接受红色文化精神教育，让实践教育基地成为学生学习红色文化的第二课堂。"革命教育基地还可开设一些体验式、参与式教育项目，这既是品味老一辈革命者那段'激情燃烧的岁月'的良好载体，又可增加红色资源教育的趣味性和可参与性，扩展红色资源的教育内容，达到寓教于游、寓教于乐、潜移默化地教育目的。"[1]社会实践是课堂教学的重要补充，高校可在寒暑假期间组织学生深入红色文化资源丰富的地区开展调研；组建以红色精神为主题的宣讲小分队赴社区宣讲；开展"三下乡"实践活动，走进基层、走进农村，亲身体验中国社会发展的历史与现实，正确定位自己的社会责任。此外还可以把红色文化学习与学雷锋活动、志愿者活动、主题班会、入党入团仪式等相结合，在实践中学习革命精神，以民族英雄的人格魅力鼓舞自己，用中国梦来引导自己自觉树立远大理想，感受体会新时代的中国精神。高校只有将红色文化精神教育扎根于生动的实践活动中，让大学生在践行红色文化的过程中体悟红色精神，才能进一步提高红色文化育人的效果，使当代大学生继承革命先烈遗志，展现新时代大学生的光彩。

（五）网上教育与网下教育结合法

改革开放以来，特别是网络兴起后，我国信息传播的方法越来越多样化和现代化，我们要在红色文化传播方面，与时俱进，会用和善用网上教育和网下教育相结合的方法。我们要在先进网络技术的支持下，在坚持正确导向的前提下，科学引导，有序规范，稳步推进，勇于创新，促进网络红色文化的有效传播。

1. 明确不同层次网站的定位。目前，"红色网站"没有很好地区分层次、对象、地域，不同网站在栏目设置、内容安排、版面风格等方面都相似，特色不够鲜明。面对这些问题，各地、各高校应对所属红色网站科学定位，注意挖掘地方优秀文化资源，增强网站与地域文化的融合，特别是与地域红色文化的融合；高校红色网站要针对青年大学生的身心特点，开发融红色文化精神教育、大学生日常学习生活为一体的、多样化的红色文化精神教育网站，体现浓郁的高校特色。

2. 推进大学生红色文化精神教育主题网站信息服务的综合化。大学生红色文化精神教育主题网站建设，要尽可能地满足青年大学生学习生活的需要，贴近大学生的思想、学习、生活实际，针对不同年级的大学生群

---

[1] 徐艳萍. 利用红色资源加强青少年革命传统教育 [J]. 当代青年研究, 2008（05）: 26.

体，不同性别、不同专业的大学生群体，提供综合化的信息服务。在栏目的设置上要分类清晰，指向明确；在内容的选择上要突出红色文化，但又不拘泥于红色文化，内容可以更加丰富多彩一些，信息容量可以更大一些，除新民主主义革命相关知识外，党史知识、国情知识、时事政治、校内外新闻、理论知识、文体新闻、婚恋教育、心理健康知识、爱国影视作品等，都可以囊括共中；网站的传播手段要尽可能体现网络的"多媒体"特点，做到图文并茂，点播流畅；网上的教育宣传尽可能契合大学生受众的心理和行为习惯，要加大网站视听功能的开发力度，方便大学生在线点播视频。

3. 提高大学生红色文化精神教育网站信息服务的时效性。我们现有的"红色网站"，宣传报道会议活动多，而宣传与青年大学生日常生活息息相关的信息少；理论空洞说教多，耐心教育引导少；居高临下灌输多，平等对话交流少；强调中国革命历史教育多，关注当下大学生究竟应如何接受教育少。教育的内容和形式较陈旧，信息服务的时效性有待加强。面对现状，我们要确定专人，明确职责，持之以恒地加强红色文化教育网站建设，及时更新信息服务内容，创新教育方式方法，加强网站信息的时效性。

4. 加强大学生红色文化教育网站的互动性。当代青年大学生，普遍自我意识较强，不太喜欢"你说我听""你教我学"灌输式的教育，喜欢参与和互动。因此，我们要加强"红色网站"与用户的互动，及时倾听青年大学生的心声，要通过注册用户、自助新闻、电子邮件、搜索引擎、留言簿、网上调查、博客建设等载体，通过建设网上虚拟生活空间，开展网上党团生活、网上心理咨询、网上娱乐、网上科技文化活动等，有效地实现用户和网站的互动，改变大学生红色文化精神教育网站说教的形象，培养其亲和力，使大学生红色文化精神教育网站也拥有自己的"粉丝"。此外，我们要搭建交流平台，加强用户与用户之间的交流，要通过设置电子论坛、博客、同学录、聊天室、微博等载体，实现大学生用户之间的互动。

5. 创新红色文化网络传播方式

（1）发挥红色网络游戏对红色文化传播的优势

当前，一些网络游戏的研发公司逐渐将游戏与中国的文化元素相融合，以吸引更多的游戏爱好者。国家新闻出版广播电影电视总局先后出台了相关文件大力扶持国产民族网游，并将之纳入国家发展计划。为此，网络游戏的研发商应抓住此契机，坚持经济效益和社会效益相结合，自觉承担起弘扬中华优秀传统文化的历史责任和使命，将红色文化题材融入网络游戏之中，加强红色文化的传播效果，增强大学生的吸引力，使大学生在娱乐的同时接受红色文化的熏陶和感染。

在研发红色网络游戏的过程中要注意以下几点：一是要让大家在互动的过程中得到教育和娱乐的双效互赢，在民族精神和健康及环保的主题方面吸引大学生的求知欲，达到潜移默化的教育。二是要加强与影视业和红色旅游景区的合作，形成产业联动，加强红色网络游戏的感召力。例如，将红色文化中的英雄模范融入网络游戏中，形成与他们的联动；努力打造逼真的红色网络游戏场景，增强大家对于红色网络游戏的吸引力，形成潜移默化的教育；三是要加大国家对于此产业的扶持力度和监督，促进此项产业的健康有序发展。

（2）利用动漫平台传播红色文化

当前，动漫产业在我国是一个相对新兴的文化产业。作为一种文化艺术形式，与此同时它也具有文化传播载体的功能。"从传播学角度来看，包括动漫在内的影视作品，具有目标消费人群集中，传播快速，对观众的影响潜移默化，细无声息等特点。除了娱乐功能之外，动漫影视的社会价值在于充当精神文化的传道士之角色。"①日本动漫产业成功发展的模式，对于红色文化的传播是一个很好的借鉴。近些年，日本动漫不断打入中国的动漫市场。一提到日本动漫，青少年们就不自觉地在头脑中呈现绚烂的樱花之美和忠勇的武士道精神。其实，日本动漫折射出来的是关于日本的民族文化。樱花作为日本的国花，它的蕴意正是大和民族真实的精神写照。从文化育人方面讲，日本动漫已经成为一种有效的育人工具，并逐渐发展成为一种文化入侵的手段。那么，红色文化作为中华民族优秀的传统文化要想走入大学生的灵魂和意识，也要充分发挥和利用好动漫的传播方式，打造具有中国特色的红色动漫文化产业，从而提升国家文化软实力。

为此，要树立科学的红色动漫传播观念，结合时代新特点，积极迎

---

① 宋军. 动漫艺术对红色文化的传播 [J]. 文艺争鸣, 2010 (18)：166.

合大学生的精神需求，充分发挥红色动漫文化对大学生思想政治教育的优势。一要大力打造红色动漫品牌。要切实将动漫的时代感与红色文化精神完美结合，努力创作并多出精品。二是要创新红色动漫的内容传播形式，要站在时代的前沿，运用现代科学技术手段，让红色故事和红色历史场景在红色动漫中逼真地重现。三是要拓展红色动漫的传播媒介。"动漫新媒体的出现，使更多的人参与到红色文化的传播中来，弥补现有红色文化传播体系单调的不足，丰富红色文化的展现方式。"①相关部门要打破关于红色动漫传播时间和空间的限制，充分利用手机、数字移动电视、微博、博客、电子报刊等向大学生进行传播，为大学生提供好的精神文化产品。

二、丰富大学生红色文化精神教育内容

（一）加强社会主义核心价值观教育

社会主义核心价值观为大学生提供了什么是正能量、什么是负能量、什么能做、什么不能做的价值评判标准，以及"正三观""毁三观"的实践指导，是培养学生成为什么样的人的基本指导。因此，大学生践行社会主义核心价值观的程度，应成为衡量高校人才培养水平和办学质量的关键指标。培养学生自觉践行社会主义核心价值观，是社会主义大学管理者和教师义不容辞的责任和义务。习近平指出："……而青年又处在价值观形成和确立的时期，抓好这一时期的价值观养成十分重要，这就像穿衣服扣扣子一样，……人生的扣子从一开始就要扣好。"②如果大学生只有较高的知识水平，还不足以被社会所接受，他们还需要有良好的道德品质和正确的价值观。值得一提的是，新时代大学生在行为表现、思维活动和自我价值实现等方面仍处于不断探索的阶段，正确引导价值观在这一时期尤为重要，否则，大学生就极易受到国内外多元文化思想中一些负面因素的影响。比如，一些大学生在被西化、分化思想侵蚀后，盲目崇拜西方资本主义国家的价值观，动摇理想信念，抛弃对祖国的热爱。而现在，各国文化

---

① 宋军. 动漫艺术对红色文化的传播 [J]. 文艺争鸣, 2010 (18)：167.

② 习近平在北京大学考察时强调: 青年要自觉践行社会主义核心价值观　与祖国和人民同行努力创造精彩人生 [N]. 人民日报, 2014-05-05.

软实力的竞争更加激烈，教育的发展和科学技术的进步是提高国家竞争力必须关注的部分，因此，全方位发展的高素质人才早已作为社会发展的重点被不断提出。要保证大学生顺利成长，就要不断加强培养力度，引导大学生树立正确的价值观。

红色文化反映了中国近代以来中华民族不怕牺牲、艰苦奋斗、无私奉献、爱党爱国的优良传统，是中国先进文化的重要内容，其思想内涵与社会主义核心价值观一脉相承，蕴含深刻的教育意义。①将红色文化融入大学生社会主义核心价值观培育，有助于加强青年大学生自身道德素养，提升其对社会主义核心价值观的认同感和践行力。

1.社会主义核心价值观是红色文化在新时期的鲜活表达

在中国特殊的历史背景和社会环境影响下产生的红色文化，集中反映了当时中国共产党和人民群众对国家独立和人民幸福的渴求，是激励人们不怕牺牲、艰苦奋斗的强大动力，在最大范围内团结了一切可以团结的力量。后来，随着时代的发展和变化，人民生活条件得到极大改善，中国积贫积弱的社会局面不复存在，但同时又产生了诸多新问题，例如经济危机、道德滑坡、贪污腐败、价值观迷茫等。因此，针对这些新问题，要展开一场新的攻坚战，这仍然需要中国共产党和中国人民以坚定的理想信念，发扬团结协作、务实重干、不怕牺牲的红色精神，继续砥砺前行。进入新时代，面对新的历史任务和发展目标，党中央结合时代发展和当前实际，从国家、社会、个人层面的价值取向对红色文化进行了重新阐释、提炼、充实和发展，构建起了当代的红色精神。

2.红色文化与社会主义核心价值观具有相同的精神内涵

首先，"富强、民主、文明、和谐"作为国家层面的最高层次的价值目标，表达了人民群众对于国家实力提升的美好愿景。自1840年鸦片战争开启中国半殖民地半封建社会开始，中华民族浴血奋战，致力于追求民族独立、政治民主和国家富强。中国共产党自成立之日起，便将推翻"三座大山"、实现国家独立和繁荣富强作为奋斗目标，在艰苦卓绝的革命斗争中不断探索实现中国富强的正确道路，最终找到了以马克思主义为指导思

---

① 参见张华波, 邓淑华. 红色文化与社会主义核心价值观培育 [J]. 重庆邮电大学学报(社会科学版), 2017(06): 4–7.

想的社会主义民主观念。新中国成立后，在中国共产党的领导下，中国人民确立了人民民主专政的国体和人民代表大会制度，从此中华民族真正实现了人民当家作主。

其次，"自由、平等、公正、法治"是对社会层面价值属性的概括，与红色文化中提倡的自由平等的价值观念不谋而合。新民主主义革命时期，在中国共产党的领导下，中华民族推翻帝国主义、封建主义和官僚资本主义"三座大山"，建立了新中国。新中国成立后，中国共产党废除封建落后的买卖、包办婚姻制度，确立男女平等、婚姻自由、禁止人口买卖等新制度，中国人民沐浴在新世界的自由光辉中。改革开放以来，一方面，自由、平等的价值观念随着综合国力的提升和人民生活水平的提高不断深入人心，成为社会主流的价值观念之一；另一方面，在探索中逐步完善的中国法制建设极大地保障了公民个人的各项权利，进一步彰显了自由、平等的价值理念。

最后，"爱国、敬业、诚信、友善"作为个人层面的价值要求，与革命先辈们在铸就和凝练红色文化的过程中所展现出的高尚情操是一致的。他们在追求民族独立、国家富强和人民当家作主的过程中不惜牺牲个人利益，甚至献出宝贵的生命，成为"爱国、敬业、诚信、友善"等价值要求的传播者和践行者。

社会主义核心价值观是时代发展产生的理论，对社会实践具有指导作用。利用红色文化加强大学生社会主义核心价值观的培育，就是通过红色文化精神教育引导大学生树立正确的价值观和远大理想，发扬老一辈无产阶级革命家和社会主义事业优秀建设者的不怕牺牲、艰苦奋斗、乐于奉献、踏实肯干、团结协作、勇于创新、积极向上、服务社会等伟大精神和价值理念，激发大学生责任与担当的动力，使大学生通过自我感受和自我体验进行自我规范，在潜移默化中践行社会主义核心价值观。

（二）加强理想信念教育

大学生理想信念教育是以促进大学生成长成才为主要目标，有组织、有计划、有目的地对大学生进行系统教育，帮助大学生树立科学理想信念，自觉将个人理想信念统一到社会共同理想信念中的教育实践活动。不难发现，大学生理想信念教育帮助大学生用行动践行共产主义基本要求，使大学生能够将实现共产主义作为自己的奋斗目标，从而最大限度地发挥自身的优势，在奉献社会中实现自身的人生价值。革命年代英雄人物的感人事迹及烈士纪念馆内以图片或实物的形式对历史的记载，都是革命烈士为共产主义事业而奋斗的真实写照。增强大学生对英雄事迹的了解，能够帮助大学生理解共产主义的深刻内涵，激发大学生结合自身的实际情况树立为共产主义事业奋斗的远大理想。"两弹一星"精神、大庆精神、航天精神等宝贵精神品质能够为大学生树立远大理想提供精神支撑，如引导大学生深刻体会中国航天精神的内涵，使大学生认识到在当时艰苦的环境下中国人民如何克服困难，航天领域的科学家如何将自己的一生投入到科研事业，为祖国航天领域的发展贡献力量。红色文化中爱国主义精神、艰苦奋斗精神等都是大学生理想信念教育鲜活的素材，能够实现用真实的案例来帮助大学生坚定理想信念的目的，提升大学生理想信念教育活动的效果。高校应该充分发掘和运用红色文化对理想信念的导向功能，丰富高校思想政治教育中理想信念教育内容，加强大学生理想信念教育，引导大学生在充分了解红色文化的基础上，结合自身的实际积极发扬红色精神，在发扬红色精神的过程中加深对红色文化的认识，坚定理想信念，使大学生认识到只有树立正确的理想信念和价值观才能真正发挥自身的价值，才能为社会为国家贡献自己的力量。

（三）加强民族精神教育

"民族精神是一个民族赖生存和发展的精神支撑。一个民族，没有振奋的精神和高尚的品格，不可能自立于世界民族之林。在五千多年的发展中，中华民族形成了以爱国主义为核心的团结统一、爱好和平、勤劳勇敢、自强不息的伟大民族精神。我们党领导人民在长期实践中不断结合时代和社会的发展要求，丰富着这个民族精神。"[①]民族精神正是中华民族在长期的历史中形成和积淀的具有民族特色的民族文化、民族观念、民族风俗等共同的民族特质的反映。以爱国主义为核心的民族精神是中华民族强大的生命力和凝聚力的精神体现，是中华民族得以生存、发展和繁荣的精神支撑。而红色文化便是在中国共产党领导广大人民群众为了中华民族的

---

① 江泽民. 江泽民文选（第三卷）[M]. 北京: 人民出版社, 2006: 559.

独立与解放，为了中华民族繁荣和发展，在不断的革命、改革及建设的实践道路上积淀而成的具有民族精神的民族文化。

习近平指出："弘扬爱国主义精神，必须把爱国主义教育作为永恒主题。要把爱国主义教育贯穿国民教育和精神文明建设全过程。要深化爱国主义教育研究和爱国主义精神阐释，不断丰富教育内容、创新教育载体、增强教育效果。"[①]可见，在各种思想各种文化交融交流交锋的大环境下，弘扬民族精神、加强大学生民族精神教育是高校教育工作尤其是高校思想政治教育工作的重中之重。只有在高校的思想政治教育当中，进一步将红色文化所蕴含的以爱国主义为核心的民族精神充分运用，才能更加有效地加强和培养大学生的爱国主义精神。

红色文化所体现的爱国主义精神、集体主义精神、自强不息、果敢坚强等民族精神在革命历史的长河中流淌。在高校思想政治教育中，可以将新民主主义革命时期形成的井山冈山精神、长征精神、西柏坡精神以及苏区精神、延安精神等，将在社会主义革命及建设时期形成的抗美援朝精神、雷锋精神、焦裕禄精神、大庆精神及两弹一星精神等，将在改革开放及来中国特色社会主义建设时期形成的抗洪精神、载人航天精神、抗击非典精神等，作为典型教材。比如：在日本帝国主义侵华期间，在中国全面抗战开始时，中国出现了一种前所未有的民族觉醒和团结一致抵抗外侮的社会进步现象，无数革命先辈为了中华民族的独立与解放，在战场中浴血奋战，用生命和鲜血换来民族的觉醒和国家的安定，这种万众一心的集体主义精神正是抗战最终能够取得胜利的精神支撑和保障。将革命事迹分享给广大学生，帮助大学生从真实的革命历史中感受革命者伟大的爱国主义精神，让学生深知如今和平安定的生活离不开广大人民群众的爱国主义精神及团结一致的民族精神，认识到伟大的民族精神对民族对个人的重要意义，帮助大学生将民族精神内化于心，进而外化于行。

（四）加强时代精神教育

中华民族的时代精神由丰富的内容组成。其中"改革创新"居于核心地位，是时代精神的核心内容。而以人为本、科学发展共识、宪法法律信

---

① 习近平在中共中央政治局第二十九次集体学习时强调：大力弘扬伟大爱国主义精神　为实现中国梦提供精神支柱［N］．人民日报，2015-12-31．

仰、廉洁奉公品格、合作共赢、维护和平、展示国威、反对腐败则构成了时代精神的基本内容。

时代精神在不同的历史时期有不同的表现形态，并发挥着不同的育人功能。大学生作为一个年轻的群体，代表一个社会的发展方向，表征一个社会的未来发展趋势，体现一个社会的发展特点，时代精神最鲜明的体现便是在大学生身上的表现。从新民主主义革命到新中国成立，时代精神在各个时期有不同的具体表现形式，并对当时的大学生产生了不同的育人功能。井冈山精神有助于培养大学生的"实事求是、勇于探索、自强不息、乐于奉献"的精神。延安精神被江泽民概括为"坚定正确的政治方向，解放思想、实事求是的思想路线，全心全意为人民服务的根本宗旨，自力更生、艰苦奋斗的创业精神"[①]。新中国成立初期的"艰苦奋斗、自力更生"精神有利于增强学生的独立意识。改革开放以来，小岗村精神在培育大学生"自力更生、实事求是、敢为人先"等方面起着重要作用。1998年的抗洪精神有助于培养大学生的顽强拼搏。奥运精神有助于培养大学生的开放精神、包容精神、进取精神、拼搏精神、竞争精神、自强不息精神、勇于超越精神。被胡锦涛概括为"特别能吃苦、特别能战斗、特别能攻关、特别能奉献"[②]的载人航天精神能培养大学生的独立自强、奋发图强意识。纪念中国人民抗日战争暨世界反法西斯胜利70周年阅兵式诠释了"展示国威、维护和平、凝聚民族自信心、反对腐败"的新时代精神，能增强大学生的民族认同感、爱国情怀。综上所述，可得出：不同时代的时代精神，反映当时的时代主题，体现当时的社会主旋律，并对大学生产生不同的育人功能。

以改革创新为核心的"时代精神"作为一种思想精神，具有与时俱进性、先进性。不同时期的时代精神具有不同的具体内涵。在当代，时代精神的核心内涵——"改革创新"与大学生的创造力、创新力密切相关，有利于开发大学生智慧，挖掘大学生精神潜能，它的培育对大学生个体的发展具有重要功能。首先，它能激发大学生个体的精神潜能。以"改革创

---

① 中共中央文献研究室编.江泽民论有中国特色社会主义（专题摘编）[M].北京：中央文献出版社，2002：400.

② 胡锦涛.在庆祝神舟七号载人航天飞行圆满成功大会上的讲话[M].北京：人民出版社，2008：4.

新"为核心的时代精神能激发大学生的潜能，培养大学生不怕困难、勇于拼搏的创新勇气。"时代精神"能引导大学生以极大的热情投入到创新型国家的建设中，激发大学生的各种潜力。其次，它为品德行为的养成提供标准。品德反映了一个大学生的总体素质水平的高低。作为引领时代进步和发展的积极思想，时代精神能对大学生产生潜移默化的影响。品德最终要通过行为来表现，在时代精神的熏陶与感染下，大学生能养成良好的品德，并最终外化为品德行为。时代精神作为反映社会潮流的社会意识，能对大学生个体的社会实践行为产生积极影响。因此，运用红色文化加强大学生时代精神教育，是大学生成长成才的精神需要，是培养社会主义事业建设者和接班人的现实需要，是实现中华民族伟大复兴中国梦的时代需要。高校要结合大学生红色文化精神教育，努力增强大学生的时代精神教育，为新时代大学生思想政治教育工作注入新活力。

三、构建大学生红色文化精神教育的实践路径

大学生红色文化精神教育实践路径的构建要充分发挥政府主导、社会协同、学校为动力、家庭渗透和大学生自我教育的教育合力，构建全方位覆盖、多渠道渗透、立体化网络、情与理交融的"知情意行"红色文化精神教育新模式，强化"认知"的明理基础、重视"情感"的价值体验、增强"意志"的品质凝练、培育"行为"的主动自觉。

（一）充分发挥政府的主导功能

在红色文化精神教育过程中，政府的政策就是导向，各项社会政策，对人们的价值取向、道德行为有着直接的影响。各地区、各部门在制定政策时，要发挥政策对红色文化建设的导向作用，不仅要注重经济和社会事业发展的需要，而且要体现红色文化和社会主义核心价值观建设以及对大学生成长成才的要求。

（1）引领政府对红色文化建设的政策导向。政府在对红色文化宣传领域内具体政策和政策执行中发现存在的问题的基础上，进行政策修改和完善，领导红色文化政策的执行。首先，政府发挥着具体调控政策的作用，要在构建红色文化精神教育的具体政策制定和执行过程中心中有人民、心

中有大局，制定的政策要符合红色文化发展的需要，要符合经济社会发展需要，要符合大多数人民的整体利益。其次，政府要鼓励和弘扬为社会和他人作贡献的事迹。各地各部门要大张旗鼓地宣传和表彰具有鲜明时代特点、广泛群众基础、具有红色文化精神特征的典型，为人民树立学习榜样，鼓励人们积极向上。

（2）提升领导干部对红色文化的领导艺术。各级领导干部是传承红色文化、构建红色文化精神教育的核心领导者、贯彻落实者、具体执行者、典范践行者。要构建统筹机制必须要从领导干部领导艺术着手，提升领导干部的综合素养和领导水平。要充分发挥领导干部的示范和导向作用，为红色文化传承工作提供强有力的组织保证。不断提高领导干部的马克思主义理论水平，用马克思主义中国化最新成果武装头脑，提升领导干部的红色文化领导艺术。通过对领导干部的红色文化精神教育和党史国史教育，激发领导干部传承红色文化的责任感和使命感，通过红色基地实践锻炼、群众路线教育实践活动、"两学一做"实践教育、"不忘初心、牢记使命"主题教育等活动提高领导干部的领导能力和领导水平，加强领导责任意识、管理意识、服务意识、大局意识和领导水平。

（3）创造完善的红色文化建设外部环境。在重视红色文化内部各要素的同时，政府也应非常重视创造和完善相应的外部环境，保证红色文化建设的整体性和一致性。比如，从中央到省市县乡各级政府都应建立各种各样的红色文化博物馆、纪念馆、革命遗址、名人烈士故居等，这些场馆故居从不同的角度和侧面记载了马克思主义精神和革命精神，承担着传播红色文化的任务，是政府向国民进行政治、思想和道德教育的重要基地和生动教材。除了硬件设施以外，更主要的是软件环境的创造。政府应当通过一些具体的社会政策，使人们在长期的生活实践中自觉践行红色文化精神。第一，充分发挥党团组织和群众组织的作用。党委、共青团各个部门、群众组织如工会、妇联等在传承红色文化中，都承担着一定的职责，都能在联系群众中发挥着组织、指导、协调等职能。第二，要充分发挥政府各部门的协同作用，形成党委领导、政府主导，各有关部门分工协作、社会力量积极参与的工作机制。党史部门和文史学习部门要协调、指导其他部门的工作，督促各项工作任务的落实；党委宣传部门要拟定红色文化宣传活动和红色文化知识推广活动方案，要加强红色文化宣传的监管，明晰职责，实现教育与培训的全员覆盖。

（4）政府部门对红色文化资源进行开发要加大财政支持，对有教育意义的革命遗址、遗迹进行管理和开发，并且保证资金到位。同时，政府部门还可以利用激励政策来吸引社会资本，让更多的社会资源接触到红色文化，强化市场与政府之间的合作，丰富红色文化资源的宣传途径。由于红色物质文化资源都分布在不同的地区，可以将当地的自然环境以及地区文化与红色文化相结合，建立具有当地特色的红色文化教育基地。

（5）各级政府部门掌握舆论宣传主阵地，发挥红色文化教育功能。通过一些优秀的作品进行激励和教育，将舆论的主动权掌握在政府手中；鼓励文艺工作者进行创作，可以设立基金对其进行支持，使更多的学生可以通过各种各样的途径来学习红色文化；对舆论进行监督，让正面教育宣传成为舆论的主要内容，对有红色文化教育意义的个人和集体进行宣传；坚守团结稳定的原则以及加油鼓劲的原则，创新和丰富红色文化宣传的方式方法，使其更加具有感染力、说服力以及吸引力，从而让更多的人了解和学习红色文化；坚守网络舆论阵地，对网络舆情进行实时监测，及时地进行引导。此外，政府为相关单位制定宽松的政策，鼓励影视制作部门拍摄出受人民群众喜爱的红色影视剧等。这些都是经过历史洗礼的精品，可以让大学生从中感受到红色文化的内涵，有利于发挥红色文化的教育功能。

（二）强化社会协同

大学生对红色文化的认识离不开社会这个大环境，深入研究红色文化更离不开社会各方面的支持。所以，社会要拓宽红色文化的传播渠道，搭建红色文化交流平台，使红色文化有更好的发展前景。

1.善于开发红色文化资源

首先，运用新方式开发红色文化资源。随着科学技术的快速发展，新兴的教育方式、教学工具也相继出现。社会要积极应对科学技术的快速发展，就需要学习并借鉴新的教育方式，引进新的教育教学工具，加强教学和指导能力。自媒体、社交媒体等新兴网络传播方式的出现，为现代化教育提供了更多更大的平台，呈现出多元化趋势。社会通过网络平台等来传播和共享红色文化资源，可以丰富大学生的红色文化知识，便于知识的积累。传播红色文化不仅需要传播者，还需要多种形式的传播途径。目前，鱼龙混杂的媒体环境，给红色文化的传播带来巨大的挑战。红色文化属于中国优秀传统文化中的主流文化，为了让这种主流文化吸引到更多的参与者，需要使用和建立新的交流传播平台，比如，微信平台、微博、微视频、微电影等。平台的构建需要各种资源，作为一个庞大的社会项目，高校无法凭借自己的力量独自建立平台，因此，需要社会的广泛参与来确保红色文化得以传播。只有这样，才能确保红色文化能够循序渐进地传播。对于外在环境，社会还要完善红色文化教育基地的建设。能称之为红色教育基地的地方一般都在山区，这些地方的交通相对闭塞且自然环境条件较差。在挖掘红色文化资源的同时，要加强对基地周边地区的建设，改善交通环境，为有教育需求的人们提供较为便利的条件。

其次，社会针对红色文化资源的多样性进行合理规划和科学安排。虽然红色文化教育基地分布在全国各地，但是在开发的过程中要进行统一的规划，构建系统的区域化红色文化基地。第一，红色文化的传播离不开教育，而教育主客体的自身素质影响着传播的质量，基地周围居民的文化和素养需要加强。第二，建立地区红色文化特色品牌。红色文化的传承需要借助一些喜闻乐见的传播形式，树立具有地方特色的文化品牌，使人们乐于接受和传播。红色文化相对于其他文化具有一定的严肃性，因此增强趣味性是目前传播红色文化的重点。我们可以在还原历史的基础上，结合现代媒体的宣传方式进行红色文化资源的开发，让红色文化的宣传内容更接近人们的实际生活，从生活中发现并传播红色文化，从而让更多的人接受红色文化的熏陶。第三，创新开发红色物质文化。红色物质文化具体指的是各地区的遗迹、遗址等，是革命先辈留下的重要物证，具有不可移动性的特点，所以要进行专门的管理和保护。在开发过程中不能随意破坏，要在还原历史的前提下进行红色物质文化的创新，比如对周围的环境进行美化和建设等，使其拥有更加深远的意义。

2. 发挥红色文化教育功能

利用爱国主义教育基地，发挥红色文化教育功能。我国拥有非常多的纪念馆、展览馆、博物馆纪念馆和烈士陵园等教育基地，社会可以通过这些红色文化教育基地来充分发挥红色文化的教育功能，同时对爱国主义教育基地的软硬件设施进行维修和保护。社会还要加大力度实现爱国主义教育基地的教育作用，支持大学生免费参观学习。除此之外，社会更应该鼓励大学生在课余丰富自身的精神生活，多参加一些公益性活动，尤其是具有红色文化内涵的教育活动，最大限度地发挥红色文化的教育功能。

3. 创新红色文化传播方式

在"互联网+"的背景下，社会应该利用各式各样的平台号召社会大众对红色文化进行学习。一是利用新闻媒体宣传红色文化。尤其是在每年的七月一日、十月一日，这些对于人民群众来说熟知的重要节假日，依托互联网，利用形式多样的媒介传播红色文化。二是创新途径传播红色文化。利用先进的VR、AR技术打造虚拟空间，体验艰辛的革命年代。利用网络这个大平台，通过自媒体等大众日常所接触的方式建立红色文化新的传播途径，实现虚拟与现实的相互配合，达到宣传的目的。然而，中国大部分地区，尤其是革命老区，经济不发达，网络不能实现全覆盖，对传播红色文化就产生了一定的阻碍。因此，政府需要注意到这个情况，调拨资金进行网络覆盖，扫除障碍，打通网络宣传渠道，使便捷的传播途径得到充分发挥，使红色文化能够传播到每个角落。要想使红色文化得到最大限度的宣传，离不开社会整个环境的支持。良好的社会环境是红色文化可以迅速传播的有力保障。大力借助社会环境这一有效途径，发挥宣传红色文化的功能。红色文化传播方式需要人们不断探究。

此外，社会各界还应建立关于红色文化的相关机构，营造浓郁的红色文化氛围，加大红色文化的传播力度，使大众接受红色文化的熏陶。

一是组织与红色文化相关的户外活动。通过让体验者穿上红军制服，背上背包，沿着崎岖坎坷的山路走进革命老区，重走长征路，感同身受，体悟艰辛岁月中，革命斗争的残酷以及战士们顽强的拼搏精神，更加珍惜来之不易的美好生活。

二是建立青年志愿者服务社团。学习红色文化的目的是为了更好地进行社会生活实践。大学生们积极争当志愿者，为他人服务，尤其是在革命老区和相对落后的农村。大学生们通过身体力行地帮助困难群众，才能更加体会革命战争年代的艰辛困苦，在实践中不断感悟红色文化所呈现出的宝贵精神，使心灵得到洗涤，思想得到升华。

三是打造大众喜闻乐见的红色文化作品。针对不同的人群，打造不同的作品，对于老年人，他们比较喜欢传统传播媒介——电视，广播、报刊等，因此，影视部门可以制作红色影视剧、红色电影，杂志社发行红色期刊等让他们加强对红色文化的关注。对于新潮的年轻群体，尤其是大学生们，社会相关部门应制作小视频来吸引大学生的兴趣，新媒体应在公众号发相关文章，微博应通过置顶头条来对红色文化进行探究。对于青少年，电视台可以播放红色动画片来，从小培养他们的"红色意识"，最终达到红色文化深入人心的目的。

4.造就红色文化社会共识

第一，在整个社会中，营造积极向上具有正能量的舆论氛围。舆论环境的优化能够激发、促进大学生主动了解红色文化的兴趣。如今，我国正处于全面深化改革、扩大改革开放的重要时期。经济全球化使我国的经济与世界紧紧相连，得到了突飞猛进的发展。随着经济收入的不断增加，生活条件日益优渥，人们对精神世界的追求也随之提高。但这也会引起各种不良社会思潮出现，大学生的思想观念和价值取向将面临严峻的挑战。此外，移动互联网的出现也导致大学生与社会舆论的关系异常密切，舆论对大学生的心理状态有着更为深刻的影响。要不断优化社会环境，充分发挥舆论的正确导向作用，积极利用新兴媒体进行引导，使社会的积极影响得到最大程度的发挥。

第二，营造和谐的社会环境。创造一个良好的社会环境，营造一个教师乐于教学、学生快乐学习的社会氛围。激励大学生学习中国国情，了解中国革命、建设和改革的整个历史；还应该为大学生打造一个社会实践的平台，在实践中磨炼他们的意志，进一步提高自身的整体素质。总之，为了让大学生接受红色文化，必须要营造良好的社会环境。

第三，抵御错误思想和文化的入侵。大学生的世界观、人生观和价值观的树立深受社会舆论以及社会思想文化环境的影响。即使是在校大学生，也很容易受到各种思潮的影响。要为红色文化的传承创造一个良好的环境，就必须坚决抵制各种错误思想的入侵，不受谣言的干扰。

第四，优化网络媒体传播环境需要不断优化升级。当代大学生在生活学习中早已经离不开手机、电脑等。不断发展，时时更新的网络媒体对新时代大学生的思维方式、行为方式，尤其对道德品格的养成产生影响。因此，大学生对就必须结合信息时代的特点来学习，利用好网络媒体资源。

（三）发挥学校主渠道作用

1 将红色文化融入高校思想政治理论课的课堂教育

思想政治理论课是高校进行大学生思想政治教育的最直接形式，是引导大学生树立坚定理想信念、培育践行社会主义核心价值观的重要途径。现阶段，高校的思想政治理论课普遍存在的问题是教育内容空洞、枯燥、乏味，教师讲课方式生硬、刻板，不足以调动学生的积极性和学习的兴趣。因此，高校应当对课程内容的开发引起重视，积极运用红色文化这一优质的教育资源，并将红色文化融入思想政治理论课的教学和教材中，用红色文化丰富大学生思想政治教育的内容，编写以红色文化为主要内容的教材，创新教学方法，在思想政治理论课的课堂教学中提升大学生对红色文化时代价值的认同。

首先，红色文化进课堂。高校思想政治理论课教师在教学过程中，应该有意识地将红色文化的精神内核渗透到思想政治理论课的课堂教学中，有效地将红色文化与教学内容融合起来。例如，在"思想道德修养与法律基础"这门课中，在讲授"大学生的成长与理想"这一章节时，就可以将红色精神融入进来，让大学生通过典型案例深切地感受到红色文化精神中坚定理想信念的深刻内涵。在"马克思主义基本原理"的教学中，将体现红色精神的实际案例融入教学，使原本刻板、枯燥乏味的内容变得生动起来，从而激发大学生的学习兴趣。例如，在学习该门课程中关于"实事求是，一切从实际出发"的章节时，可以结合红色文化精神中的具体事例进行课程内容的讲解。在"毛泽东思想与中国特色社会主义理论体系概论"这门课中，教师可以将红色精神与党的先进性结合起来实施教学，使教学内容更加充实。在"中国近现代史纲要"的教学中，教师应当将红色文化的精神内核详细地讲授给学生，帮助大学生更好地掌握党的基本路线、方针和政策，正确认识我国的基本国情，从而增强大学生的家国情怀，帮助大学生积极践行社会主义核心价值观。此外，高校还可以设置关于红色文化的选修课来提升大学生红色文化教育的实效性。

其次，红色文化进教材。组织专家教授编写红色文化教育的校本教材，例如，浙江理工大学马克思主义学院在总结经验的基础上，开设了创意性课程——"红色文化概论"。另外，在围绕红色文化研究与实践的基础上，浙江理工大学还编写并出版了《马克思主义中国化、大众化的红色文化研究》《红色文化名人印记》《红色文化与高校思想政治教育》等学术著作。当前，高校使用的思想政治理论课的教材都是国家统编教材，很少有针对本校实际情况而编写的教材。因此，在红色文化融入大学生思想政治教育过程中，可以有效结合拥有红色资源的本土红色文化及本地高校大学生的思想特点和身心成长的规律，编写具有本地特色的红色文化校本教材，扎实推进红色文化进教材、进头脑，让学生通过这些专门的教材深入接受红色文化精神教育，领会红色文化的精神内涵，增强对红色文化的深入了解，进而间接地提高大学生思想政治教育的成效。

最后，探索新的教育方法。红色文化内容丰富，形式多样。将红色文化融入大学生思想政治教育的课堂教学中，要积极寻求新的不同以往的教学方法。例如，可以邀请当地的老一辈革命作报告，将他们的革命事迹更加直观地展现给大学生；还可以利用当前先进的多媒体技术，尤其是在重大节日期间播放相关纪录片，使大学生更好地了解红色文化的精神内涵。这样通过创新教学形式，高校既将知识传授给了大学生，又能实现教育的目标。

2. 将红色文化融入大学生的思想政治教育实践活动

实践是检验真理的唯一标准。纸上得来终觉浅，绝知此事要躬行。大学生在课堂上经过相关理论知识的学习之后，必须通过实践来消化所学的理论知识。

首先，建立高校红色文化实践教育基地。高校应当积极与当地具有红色文化特色的单位建立长久的合作关系。以重庆高校为例，可以建立红岩精神教育实践基地，为本地高校运用红色文化开展大学生思想政治教育提供便利条件。通过组织大学生参观红岩村、红岩博物馆、渣滓洞、白公馆，使大学生能够亲身体验到红岩精神的魅力。此外，学生通过课堂上相关理论知识的学习，需要通过实践将其消化吸收，进而渗透进大学生的头脑，因此，教师在课堂授课的同时要注重将理论与实践融合，不断地将红色文化深刻的精神内涵和时代价值传授给学生，使大学生在潜移默化中不断地提升自己。例如，重庆交通大学常年与重庆红岩联线文化研究中心开展合作交流，积极开辟思想政治教育的第二课堂，从而提升大学生的社会责任感。

其次，开展红色旅游。红色旅游是通过革命战争时期遗留下来的革命遗址遗迹、纪念场馆、伟人故居等承载红色精神的物质资源，将娱乐与学习红色精神和教育结合起来的一种社会实践活动。红色旅游通过寓教于乐的方式将红色精神内化于心，从而在潜移默化中提升了人们的思想道德修养，提升人们的爱国情感。比如，重庆高校可以充分利用小长假以及寒暑假组织学生到红岩村进行参观学习。在参观游览的同时，教师可以详细地讲解红岩精神的内核和时代价值，引导大学生深入挖掘红岩精神的时代价值，通过现场教学，宣传红岩精神，提升大学生的思想境界和精神境界。在活动结束之后，组织者要提醒大学生总结其心得体会，引领大学生对其更深层次的意义进行思考，从而既培养了大学生的思维，又提高了教育的实效性。

此外，高校党委组织部和宣传部要正确认识在高校大学生思想政治教育中融入红色文化的重要意义，在实际的工作中，灵活主动地将红色文化融于大学生思想政治教育中，根据本校发展的实际情况，实事求是，有针对性地开展思想政治理论课与实践课相结合的工作。在课程设置中，加入红色文化实践课程，并实行签到考评机制，组织学生参与其中。以实际行动来发挥红色文化特有的育人功能，进而不断提升大学生思想政治教育的质量。

3.发挥思想政治理论课教师的关键带头作用

高校大学生思想政治教育工作者是大学生红色文化精神教育的组织者、发起者和实施者。因此，为了能够落实新时代立德树人的根本任务，就必须加强对高校思想政治理论课教师的培养，发挥教师的关键带头作用。

（1）教师要有过硬的知识水平和良好的政治素质

一个人政治素质水平的高低取决于其是否具有坚定的理想信念、坚定的政治立场和政治方向。思想政治理论课教师在新时代大学生面临着多元化价值观念的冲击时，应该做到站在坚定的政治立场给大学生答疑、解惑和疏导教育。思想政治理论课教师还应该具有过硬的知识水平，即过硬的专业知识和思想政治修养，这能够极大地影响思想政治理论课教师在大学生思想政治教育中的说服力和感召力。高校思想政治理论课教师需要具备扎实的马克思主义理论功底，具备思想政治教育专业知识、党史、文史等必不可少的知识素养；还应当拥有自己的研究方向。教师在教育教学的过程中要紧密结合教学内容和自身研究方向，在理论和实践的问题上有自己的见解，做到以理服人。在大学生红色文化精神教育中，思想政治理论课教师应当善于围绕红色文化这一主题，用丰富的事实和真理的力量来说服学生。教师的授课语言要生动活泼，善于以情动人，用学生喜闻乐见的话语感染学生。在授课的过程中，教师要善于将红色文化中生动鲜活的事例有感情地呈现给学生，讲好中国故事。

高校思想政治理论课教师是否具有敏锐的洞察力、协调的组织能力和具有吸引力的语言表达能力是开展大学生思想政治教育取得良好效果的重要因素，而这些不是轻而易举就能养成的，需要高校思想政治理论课教师平时在教育教学实践中一点一滴地积累。

（2）教师要有优良的作风和思想道德素质

新时代高校把立德树人作为育人工作的首要任务。首先高校思想政治理论课教师应当具有良好的思想道德素质，并以自己为示范在无形中影响大学生，做到以德施教。红色文化所具有的"坚定的理想信念、巨大的人格魅力、浩然的革命正气以及崇高的思想境界"等，是高校思想政治理论课教师应当具备的最基本的思想道德素质。这些优良的品质时时刻刻影响着大学生的身心发展，因此，教师应当以身作则，站稳立场，严格自律，严守学术道德和规范，积极传播正能量，针对大学生身心发展的规律和需要，贴合实际，实事求是，因材施教，将红色文化特有的精神内涵内化于心、外化于行，在学生的成长中起到良好的模范带头作用，担当起"立德树人"的光荣使命。

（3）推进高校思想政治教师队伍建设

办好一流大学，培养一流人才，需要优秀的思想政治教育队伍。首先，优化队伍结构。高校思想政治教育队伍是否完整、有序是衡量高校思想政治教育效果的决定性因素。其中，高校辅导员队伍建设是开展红色文化精神教育的前提和基础。而现如今，部分高校的辅导员队伍还存在着辅导员素质不达标、选拔辅导员制度不完善、选拔程序不规范的现象。因此，优化队伍结构应当在辅导员的专业素质、个人思想道德素质、选拔标准、严格把关选拔程序、严格考核制度上下功夫。其次，建立协同育人资源共享平台。高校思想政治教育队伍不仅仅依靠思想政治理论课教师的课堂授课，还依赖于辅导员在日常生活中不断地向学生渗透红色文化相关知识，另外还需要高校党建中心以及其他各专业教师的共同渗透，以形成思想政治教育的合力。因此，高校应建立协同育人共享平台，使思想政治理论课教师丰厚的理论知识、高校辅导员了解到的大学生的基本信息和日常表现情况等能够在日常生活中相互交融，这样，高校才能全面掌握大学生对于红色文化的认知水平和认知程度，进一步提升大学生思想政治教育的实效性。

4. 推动校园红色文化建设

校园文化是以学生为主体、以校园精神和大学办学理念为主要特征的大学生群体文化，同时也是社会主义先进文化的重要组成部分，是红色文化融入高校育人工作的重要载体。加强校园红色文化建设就是要把红色文化与校园文化有机结合，把红色文化的价值理念融入校园文化中，发挥校园文化隐性的育人功能，这是提升大学生红色文化精神教育有效性的重要路径。

（1）运用新媒体提升红色文化的传播力

利用新媒体在校园中传播红色文化，宣传主流意识形态，是抵御西方意识形态侵害的重要途径。同时宣传红色文化的当代价值，也能引导大学生积极看待红色文化，应对市场经济弊端带来的社会负面现象对大学生的干扰。

当今科学技术的迅猛发展，互联网网站、微博、微信、QQ等一系列的现代信息传媒手段成为日常生活的一部分，是文化传播、知识传授、信息传送的主要载体。高校作为马克思主义宣传的主阵地，必须要加强红色文化的传播力度。正确的思想不去占领，错误的思想就会趁机占领，因而高校要充分发挥新媒体在校园文化传播中的推动作用，牢牢把握新媒体传播的主动权，坚持社会主义主流意识形态，揭露西方错误思潮的本质，使新媒体成为校园红色文化宣传的新阵地，弘扬红色主旋律，抵制西方意识形态对大学生的侵害。高校可依据自身情况创办大学生校园文化网站，建立红色文化微信公众号、QQ群，微博等新媒体平台传播红色文化，充分利用新媒体信息传播速度快，互动性强的特点。

一要注重大学生的实际需求。新媒体平台要突出思想性和服务性，比如开设时政要闻、党建思政、理论学习、校园文化、交流讨论等专题栏目，用丰富的信息资源、生动活泼的形式、及时便捷的信息反馈来满足大学生的不同需求。以微信公众号为例，其具有传播、转发、评论等特点，文字、声音、图片、视频等都可作为传播的载体，制作成本低，推送便捷，是大学生喜闻乐见的获取知识的平台，因此可以成为弘扬红色主旋律，传播主流意识形态，培养大学生爱党、爱国、爱人民的信息共享平台。新媒体平台在筹建初期可以采取问卷调查、走访学生等多种调研方式了解大学生的内心需要和实际想法，采纳好的建议，使平台能够真正帮助大学生获取红色文化知识，解决生活中的思想问题和对政治理论的疑惑。开设交流互动平台可以提高大学生政治参与的积极性，抒发对祖国各项事业发展的看法。同时平台也可以发布对错误思想的批判信息，揭露西方意识形态的危害性和历史虚无主义思潮的本质，使大学生提高思想境界。同时也考虑到一些学生的心智还不够成熟，思想表达难免会有偏见，因此平台要建立审查机制，肯定学生好的见解，纠正片面、错误的言论。

二要提升传播平台的吸引力。丰富多彩的内容和形式是提高新媒体平台吸引力的主要因素。红色文化的内容具有权威性和严肃性，因此在表现形式上可以适当增强活泼性和趣味性。比如说在校园文化网站的背景设置上可以使用代表当地红色文化的标志性建筑、人物头像、风景名胜，等等；利用3D虚拟技术，模拟红色旅游胜地，再现革命历史场景，等等。平台的设置要考虑学生的使用和接受习惯，将一些点击率较高的热门内容放在醒目位置，方便学生操作。在特殊的纪念日，比如党的生日、建军节等，结合纪念日的主题发布相关背景内容，使大学生及时接受红色文化的熏陶感染；同时也可以借鉴其他学校、权威性官方网站的创意。比如延安大学"积极打造红色经典艺术教育网、'红色经典艺术大讲堂'课程网站、'红色经典影视作品赏析'课程网站等信息教育平台，通过红色经典读书心得征文、学校特色图书馆藏建设、红色经典作品推荐、专家红色经典导读报告等，营造浓厚的红色经典艺术自主学校氛围"[①]。校园红色文化新媒体平台的建立可以为本校思想政治理论课提供丰富的素材和资源，教师可以利用这些贴近学生，具有较强吸引力的教育资源改善红色文化课堂教学内容枯燥、形式单一的缺点，激发学生学习的兴趣，增强红色文化精神教育的效果。

在发挥新媒介平台作用的同时，也要整合校园传统教育媒介。校报是学校发行量较大，在大学生群体中较有影响力的传统平台。高校可以结合所在地方的红色文化历史或是结合学校的历史，在报刊中创办红色文化专栏研究和宣传红色文化精神，营造校园红色文化精神教育的良好氛围。校园广播电台也可以播放红色主题电影、歌曲以及红色专题教育节目，及时报道校园红色文化活动新闻，潜移默化地引导学生爱党、爱国、爱学校。校园的宣传橱窗可以张贴红色主题海报、宣传标语、先进事迹等；另外还可以在校园中树立革命人物雕像，在校史展览馆展示革命遗物，建设红色文化校园景观，把名人题词刻在建筑物上，弘扬主旋律，传递正能量，时刻熏陶和感染大学生。

（2）引导校园红色文化活动健康发展

校园文化活动作为大学生的"第二课堂"，可以弥补课堂教育相对枯燥、形式单一以及红色文化精神教育渠道单一的不足，突破时间和空间上的限制，促进课堂知识的吸收，提高教学的有效性和学生的参与度，充分发挥育人"润物细无声"的隐性特点。健康向上的校园文化丰富了红色文化实践活动的形式，既激发学生参与活动的积极性，又可以使大学生在潜移默化中接受教育。校园文化的主体是大学生，大学生是校园文化活动的组织者和参与者。将红色文化融入校园文化活动中，可以避免红色文化实践活动流于形式，使大学生真正在活动中提高科学文化素质，促进大学生全面发展。

校园文艺活动具有参与程度高，接受范围广的特点，深受大学生的喜爱。通过将红色文化的精髓融入校园文化艺术活动中，对于引领大学主

---

① 王炳林，张泰城. 高校红色文化资源育人发展报告2016［M］. 北京：人民出版社，2017：152.

流意识形态导向，丰富大学生校园生活，提升大学生思想文化素质，扩大红色文化精神对大学生的影响具有重要的价值和意义。高校可以将红色文化精神融入校园文化艺术节，举办红色主题艺术展演活动，定期举办红色诗歌朗诵比赛、红歌大合唱比赛、革命历史知识比赛、演讲大赛、辩论大赛、征文比赛以及红色故事会、红色主题宣讲、中共党史学术讲座等丰富多彩的活动。这些活动的举办既繁荣了校园文化，又调动了大学生了解中国共产党的发展历程、接受革命精神教育的积极性。

具体来说，高校可以在革命伟人的诞辰纪念日、重大革命历史事件纪念日、国庆、校庆等特殊节日开展以红色精神为主题的征文活动；开展红色文化主题讲座，邀请红色文化专家、抗战老兵或者老一辈无产阶级革命家的后代回顾中国共产党革命实践的艰辛历程，讲述红色故事，重温红色经典；组建本科生、研究生红色精神宣讲团，选择理论基础扎实的学生为宣讲员，定期根据重大纪念日或是党中央的新精神，制定宣讲主题，走进各学院，在学生群体中巡回宣讲，宣传党的理论精神。有条件的高校还可以将红色文化与高雅艺术相结合，组建和打造大学生艺术团，让红色文化以震撼人心的视觉冲击力、优美的歌声旋律、高雅的艺术风格展示中国共产党艰苦卓绝奋斗的光辉历史，使大学生在极具艺术表现力的氛围中感受红色文化丰富而深刻的思想内涵。"北京交通大学排演的《长征组歌》不仅成为全国高校学生艺术团中有活力、高品质的校园文化精品活动，而且也成为学校运用红色文化资源育人、发挥艺术教育育人作用的良好载体，将大学生理想信念教育和校园文化艺术活动高度融合，在促进大学生全面成长成才方面发挥了重要作用。"①

高校还可以将红色文化融入校园社团建设，创办红色社团，成为红色文化宣传的重要校园力量：可以组建诸如"革命历史宣传小组""马列主义研究协会""红色旅游协会"等特色组织，举办"红色文化艺术节""红色社团活动"等，提高红色文化在大学校园中的影响力。高校要选择红色文化理论知识深厚、责任心强的教师指导红色社团工作，把握正确的政治方向。

---

① 王炳林, 张泰城. 高校红色文化资源育人发展报告2016 [M]. 北京: 人民出版社, 2017: 237.

校园红色文化活动的开展离不开学校领导的重视和指导，"高校要高度重视校园文化活动对学校发展和人才培养的重要作用，建立健全校园文化活动的管理机制，充分利用自身优势推动校园文化活动创新，开展丰富多彩的校园红色文化活动"①。只有学校重视程度高，在制度、经费上提供有效保障，学生参与的积极性强，校园红色文化活动才能健康有序开展，焕发勃勃生机。

（3）加强校园红色文化的交流与合作

习近平在党的十九大报告中指出："加强中外人文交流，以我为主、兼收并蓄。推进国际传播能力建设，讲好中国故事，展现真实、立体、全面的中国，提高国家文化软实力。"②高校在红色文化走出校门、走出国门，传递红色文化等方面肩负着重要使命。

校内外要增强红色文化的交流与合作。高校要加强与地方党史部门、纪念馆、档案馆、博物馆的合作，建立爱国主义教育基地和革命传统教育基地。校园红色文化资源十分有限，高校要积极将校外优质红色文化教育资源引进校内，与校园文化相对接，相结合。高校可以邀请国家、省、市各级艺术团体，将其优秀经典的红色话剧，歌舞剧引进校园演出，让大学生现场感受红色艺术的震撼力和独特魅力，了解历史真实发生的革命故事，体会其中蕴含的革命精神；加强与教育实践基地的合作，校园文化活动比如朗诵大赛、演讲大赛的举办地可以离开校园，到红色文化氛围更浓厚的革命教育基地去，这更能增加校园活动的感染力，使活动更加有意义；校园红色文化大讲堂可以邀请校外合作的研究基地、研究所的资深专家进行党史国情教育，让更多大学生了解革命历史，感受革命传统，增强砥砺前行的理想信念。

在国际学术交流中传播红色文化是增强红色文化自信的重要方式。一部红色文化发展史，就是文化自信意识不断增强的历史。文化自信来自人民群众对所拥有文化的肯定，并且是对国家自身的文化和文化影响力的高

---

① 胡建，冯开甫. 红色资源：大学生社会主义核心价值观教育的重要载体 [J]. 思想理论教育导刊，2016（01）：103.

② 习近平. 决胜全面建成小康社会夺取新时代中国特色社会主义伟大胜利——在中国共产党第十九次全国代表大会上的报告 [N]. 人民日报，2017-10-28.

度肯定。文化自信，是对文化自卑和防御心理的克服，是对本民族文化的高度认同和充分自信。文化自信的最显著标志是文化交流，只有对本土文化充分自信，才有底气走出去。因此高校只有自身坚定对红色文化自信，才能在培养学生树立红色文化自信时更具说服力。在很长一段时间内，由于受西方国家鼓吹的"西方价值观优越论"以及"社会主义失败论""文明冲突论"等影响，中国红色文化在国际交流中很难突破意识形态的障碍，红色文化的国际传播没有取得良好效果。红色文化在国际中的"失声"不利于高校红色文化精神教育工作的开展，也不利于对培养大学生树立红色文化自信。

为了让世界更好地了解中国的红色文化，中国高校要把红色文化的对外交流作为校园红色文化建设的一部分。高校可以举办中外文化交流艺术节，邀请国外大学生来中国高校交流访问，彼此之间介绍自己国家的发展历史，增进相互间的了解。中国大学生利用与国外大学生交流的机会，向对方介绍中国的文化历史、中国共产党的成长史，向不同国家的大学生展现中国的红色文化，让他们了解中国人民选择中国共产党、选择社会主义道路的历史必然性，消除国外不实报道而产生的对中国的偏见。中国大学生可以借助交流的机会扩大红色文化在外国大学生中的影响力，促进红色文化的国际传播，增强中国文化软实力，让外国大学生真实地了解中国国情，了解中国的红色文化，消除误解，增进友谊，使中外青年成为国家之间和平友好的使者。中国大学生在向外国大学生介绍中国红色文化的过程，也是进一步了解自己国家本土文化，坚定红色文化自信，坚持走中国特色社会主义道路的过程。

党的十九大报告指出："文化自信是一个国家、一个民族发展中更基本、更深沉、更持久的力量。"[①]"文化自信，是一个国家或民族对自身文化能够自立于世界文化之林的信心，是一个国家或民族的文化自主性和自豪感的体现。"[②]大学生红色文化精神教育的目的不仅要让大学生对红色文化认同，还要上升到红色文化自信的高度。中国特色社会主义高校培养出

---

① 习近平. 决胜全面建成小康社会夺取新时代中国特色社会主义伟大胜利——在中国共产党第十九次全国代表大会上的报告 [N]. 人民日报, 2017–10–28.

② 刘建军. 寻找思想政治教育的独特视角 [M]. 北京: 中国人民大学出版社, 2017: 91.

来的大学生必须是又红又专、德才兼备、全面发展的社会主义合格建设者和可靠接班人。大学生红色文化教育的核心目标就是使大学生树立对红色文化的坚定自信。红色文化自信不仅是在全球化时代维护国家文化安全的天然屏障，也是建设文化强国和实现民族复兴的重要引擎。

树立红色文化自信就是要大学生真学、弄懂、相信红色文化中所蕴含的深刻道理。建立对红色文化的自信心，有利于大学生自觉把红色文化的教育内容以及蕴含的价值理念转化为自己的实践准则。即便大学生离开校园，走向社会，在没有课堂知识灌输的情况下，也能自我灌输，从红色文化中主动自觉地寻找真理，提高自身文化修养。

5.构建大学生红色文化精神教育机制

为了使红色文化精神教育工作制度化和规范化，高校应当制定规章制度，创新体制机制，将教育的短期规划和长期规划相结合，校内不同部门、不同专业的教师加强协调，学校、社会、家庭之间加强配合，促进红色文化精神教育工作的常规性和长效性。同时高校要根据上级部门新的文件精神，校内外环境新的变化，大学生成长新的特点，及时修订、完善学校已有的相关规章制度。

（1）完善教育教学机制

高校要结合本校实际，从顶层设计着手，根据国家和教育部发布的相关法律法规制定和颁布推动本校红色文化精神教育的指导意见或者实施方案，实行全员育人，全过程育人。红色文化精神教育工作的深入开展离不开高校领导的重视。高校要建立党委统一领导下的大学生红色文化精神教育体系。健全的领导和管理体制，是加强和改进大学生红色文化精神教育的基础和前提。大学生红色文化精神教育需要利用思想政治理论课这个主渠道、主阵地，利用思想政治理论课的课堂教学、实践教学对当代大学生进行红色文化精神教育。

①制定完善的教育队伍培训机制。高校教师是红色文化精神教育的引导者，其自身能力素质的高低直接影响受教育者学习红色文化的效果。因此各高校要制定科学系统的培养计划，将红色文化融入师资队伍建设，加强对教师队伍的红色文化知识培训，增强教师在思想政治理论课上熟练运用红色文化专业知识开展教学的能力。

②制定完善的教育信息反馈机制。考试是学校了解学生掌握红色文化程度的传统方式，但是考试本身既有反馈速度不及时的天然缺点，同时也不能全面科学地掌握学生学习的情况，一些思想政治理论课课程采用开卷考试的形式，并不能真实反映学生的水平，因此建立有效的教学信息反馈机制尤其必要。教师在教学过程完成后，可以采用无记名的方式让学生对课堂教学的不足之处提意见，或是课堂教学完成后及时进行小测验，或是采取分小组合作的形式汇报研究成果等，通过多种方式、多种渠道及时能掌握受教育者对红色文化知识的学习情况；因材施教，采取差异化的教学方法，对知识掌握程度低的学生采取有针对性的教育方法，增强红色文化教育的实效性。同时教师也能从学生的反馈信息中及时总结教学内容和方法的不足，积累教学经验。

③制定完善的教育评估机制。红色文化精神教育评估机制就是对教学效果作出评价，分析整个教学过程是否按照教学计划实现目标，是否激发了学生学习的兴趣。一些高校评估考核机制不健全，教学质量不高，一些问题长期得不到改正。高校应组建经验丰富的教学督导小组，定期走访课堂，对教师教学进行督导，采取听课、记录、课后反馈等形式对教学过程进行评估，重点对教师的教学态度、教学方法、教学成效等进行考察。评估体系的建立使高校对教师、学生以及整个教育过程深入理解，及时监督教学质量，作出科学合理的评估，对教学中存在的不足提出有针对性的意见，对学科的教学方案作出适当调整。

④推动教学课程体系改革机制。思想政治理论课是大学生红色文化精神教育的主渠道，但不能成为唯一渠道。红色文化要融入高校文化建设，融入其他专业课程，融入社会实践教学中，进一步拓宽大学生红色文化精神教育的渠道。高校应大力推动以"课程思政"为目标的课堂教学改革；增强专业课程的育人功能，建立"大思政"的工作理念，推动课程体系改革，梳理各门专业课程所蕴含的思想政治教育元素和所承载的思想政治教育功能，深入发掘蕴含在各门课程之中的红色文化精神教育资源；结合专业的学科特色，利用学科渗透模式围绕红色文化开展有意义的教育活动。例如美术专业可以结合当地的红色文化资源，通过画笔描绘革命场馆、革命遗迹遗物等；外语专业可引导学生可对红色经典书籍进行校对翻译，通

过这些与专业素质培养相关的活动，不仅能增进学生对所学专业知识的融会贯通，还能加深学生对红色文化价值理念的理解，同时对红色文化资源的保护、利用、开发也有一定的促进作用。"遵义师范学院依托红色经典艺术教育师范基地，积极推进红色经典教育的课程体系改革，把一些专业主干课程纳入校级精品课程及省级精品课程的建设目标，开发红色经典艺术教育的选修课程，音舞学院主编了《红色经典艺术教育高师声乐作品》用于课堂教学，增加了专业选修课'红色经典音乐文化赏析'。美术学院'书法'课程中加入了《毛泽东草书艺术赏析》等红色艺术教育内容。"①

⑤推进实践教学规范机制。通过制定相应制度，保障红色文化精神教育实践活动的顺利开展，使实践教育规范化、制度化，提高实践教育计划的科学性和可操作性，为红色文化资源融入思想政治理论课实践教学提供制度保障。教师到实践基地现场教学，使学生对红色文化的感性认识上升为理性认识，督促教师提高教学质量，杜绝实践教学流于形式、应付了事；让学生带着目的参加实践教学，形成红色文化精神教育课程教育和实践教育相辅相成的态势。红色文化精神也要坚持"三贴近"原则，要全面深化教育方式改革，积极探索红色文化的专题式教育模式，切实提高红色文化教育的针对性和实效性。寒暑假期间高校应组织学生开展社会实践，深入红色文化资源丰富地区开展调查，加深大学生对红色文化的了解。

⑥健全党团组织工作机制。在大学生红色文化精神教育当中，党课、团课、党团活动也是育人的重要渠道。在党课、团课培训过程中，党委书记、校长要带头上党课、上团课，把红色文化融入党课、团课培训中，让学生在党课、团课中学习更多的革命知识，进一步了解党的光辉历史，激发学生的爱国情怀，传承和弘扬革命精神。要把红色文化融入党团活动和党团自身建设中，基层支部要利用节假日，组织党员参观革命纪念馆、烈士陵园、革命人物故居等革命教育基地，缅怀革命先烈、重温入党誓词；学生党团组织要积极开展一些大学生喜闻乐见的红色文化主题活动，使大学生在红色文化实践活动中受教育、受熏陶，在浓郁的红色文化氛围中强化理想信念。

---

① 王炳林,张泰城.高校红色文化资源育人发展报告2016[M].北京:人民出版社,2017:129.

（2）制定教育长效机制

大学生红色文化精神教育不是一时的活动，而是一项长期的系统工程，是学校的常态化工作。因此，高校要建立红色文化精神教育长效机制，要把校园红色文化建设纳入学校的发展规划和文化建设中，制定科学完善、行之有效的长期发展规划。

大学生红色文化精神教育要注重教育过程的常态化和制度化，只有相关制度的保障，才能把红色文化精神教育转变为可操作性的教育实践，把教育的目标转变为硬性制度规定，从而使学校各部门、各学院重视红色文化精神教育，使红色文化能够满足大学生的日常精神需求，充分发挥红色文化的育人功能。近些年来，一些高校在建立红色文化制度保障方面取得了一些成效，对推动学校红色文化精神教育发挥了重要的促进作用。"一些地处革命老区的高校将红色资源教育教学的实践又大大推进了一步，即将红色资源教育教学融入学校的人才培养方案，制定教学计划，规定学时学分，开发基于红色资源教育教学的校本课程，编写相应的校本教材，组建独立的教学科研机构，配置专业教师等。"[①]但是，仍然有一些高校的红色文化精神教育长效机制还不够健全，大学生红色文化精神教育不能够持续开展，特别是有些高校对红色文化教学制度的原则性要求多、实践性和可操作性不强，直接影响了红色文化精神教育的质量和效果。因此，加强大学生红色文化精神教育，要着重抓好教育的长期规划和制度保障机制建设，发挥制度保障机制的引导、敦促和激励作用，使制度保障机制真正成为红色文化精神教育的重要保障。

高校在校内进行红色文化精神教育的过程中，离不开决策协调、实施引导、激励保障机制的构建。一是构建决策协调机制。首先高校要明确当代大学生需要什么样的红色文化精神教育形式以及怎样满足大学生对红色文化精神的需求，这为高校实施教育工作提供了决策依据。社会发展日新月异，学生在学习、工作、生活中的需求也在不断变化，这就需要高校建立对学生实际需求分析的长期跟踪机制，借助与思想政治理论课教师和辅导员的交流、学生干部的沟通、校园信息平台数据的分析，把握大学生的

---

① 张泰城.建构红色资源教育教学理论体系的思考[J].井冈山大学学报（社会科学版），2012（06）：15.

思想动态。高校要建立党委统一领导和各部门之间齐抓共管的育人工作机制，明确各部门、各学院的职责和分工，协调教育资源的分配。二是构建实施引导机制。通过制度体系的制定，规范和明确教师、辅导员、党团组织、学生组织在红色文化精神教育中的责任，督导红色文化的课堂教育、实践教育。引导教师和学生广泛参与红色文化的实践活动，鼓励学生积极参加校园红色文化活动，运用现代传媒技术建立多种红色文化宣传平台，引领校园红色文化的蓬勃发展。三是构建激励保障机制。建立健全红色文化精神教育的激励机制，通过各类活动比赛、人物评比，给予大学生奖金、奖品、奖状证书等物质奖励和精神奖励，激发大学生学习红色文化的精神动力。对红色文化精神教育队伍中的先进工作者给予表彰，增加教育者的工作成就感。大学生红色文化精神教育工作的顺利开展离不开制度、资金、技术等方面的保障。因此，学校要加大资金投入，修订和完善已有的规章制度，及时更新教学技术设备和校园基础设施，确保大学生红色文化精神教育工作的顺利开展。

在与校外政府部门、科研机构、教育实践基地的合作中，高校要与这些校外资源建立长期稳定的合作协议，双方的合作不能只是一时兴起或者昙花一现，而是要为大学生搭建可靠稳定的教育实践平台，保障红色文化精神教育实践活动的长期进行。比如高校不仅要在纪念日、节假日与实践基地加强合作，更要在日常教学过程中，有计划、有目的地定期组织教师和学生到实践基地参观学习，把学习活动用制度固定下来，形成学校文化育人的特色工作，避免出现革命纪念馆、革命烈士陵园等场所节日里人来人往、平时门可罗雀现象的出现，充分利用红色文化资源的育人功能，使实践教育基地成为学生常去的第二、第三课堂。

高校将红色文化融入大学生的日常教育中，形成常态化、长期性的教学实践绝非易事，"这需要从政策扶持、经费投入、师资力量、教学条件、文化环境等各方面统筹协调，订立制度和规矩，还要扫除一切主客观障碍和束缚，极大地释放校园红色文化生产力，为长期科学实施红色文化教育提供源源不断的动力。"①通过建立红色文化精神教育长效机制，做到

---

① 罗盛齐, 王超, 郑清支. "大学生对高校红色文化教育认同与要求"的调查及启示 [J]. 上海教育评估研究, 2016 (05)：58.

教育常态化，切实把红色文化精神教育贯穿于大学生学习的全过程。

（四）重视家庭教育的渗透作用

我们通常所说的家庭教育，指的是家庭成员之间的相互教育，通常多指父母或其他年长者对子女晚辈进行的教育。人类最早接受的教育就是家庭教育，在青少年求学成长乃至参加工作以后，都伴随着家庭教育。家庭教育不仅只关乎个体的成败和家庭的兴衰，也事关国家和社会的长治久安。家庭教育是整个社会教育体系的重要组成部分，对青少年的成长成才具有无可替代的重要作用。家庭教育具有其独特之处，突出体现在以下几个方面：一是连续性。人作为生命个体来到人世间，家庭教育就开始相伴随了，青少年上学后，虽然以学校教育为主，但家庭教育在孩子学习生活中仍然扮演着非常重要的角色，即使青少年考上大学，离开父母外出求学，不吃住在家里了，父母通过与孩子的多途径交流，仍然使家庭教育发挥着重要作用。二是广泛性。家庭长辈特别是父母亲对青少年的言传身教、耳濡目染更是随处可见：家庭成员相互之间的人际关系、家庭的文化氛围、家庭的生活习俗、家人的行事风格等，对青少年的成长成才都具有强大的渗透导向作用，而且这种作用往往是在不知不觉中产生的。三是权威性。由于大学生经济上不能独立，与家庭存在经济与生活上的天然依赖关系，加上先天具有的亲情血缘关系，使得家长的教育具有较强的权威性，具有较大的感召力，对孩子形成一种无形的教育力量。四是继承性。家庭是社会的细胞，当代社会，人类在家庭中繁衍生息，大学生长大成人、成家立业以后，也会吸取祖辈、父辈的教育思想、教育内容和教育习惯，用来教育自己的后代，使得家庭传统往往能够代代相传。[①]家庭教育的这些特性启发我们，高校在将红色文化融入家庭教育的过程中，需要家庭的主动配合和家长的积极参与，充分发挥家庭教育的渗透作用。在将红色文化融入家庭教育的过程中，我们要进一步理顺学校教育与家庭教育的关系，加强相互对接，重点抓好学校和家庭双方的工作。

首先，高校要加强家校联系，主动与家庭对接。高校在学期或者学年结束之后，应主动向家长介绍大学生在校期间思想、品德、心理、学习、

---

① 韩延明. 红色文化与社会主义核心价值体系建设研究[J]北京: 人民出版社, 2013: 223–224.

生活、工作、人际交往等方面的情况，并将其作为大学生操行评语的必要内容，要求辅导员、班主任在认真了解大学生的基础上，据实写出操行评语，摒弃过去撰写操行评语空洞无物、马虎了事的现象，并将其列入辅导员、班主任考核内容。在交流方式上，除过去传统的书信、电话之外，高校还可以通过电子邮件、QQ、微信等方式加强联系。在工作机制上，高校可以成立家庭教育指导委员会，成员由资深教育专家、辅导员、班主任、学生家长代表、专业课教师代表等组成，定期召开会议，研究大学生家庭教育存在的问题，及时提出指导意见，统一负责家庭教育的组织、指导和协调工作。高校要加强舆论引导，搭建好大学生家长之间相互交流的平台，激发大学生家长搞好自己家庭教育的热情，稳步提高家庭教育质量。

其次，家长应重视大学生的素质教育。要摒弃长期以来"重智轻德"的倾向，促进大学生德智体美全面发展。要善于运用红色文化所蕴含的丰富内涵，积极对青年大学生开展爱国爱党、坚定信念、刻苦学习、艰苦奋斗、无私奉献、全心全意为人民服务等为主要内容的红色文化精神教育；加强世界观、人生观、价值观教育，养成健全的人格和良好的身心素质；增强自我调控、适应环境的能力；增强团队意识、学会与人和谐相处，养成顽强拼搏、自强不息的良好品质，学会辨别美丑、善恶荣辱，从而不断提高青年大学生的思想道德水平。良好道德品质的形成，具有反复性和长期性，绝非一朝一夕之事，需要受教育者主体反复实践才能内化。而家庭教育的长期性和反复性，恰恰能够弥补学校教育的不足，发挥出其在道德品质塑造方面的独特优势。

（五）发挥大学生自我教育的作用

大学生在思想上不断进步，离不开红色文化的"灌溉"。大学生对中国特色社会主义的荣誉感和自豪感，对肩负国家繁荣富强的责任感也离不开红色文化的熏陶。所以，当代大学生要学会主动学习红色文化的相关知识，参加红色文化的实践活动，最终达到精神境界的升华。

1. 大学生丰富自身红色文化知识

只有正确的理论知识才能指导社会实践，才能实现美好愿望。因此，大学生积极学习理论知识，尤其是红色文化知识，激发投身社会主义事业建设的积极性，为早日实现伟大复兴的中国梦而努力奋斗。大学生丰富自身红色文化知识可以从以下几个方面进行。

首先，大学生要接受红色文化进课堂，从被动接受改为主动接受。通过不同的学习内容了解中国的革命历史，从中感受奋斗、拼搏的博大精神，激发自己的爱国情怀。其次，大学生在培养自身兴趣的同时要对红色文化知识进行储备。比如，喜欢阅读、旅游的大学生，通过阅读更多关于红色文化的书籍，前往革命圣地进行参观等方式来丰富自身的红色文化知识，精神境界得到升华。再次，大学生用先进的传播方式和技术手段拓宽学习红色文化知识的途径，从而学习更加丰富的红色文化知识。随着科技的高速发展，学习手段越来越先进，呈现多样化的趋势，大学生应该积极探索更加科学的学习方式。在学习的过程中，大学生要培养制定学习计划的好习惯，勤于思考，乐于探究，拓展新思路，运用红色文化知识解决遇到的实际问题。最后，大学生要与社会热点结合来丰富自身的红色文化知识。大学生要想深入理解和学习红色文化知识就必须与当前社会热点进行联系，从社会事件中找出与红色文化的契合点，利用这些事件进行红色文化的学习。随着我国改革开放发展的加速，社会的矛盾也日益突出，尤其是利益之间的矛盾，利益的种类是多种多样的，不同的利益代表着不同的群体，这也是社会问题越来越多的原因。红色文化的发展不能故步自封于宣传革命精神，还要从当前社会的实际出发，找出与社会热点的共同之处，进行创新性发展。大学生再进行深入探究，达到学习红色文化的最终目的。在瞬息万变的社会中，大学生主动学习丰富自身的红色文化知识，即使面对艰难险阻也能立于不败之地。总之，大学生需要加强自身修养，积极学习理论知识，丰富自身的红色文化知识。

2. 大学生积极参加红色文化实践活动

"社会实践是大学生思想政治教育的重要环节，对于促进大学生了解社会、了解国情、增长才干、奉献社会、锻炼毅力、培养品格、增强社会责任感具有不可替代的作用。"[①]在日常生活的言行中，只有经过实践，道德准则才能被正确掌握。红色文化经过岁月的磨炼，在历史验证下的传统美德和优良作风会被当代大学生铭记在心。大学生积极参加红色文化的实

① 中共中央国务院印发《关于进一步加强和改进高校思想政治教育的意见》[N]. 人民日报，2017-
02-28.

践活动，能够在正确理论指导下，早日成为德智体全方位发展的人才。在建设中国特色社会主义的同时，大学生也要对红色文化的发展与传承贡献出自己的微薄之力。大学生要从多个方面进行学习，不仅要重视理论知识，还要多参加实践活动，理论与实践相结合才会使自身的素质得到极大的提升。

大学生应积极参加实践活动，接受红色文化的洗礼和熏陶，提高自身的道德品格。比如，大学生走进革命根据地老区，跟随党员走访生活困难低保户和贫困户，提升自身的忧患意识；拜访继承革命传统，享有众多荣誉，创下丰功伟绩的部队、乡村和企业。大学生可以利用寒暑假较长的时间开展生活体验，切身感受到革命先辈为后人打下江山的不易，创业者在取得成就之前的艰辛，学习他们吃苦耐劳、克服一切困难的精神。大学生通过实践活动加深理解红色文化的内涵；除此之外，大学生可以与社会中的"道德模范""感动中国"的榜样进行交流，学习他们宝贵的精神品质。同时，大学生还可以参与对先进人物开展的相关宣传和帮扶活动，切身体会先进人物的思想和精神，用实际的行动来完成正能量的宣传，弘扬红色文化。大学生应学习先进人物助残、扶老、济贫等义举，建立和完善社会公德，如在老年人较多的地方帮助困难老人，在环境相对较差的社区进行垃圾清理，发起各种道德实践活动。

3. 大学生学会以红色文化滋养自身人格

红色文化有益于大学生的人格教育，对健全大学生的意志人格、道德人格、心理人格以及信仰人格等有重要意义。大学阶段是学生塑造人格的关键时期，大学生的人格教育是当代高校思想政治教育的重中之重，因此有必要进一步挖掘红色文化中的深刻内涵和丰富资源，塑造大学生的自身人格。红色文化中蕴含的马克思主义信仰和共产主义远大理想，不仅是中国共产党带领人民砥砺前行的不竭动力，更是新时代大学生人格养成的"指南针"和"红路标"。

经济的快速发展和多元文化的激烈碰撞，使得当代大学生受到不良思潮与价值观念的冲击，进而造成理想信念薄弱，价值目标不清等。红色文化之所以历久弥坚的主要原因在于其中蕴含的高尚道德品质，例如：热爱集体、团结协作、拼搏奋斗、不断进取等内容。与其他文化相比较，红色文化更适合帮助大学生建立健全的人格。大学生通过学习红色文化中的榜样，通过自身进行榜样力量的传播，既帮助了他人又约束了自身。红色文化产生的背景是真实的，是有时代意义的，大学生完全可以将其融入日常生活、学习当中，从而树立正确的道德观。此外，真实丰富的革命历史和革命故事都体现着不畏艰难、勇于拼搏不屈不挠、砥砺奋进的精神品质，这些精神品质就是意志人格的直观体现。习近平强调："我们要铭记一切为中华民族和中国人民作出贡献的英雄们……"①大学生要学习革命先辈的英雄事迹，体悟在艰苦年代革命先辈们是如何不畏困难、披荆斩棘，利用顽强的意志创造出一个又一个奇迹，从而达到磨砺自身品质、完善人格、提升抗挫折能力的良好效果。当代大学生要学会以红色文化滋养自身人格，成为社会主义的合格建设者和接班人。

总之，红色文化精神教育的实践路径较多，我们要重点把握好政府主导、学校主渠道、家庭渗透、社会协同和大学生自我教育等这五个方面，在相互配合推动大学生红色文化精神教育的过程中，要细化各自职责，明确分工，实现学校内部不同部门之间的协同，开展学校与校外资源的联动，建立起全方位覆盖、全过程渗透的教育工作模式，形成目的一致的强大合力，促进大学生红色文化精神教育的健康科学发展。

---

① 习近平在纪念中国人民抗日战争胜利暨世界反法西斯战争胜利 70 周年系列活动上的讲话 [M]. 北京: 人民出版社, 2015: 19.

参考文献

[1]李大钊选集[M].北京: 人民出版社, 1959.

[3]〔英〕约翰·洛克.教育漫话[M].傅任敢译.北京: 人民教育出版社, 1986.

[4]姜华宣.中国共产党会议概要[M].沈阳: 沈阳出版社, 1991.

[5]肖前.历史唯物主义原理(修订本)[M].北京: 人民出版社, 1991.

[6]叶澜.教育概论[M].北京: 人民教育出版社, 1991.

[7]郭志刚.中国当代文学史初稿[M].北京: 人民文学出版社, 1992.

[8]张岱年.张岱年全集(第5卷)[M].石家庄: 河北人民出版社, 1996.

[9]戴钢书.德育环境研究[M].北京: 人民出版社, 2002.

[10]骆郁庭.精神动力论[M].武汉: 武汉大学出版社, 2003 .

[11]张耀灿.现代思想政治教育学科论[M].武汉: 湖北人民出版社, 2003.

[12]毕文波.当代中国新文化基因若干问题思考提纲[J].南京政治学院学报, 2001(02).

[13]王东.中华文明的五次辉煌与文化基因中的五大核心理念[J].河北学刊, 2003(05).

[14]柳延延. 大学生活的任务: 学会思考, 精神成人[J]. 上海师范大学学报 (哲学社会科学版), 2004(01).

[15]包惠南、包昂.中国文化与汉英翻译[M].北京: 外文出版社, 2004.

[16]中共中央文献研究室编. 十六大以来重要文献选编(上)[M].北京: 中央文献出版社, 2005.

[17]丁元竹.建设健康和谐社会[M].北京: 中国经济出版社, 2005.

[18]周从标.全球化背景下思想政治教育创新研究[D].武汉大学, 2006.

[19]龚志华.润物细无声——思想政治教育中的无意识教育研究[M].郑州: 河

南大学出版社, 2006.

[20] 刘新庚.现代思想政治教育方法论[M].北京: 人民出版社, 2006.

[21] 张耀灿.中国共产党思想政治教育史论[M].北京: 高等教育出版社, 2006.

[22] 陈华洲.思想政治教育资源论[M].北京: 中国社会科学出版社, 2007.

[23] 王良举.红色旅游基本问题研究[J].生产力研究, 2007 (09).

[24] 王以第."红色文化"及发生机制[J].理论界, 2007 (11).

[25] 孙红霞.全球化背景下中国的文化外交[D].山东师范大学, 2007.

[26] 朱小丹.筑牢共产党人拒腐防变的思想道德防线[J].红旗文稿, 2007 (16).

[27] 陈敏.当代大学生精神成人研究[D].武汉理工大学, 2008.

[28] 任剑涛.后革命时代的公共政治文化[M].广州: 广东人民出版社, 2008.

[19] 徐艳萍.利用红色资源加强青少年革命传统教育[J].当代青年研究, 2008 (05).

[30] 阳丽君, 王东祁.当前革命历史题材影视剧热播原因之探析[J].解放军艺术学院学报, 2008 (04).

[31] 张曙光主编.民族信念与文化特征[M].北京: 人民出版社, 2009.

[32] 马克思主义人学概论[M].合肥: 安徽大学出版社, 2009.

[33] 中共中央文献研究室编. 十七大以来重要文献选编(上)[M].北京: 中央文献出版社, 2009.

[34] 张晓敏. 高校精神成人问题研究[D].湖南师范大学, 2009.

[35] 钟利民, 刘丽.红色文化与中国当代马克思主义大众化[J].老区建设, 2009 (05).

[36] 中共中央宣传部编.毛泽东邓小平江泽民论思想政治工作[M].北京: 学习出版社, 2000.

[37] 徐艳国.思想政治教育政策环境论[M].中南大学, 2010.

[38] 袁文斌.当代中国榜样教育研究[D].河北师范大学, 2010.

[39] 骆郁廷.当代大学生思想政治教育[M].北京: 中国人民大学出版社, 2010.

[40] 周立.当代大学生"红色文化"教育的路径研究[D].华东师范大学, 2010.

[41] 沈亚生, 李莹, 袁中树. 人学思潮前沿问题研究 [M].北京: 社会科学文献出版社, 2010.

[42] 张泰城.红色资源是优质教育资源[J].井冈山大学学报(社会科学版), 2010 (01).

[43] 胡松, 罗国华.红歌会: 新形势下进行革命传统教育的好办法[J].思想政治教育研究, 2010(04).

[44] 汪立夏.红色文化资源在大学生思想政治教育中的价值及实现[J].思想教育研究, 2010(07).

[45] 彭喜保.社会主义和谐文化初探[J].长春工业大学学报(社会科学版), 2010(09).

[46] 宋军.动漫艺术对红色文化的传播[J].文艺争鸣, 2010(09).

[47] 杨建辉.试论红色文化在建设社会主义核心价值体系中的价值及其实现途径[J].思想理论教育导刊, 2010(11).

[48] 李康平.江西红色资源开发与教育研究[M].北京: 中国社会科学出版社, 2011.

[49] 黄永宣.网络思想政治教育理论研究[D].西南大学博士论文, 2011.

[50] 袁振国等.中央教育科学研究所 70 周年所庆调研报告集[M].北京: 教育出版社, 2011.

[51] 张笑涛. 大学生 "精神成人": 为何与何为[J]. 现代教育管理, 2011(09).

[52] 冯丽娟.用红色文化教育铸就当代大学生精神回归的家园[J].职业时空, 2011(11).

[53] 周志强.红色文化空壳化忧思[J].人民论坛, 2011(15).

[54] 周立.新中国大学生思想政治教育政策变迁研究[D].华中科技大学, 2012.

[55] 葛丽华.红色文化教育研究[D].河北大学, 2012.

[56] 贾志红.马克思总体生产思想研究[M].北京: 人民出版社, 2012.

[57] 张泰城.建构红色资源教育教学理论体系的思考[J].井冈山大学学报(社会科学版), 2012(06).

[58] 中共中央文献研究室编. 习近平关于实现中华民族伟大复兴的中国梦论述摘编[M].北京: 中央文献出版社, 2013.

[59] 韩延明.红色文化与社会主义核心价值体系建设研究[J].北京: 人民出版社, 2013.

[60] 石仲泉.十八大发展了的中国特色社会主义与 "中国梦"[J].中国特色社会主义研究, 2013(03).

[61] 张啸.浅析共产主义信念对长征精神的意义[J].传承, 2013(07).

[62] 强卫.激活红色基因 焕发生机活力——学习贯彻习总书记系列重要讲话精神[J].求是,2014(09).

[63] 王东维,闫影.依托红色文化资源开展高校思想政治理论课实践教学的实效性探索[J].延安大学学报(社会科学版),2014(01).

[64] 马静.红色文化教育理论与实践研究[M].天津:南开大学出版社,2015.

[65] 潘莎莎.大学生红色文化教育研究[D].江西理工大学,2015.

[66] 孙绍勇.社会主义先进文化建设路径探析——基于毛泽东的文化思想[J].中学政治教学参考,2015(02).

[67] 时玉柱.高校思想政治教育传承"红色基因"的路径探究[J].克拉玛依学刊,2015(05).

[68] 魏锡坤.基于人性分析的大学生精神成人教育方法建构[J].现代教育科学,2015(11).

[69] 吴娜.红色基因的文化学考察[J].人民论坛,2015(12).

[70] 胡建,冯开甫.红色资源:大学生社会主义核心价值观教育的重要载体[J].思想理论教育导刊,2016(01).

[71] 罗盛齐,王超,郑清支."大学生对高校红色文化教育认同与要求"的调查及启示[J].上海教育评估研究,2016(05).

[72] 陈俊卿.同人民群众生死相依、患难与共[J].求是,2016(20).

[73] 包华军.少数民族优秀传统文化融入民族地区大学生思想政治教育研究[D].中国地质大学,2017.

[74] 常婷.高校红色文化教育的现状及提升路径研究[D].中北大学,2017.

[75] 王炳林,张泰城.高校红色文化资源育人发展报告2016[M].北京:人民出版社,2017.

[76] 刘建军.寻找思想政治教育的独特视角[M].北京:中国人民大学出版社,2017.

[77] 南楠.大学生对红色文化的认同危机及对策研究[J].决策与信息,2017(02).

[78] 张华波,邓淑华.红色文化与社会主义核心价值观培育[J].重庆邮电大学学报(社会科学版),2017(06).

[79] 陈彦桥.毛泽东文化自信思想研究[D].河南科技大学,2018.